王先明 ◎ 著

末路

清王朝的最后十年

人民出版社

目　录

序　章

——一切历史皆为序章

1912年2月12日，由清王朝内阁总理大臣领衔和10位内阁大臣共署，并加盖御宝的《逊位诏书》颁布：

> 今全国人民心理多倾向共和，南中各省既倡议于前，北方诸将亦主张于后，人心所向，天命可知。予亦何忍因一姓之尊荣，拂兆民之好恶是用？外观天势，内审舆情，特率皇帝将统治权公诸全国，定为共和立宪国体……①

真时也，势也！光绪三十二年（1906）七月间，朝廷在"仿行宪政"谕示中，还声称借此"以立国家万年有道之基"，"作万世之规型"②，讵料仅六年之间，竟成如此天地翻覆之局！

《逊位诏书》中刻意提出的"天命"，对于行将就木的朝廷而言，诚为无解之谜。历史何以如此？这是百年来历史学家和政治家们萦绕于怀的历史之谜。

"我看到昨天，我知道明天。"埃及卢克索神庙法老像上镌刻的铭言，是人类对于自身发展历史和未来前程的领悟和期望。不难理解，

---

① 宣统三年十二月二十五日（1912年2月12日），内阁总理大臣领署并10位内阁大臣共署名，加盖御宝的隆裕皇太后颁布《逊位诏书》懿旨。见中国第一历史档案馆编：《宣统朝上谕档》第三十七册，广西师范大学出版社1996年版，第1507页。

② 故宫博物院明清档案部编：《宣示预备立宪先行厘定官制谕》《清末筹备立宪档案史料》上册，中华书局1979年版，第44、47页。

一个成熟的民族的理性思维指向，不会仅仅摆动于眼前的是是非非和利短弊长，而常常是在历史的沉思中体味着时代的走向。

保罗·肯尼迪在《大国的兴衰》中详述了五百年来世界格局的变动态势，提出了一个具有规律性的认识：经济增长率的不平衡迟早将引起世界政治和军事平衡的变动。这正是 20 世纪以前的 4 个世纪内大国发展所遵循的历史模式。

面对国家、王朝乃至文明的兴衰起落，现代历史学家们始终致力于揭示其背后的缘由，渴望探寻或捕捉到规律性的认知，以获得洞悉人类社会发展前景和走向的智慧。历史学经久不衰的魅力或许正在于此。

人类解颐醒世的理性和洞微知变的智慧，只能在历史的沉积中获取。无论是历史的激越还是岁月的苍凉，都会在时光的流变中形成我们对民族前程的一份自信和对未来世界的一种仰望。然而，历史又是什么？历史不是消逝了的自然岁月的不尽追忆，也不是斑驳残痕的前代遗存的无限感怀；毋宁说，历史本质上是一种民族的重托——是为了明天的理性选择和避免重蹈历史覆辙而从事的一种艰苦求索。

我们不能预卜未来，但历史却能够昭示未来。只有真正地感悟历史，才能真正地走向未来。

我们知道，历史的面相与真相之间，即使经过历史学家精密审慎的研究，也仍然有着许多未解之谜；在历史人物与历史事变之间，即使历经漫长史证的比勘，也存在着见仁见智的评鉴，但我们仍然不懈地在史实的梳理和学识的积累中，坚持着史学求真的诉求，执着地尽自己的一份责任。

人类的明智源于历史，而历史的教训更为深刻地铸就着人类的智慧。作为中国历史上最后一个皇权专制的清王朝，曾经有过极其辉煌的岁月，也有过足以自傲的历史，却在庚子之后（1901—1911）的最后十年中快速地走向了灭亡——而这恰恰是它致力于制度性改革的十年——现代学堂取代旧式科举，现代警察取代旧式保甲，现代法律取代传统礼法惯制……一个致力于"新政"的王朝，却在"民变"叠加着"士变""官变"的历史推力下，无奈地走向覆亡！

在新与旧的历史选择和价值取向中，在这一历史性选择与王朝命运的内在关联中，为我们留下了值得认真体味和思考的空间。

当我们平静地漫步于天广地阔的民族记忆的时空里，循着先辈们依稀可辨的辙印有意或无意追寻着什么时，突然发现，在这个短促十年的时光里似乎包蕴了太多复杂的历史内容，在它所呈现的历史面相背后，仍有着不曾被揭示的社会文化内涵留待我们咀嚼品味……

岁月形成了历史，历史却销蚀着岁月：

——在同治时代，无论朝廷还是民众都视铁路为"灾变异物"，曾经力谋阻拒近代铁路在黄土地上的出现。即便为了朝廷不得已的"经济"需求，1882 年修筑了一条不长的唐胥铁路，也因为"机车直驶，奔突轰鸣，震撼东陵，列祖列宗不得安宁于九泉之下"，而被朝廷勒令停驶，以祖宗情有独钟的马拉罐车取代了过分时髦的机车。岂知还不到 30 年的光景，朝廷和民众双方围绕着铁路权利的"国有""民有"，交电飞驰、纷争不息、路潮奔涌之际，玉成了"民主共和"的时势。

——60 年前，张扬着"上帝"旗帜的洪秀全精心谋划了旨在颠覆清王朝的武装起义。数十万肩着铁锄竹担从田间垄头走来的农民，共同撑起的"太平天国"的半壁江山，最终却被"书生将帅"拉起的同样是农家田土子弟的湘淮军，掩埋在历史的遗恨之中；60 年后，由清王朝首创的"新军"士兵的一声不经意的枪声，却宣告了清王朝267 年统治的终结。

——"好铁不打钉，好男不当兵"的岁月已经定格为历史的记忆；20 世纪之初年轻的秀才、举人甚至进士们，却在兵营里既完成着自身人格和价值的时代转换，也在规划着民族前程的远景蓝图。

相关和不相关的许许多多的事变，因果不明地交织于这个时代，以百川归海的宏阔大势展示着一种社会历史氤氲流转的规则。

当1911 年注定成为历史，成为我们这个民族由农耕文明走向工

业文明，由传统社会走向近代社会的一个不容跨越的历史环节后；只有当我们再次处于历史转折的当口时，才会有足够的耐心比量着历史之果去挖掘已被岁月湮没的历史成因。

托克维尔在《旧制度与大革命》一书中极其敏锐地洞察到，引起旧制度崩解的原因或许很多，但任何原因也只有在各种要素相互钩织的有机整体中才有其历史的作用：

在欧洲历史的一般规律中抓住法国历史的特殊规律加以分析，并努力寻找整体与部分之间的关系。……以致人们只要接触到从其中之一分解出来的一个部分，便能恢复整体。①

虽然历史事变是在突发中展示着自身的不可逆转的力量，但它猝然爆发的能量和运动的历史趋向，却早在商人的锱铢权衡和村民炊烟锄影的日常社会生活中缓慢蓄积着。自然岁月和社会生命的流程本身，早已规定和制约了它迈向未来的力度和走向。

---

① ［法］托克维尔：《旧制度与大革命·序言》，冯棠译，商务印书馆 1981 年版。

第一篇　世风日下

内外大臣皆援引私人，而居要地，相习以为固然，此汉唐以来未有之变局。朝堂上下内外官吏，尽存五日京兆之心。[①]清王朝这艘破败的航船，在人心思变的暗流翻涌之下，无可挽回地驶向倾覆的终点。

---

① 胡思敬：《退庐全集·诗文集》，沈云龙主编：《近代中国史料丛刊》第四十五辑，文海出版社1971年版，第11页。

一 风起黄鹤楼

    1911 年（即宣统三年），是中国古老的天干地支相匹配的辛亥年。进入春季不久，在京城夜空上一颗倏然而过的流星，为人们原本躁动不安的心境，平添了一团阴影。是年春天某夜，一位名叫赵子敬的士人正在室内与一帮友人谈天论地。"忽闻隆隆霍霍起于空中，似雷非雷，都疑为汽车远过，然声亦不同。侍者大呼曰：'流星，光何巨也！'"于是，室内诸人疾趋而出，但见夜空"光甚闪烁，照耀万丈，而其声即随之，愈远愈剧，回音作爆裂响，约五分钟始不见。自西北往东南，其行甚缓，不似寻常流星之一瞥即过也。是夜，见者甚多……"[①]

    不久，在古城长安，一首口口相传的民谣风行在街头巷尾，携带着一个乱世王朝所面临的种种无奈和征兆，以老百姓特有的心理与其说是预言，毋宁说是期待着辛亥年的历史结局：

        不用掐，不用算，宣统不过二年半。[②]

    1911 年 4 月 8 日，南国广州却呈现着另一番景色。

    丽日和风，万里无云。清朝广州将军孚琦兴致盎然，率领亲兵护卫在城东燕塘地方观阅华侨飞行家冯如举行的飞行表演。这位出身满洲正蓝旗的贵族公子，既是声威赫赫秉政 47 年之久的西太后的内亲，

---

① 许指严：《十叶野闻》，章伯锋、顾亚主编：《近代稗海》第十一辑，四川人民出版社 1988 年版，第 145 页。

② 《长安市上造谣言》，景梅九：《罪案》（辛亥革命回忆日记，无出版信息），第 125 页。

又是权倾一时的荣禄中堂的从侄。在西太后离世那年（1908）刚刚署理广州将军的孚琦，原本不想在这个远离京都的是非之地待多久，他深知这是一块布满了旨在反满覆清的革命党人炸弹的险区。方达"知天命"年岁的这位将军未能料到的是，随着辛亥春季的消逝，他的"天命"也该终结了。

薄暮余晖。

斜阳把将军一行的影子拉得很长很长。孚琦正在晃悠悠颤巍巍的轿中闭目养神。回署的将军大轿刚走到东门外大道上，突遇一个中年汉子当道拦轿。将军还来不及回神，五响枪声就猝然发出。众护卫逃散尽去，孚琦当场毙命。

这个来自南洋华侨的汉子叫温生才。在总督张鸣岐的大堂上，他从从容容地说他本人与将军素不相识向无私怨，"惟专制之为厉，国仇之未报，特为同胞雪愤慨耳！"[1]接下来堂上堂下一问一答的平心静气，似乎更像是对人生问题解疑释惑的商讨，反倒少了些公堂审案的杀气。

张鸣岐说："一将军死，一将军来，于事何济？"

温生才答："杀一儆百，我愿已偿。"[2]

张无言以对。

距广州将军毙命还不到20日，1911年4月27日，下午5时30分，总督衙署就被革命党人的炮火吞没了。

这是一次力量悬殊的搏杀。以黄兴为首的120余人组成的"选锋队"，臂缠白巾，在呜呜的海螺声中直扑总督衙门。不惜青春热血的勇敢，竟然使装备精良的总督卫队力不能支。然而，老有所谋的总督张鸣岐在枪声初起时，就越墙而逸躲进了水师提督衙门。冲入督署的革命党人未能找到张鸣岐，遂将失望与愤怒化为一把大火腾起在衙署

① 印鸾章：《清鉴》下，中国书店1985年版，第960页。
② 萧一山：《清代通史》第四卷下，中华书局1985年版，第2543页。

之内。虽然这次后来被称为"黄花岗起义"的武装起义很快就被清军所扑灭，但由广州涌起的风浪却使清王朝悲苦莫名。

4月的北京，已然失去了春天的意趣。

在由广州六百里加急传来的奏报中，在一如既往地被地方官称作"匪徒"起事的讯息中，除了获得"官军如何骁勇""大吏如何有谋"的官样文字外，清王朝无法掌握整个事件的程度和性质，也根本不能在这频频爆出的事件中，预断王朝的历史命运。

从1906年以来，烈烈的反清起义烽火几乎年复一年地遍燃各地。在舍生赴义的无数青年志士背后，已经站立着一个令清王朝心惧胆寒的伟人——孙中山——他既使事件本身拥有了划时代的意义，也使王朝的"天命"走到了尽头。

1866年11月12日，孙中山（名文，号逸仙）出生于广东香山县（今中山市）翠亨村——负山临海，风光旖旎的小山村。在我们民族历史的集体记忆中，似乎孙中山生来就具备"天降大任于斯人"的非凡品格：

比如，童年的孙中山和同龄伙伴们戏耍时，一时兴趣所至，竟敢把村北口村民们日夜供奉的北极帝君的手指折断——这原来是统治村民们精神世界的主宰——以至于在山村乡民中引起了不同凡响的惊恐。

再比如，在孙中山读书的孩童时代，一位颇有眼力的私塾先生在青年时期的孙中山那与众不同的作文本上，郑重其事写下的评语是：不为人上人，就是人下人！英雄和伟人的业绩奠基于他们的成年时代；当人们比量着已成伟人或英雄的形象去追溯他本属记忆中空白的少年时代时，传说中的神话或神话中的传说便是合理的填充内容。

走出传说，我们完全可以从早年孙中山与常人相类似的充满梦想、追求和艰辛的人生经历中，追寻到一个平凡的少年成长为伟人的历史轨迹：

——1878年，年仅12岁的孙中山离开穷困的家乡，投奔七年前

赴南洋檀香山谋生的大哥孙眉。经营农场的孙眉把一部分产业划转到弟弟名下，并将他送到意奥兰尼书院读书。

——1883 年，孙中山又到域多利书院上学；两年后，与家乡的卢慕贞结婚。

——1886 年，20 岁的孙中山进入广州博济医院附属的南华医学校，次年转入香港西医书院，开始了一个青年人对于人生理想的最初探寻。

虽然青年时代的孙中山与他的三个好友经常聚谈国事，抨击时政，被周围熟悉的人戏称为"四大寇"；虽然性格豪爽的孙中山很早就与旨在反清的洪门成员郑士良过从甚密；但直到 1894 年前，他主要的精力还只是在开业行医中，以济人利世的善良愿望为凄苦无比的世人聊尽一个医生的职责。①

由一个医人济世的现代"郎中"转变为一个志在医国济民的现代伟人的历史性转折，发生在 1894 年。这一年，曾经与中国站在同一起跑线上的日本，经过 30 年的明治维新，已经跻身于列强之林，转而以"借法西洋"的坚船利炮，向大清朝进逼而来；清王朝的军队却不堪一击，弃城失地，败绩连连；这一年，辽东烽火告警，战云滚滚，北京城内却九重宴安升平，为西太后 60 岁的"万寿"，百官群僚钻营进献……

没有多少史料能够清晰地展示孙中山发生根本性转变的足以使人的灵魂脱胎换骨的痛苦过程，也没有多少史实可以前后相续地丰富和填补孙中山思想突变时所面临的人格熬炼的情境。但我们在历史材料的清理中，可以深深地体味到，在一个民族尊严备受凌辱的时代，在一个国家权利横遭剥夺的时代，的确存在着足以使一个有志青年走上"叛逆"道路的最大概率。

依据有限的资料我们可以获知，也是在这一年，孙中山曾辗转北

---

① 章开沅、林增平：《辛亥革命史》中册，人民出版社 1980 年版，第 74—78 页。

上，托亲朋好友介绍去找寻清王朝的股肱之臣李鸿章的幕僚罗丰禄，设法将自己的医国之方——《上李鸿章书》——送达李中堂。不幸的是，严密钩织起来的王朝政治网络，向来不可能被网络之外的力量轻易地闯破，因而一个素不相识者的上书，便有了无须分说的命运。

也是在这一年的 11 月 24 日，孙中山"感祖国之危亡，慨然有澄清之志"，相约了一批志同道合的青年朋友，将自己的命运开始与民族的前程紧紧联系在一起，神色庄严地盟誓在"兴中会"的章程面前：

……

近之辱国丧师，翦藩压境。堂堂华夏，不齿于邻邦，文物冠裳，被轻于异族。有志之士，能不抚膺！……方今强邻环列，虎视鹰瞵，久垂涎于中华五金之富，物产之饶，蚕食鲸吞，已效尤于接踵，瓜分豆剖，实堪虑于目前。有心人不禁大声疾呼：亟拯斯民于水火，切扶大厦之倾！用特集会众以兴中，协贤豪以共济，抒此时艰，奠我中夏……①

似乎用不着发掘"章程"背后的过程和动机的更为详尽的史料，简练的宣誓内容，完全可以剖白出一腔热血的青年怀忧民族前程而走向反清道路的全部心声。

从此，孙中山关闭了"救人"的店铺，开始了"救国"的大业。

时至 1905 年，当孙中山在日本以"驱除鞑虏，恢复中华，创立民国，平均地权"为宗旨，揭橥出"中国同盟会"的旗帜后，他几乎就成为全国一切反清社会力量（既有传统的，也有近代的）的时代象征，也就由此成为 20 世纪初中国历史夜幕上最光彩的星辰。

面对社会这个复杂的聚合体，任何个人都无能为力。社会只能以社会的力量来改造。当无数个人在一个共同目标下结构成社会性合力时，他也就超越了个人，在赢得社会的同时也赢得了未来。

从此，无数抱负不凡的青年都"名落孙山"，成为孙中山"国民

---

① 中国近代史资料丛刊：《辛亥革命》（一），上海人民出版社 1957 年版，第 85 页。

革命"的追随者。

从此，孙中山的名字就不再属于他本人，而属于我们这个民族，属于我们民族特定的时代。

风云际会的武汉。

武汉为九口通衢，居天下上游，南北辐辏之中心。汉口北倚双江，又为武汉屏蔽。龟蛇二山，遥遥对峙，势成掎角；龟蛇雄视之下，江水顿失腾奔之势，缓缓顺势而流。岷江东下，汉水西注，均以此间为枢纽。水有水势，川成川形，山具山貌。一派"洪水龙蛇循轨迹，青春鹦鹉起楼台"的气象。曾经驾着最现代化的兵舰几乎游遍全球江洋湖泊的英、美海军军官，面对武汉三镇也惊叹不绝：

> 游行几遍地球，水陆形势之佳，未有如兹者，推为环球第一。不仅属中国奥区，窃兴观止之叹。①

汉口为中华四大名镇（还有河南朱仙镇，江西景德镇，广东佛山镇）之一。朱仙镇已被河流横啮，化为瓦砾，不成商市；景德镇仅以陶瓷业名闻天下；佛山镇则近海商贸；而推内地商埠第一则莫如汉口。时至1910年，汉口对外贸易，即超过一亿五千万两，十年之内，剧增三倍，遥遥乎居全国之上游，仅次于上海。举西南若滇若蜀，凡西北若秦陇若晋豫，五方百货，均集辏于此，以灌输于东南；背湖枕江，一线长堤二十余里，廛市鳞集，贸易兴繁；又当铁路轮舟之要冲，百货云骈；洋商茶市之易，不集于沪渎，而群趋汉上，所系天下之重，宁有其上乎？

汉阳铁厂林立，兵工比肩，规模雄阔。现代工厂以及与现代工厂相联结的生产方式、生产技术，甚至生活方式、知识结构和价值观念，都在轰鸣着的马达声中，出产着属于自己时代的成果。

武昌自1892年鄂督张之洞倡设学堂后，新学风行，人文荟萃，风气开通，亦为天下之先。在这里，反清革命言论几乎已是公开的秘

① 陈夔龙：《梦蕉亭杂记》，《近代稗海》第一辑，第402页。

密。1907年当鉴湖女侠秋瑾被清王朝处以极刑时，武昌东路高等小学堂的学生，竟毫无隐讳地上书张之洞，请求独立，脱离清王朝。即使是被清王朝倚重的老臣张之洞，也在革命风潮涌动之中，深深感受到了一个末世王朝命运的悲凉无奈。

1907年初秋时节，在他离鄂赴京去做清朝的军机大臣的火车上，与那些送行的下属和门生们风雅了许多诗词，其中有一首《读宋史》绝句：

> 南人不相宋家传，
>
> 自诩津桥做杜鹃。
>
> 可惜李虞文陆辈，
>
> 空随落日坠虞渊。①

绝句第三句下面有一行小字注明了名字：李纲、虞允文、文天祥、陆秀夫。二十八字，一部宋史，似咏史，若言志，借人之酒，浇心中块垒。他以一个历经同光两朝30余年宦海生涯的老臣，以一个饱读诗书又善借法西洋的历练干臣，以一个年近七旬已经悟透人生真谛的垂暮智者，预见到纵令其以身相殉也无补于亡的清王朝已见端倪的结局。

1911年春节（阳历1月30日），一个中国人古往今来最盛大的节日。

武昌。在俯瞰滚滚长江的蛇山黄鹄矶头，挺立着充满传奇故事的黄鹤楼。人们不约而同地沿着蜿蜒的山径而上，进入黄鹤楼的风度楼。春节，中国人一年一岁的首日。依次走来进入风度楼的人们，都说是来参加新年团拜；但一个个表情严肃和庄重，丝毫没有节日般轻快的气氛。清一色的戎装表明，这是仅仅属于军人的世界。这些来自武汉三镇清朝新军的各标（相当于现在的团）、各营，依次就位的人

---

① 丘权政、杜春和远编：《辛亥革命史料选辑》上，湖南人民出版社1981年版，第422页。

们，在一阵理所当然的节日寒暄后，将目光集中在最前面的几个人身上。

蒋翊武，年仅 26 岁，是湖北新军第二十一混成协第四十一标第三营左队士兵。这位来自湖南澧州（今澧县）的农家子弟，外貌木讷而不善言谈，但却厚道持重，深得士兵们的信任。这位不久就在人们心目中有着极高威望的年轻士兵，被誉为武昌起义"三武"（三位策动起义的革命党人）之首。人们对他的评价是："三武比较起来，孙武不如振武，振武不如翊武。"① 他是这次军人聚会的发起人和主持者之一。

刘复基，来自湖南常德，比蒋翊武年长两岁。在多次参加反清起义失败后，才理解了枪杆子的意义，遂更名换姓投身到湖北新军第四十一标第三营当兵。这位看起来比较文弱的士兵，其活动能力极强，以"小诸葛"之声名成为军队革命团体的主干人物。

王宪章，27 岁，贵州人，从边远地区的贵州自备盘缠来武汉当兵。肄业于警察学堂的经历和学历，使他成为士兵中的"文化人"；也因文化赋予的聪明，使他能与士兵亲密相处，又能颇受上司重视，被提升为正目。在士兵们自己组织的"将校团"里，他是公认的"团长"。

这里唯一的一个非军人的成员——詹大悲，24 岁，武汉《大江报》主编。他不是军人，但武汉地区的新军士兵却是他主编的《大江报》最忠实的读者。他代表了军人的心声。

蛇山巍巍，江汉滔滔。辛亥年春节的第一天，来自武汉三镇新军各标、营的士兵代表，在此举行了不同寻常的"团拜"。在看似漫不经心的三五成群的"吃茶"活动中，宣告了与军人身份不甚协调的一个具有历史意义的团体——文学社的成立。完全由军人组成的可谓最不文学的"文学社"，有一个明确的宗旨：推翻清朝专制，反对康梁

① 贺觉非：《辛亥武昌首义人物传》下册，中华书局 1982 年版，第 360 页。

的保皇政策，拥护孙文的革命主张。①

新年岁首，在诗意的黄鹤楼，一帮"先天下之忧"的不满 30 岁的年轻人，在文学社形成的决议中，郑重其事地规划了清王朝辛亥年的命运：

一、选举蒋翊武为社长，詹大悲为文书部部长，刘复基为评议部部长。

二、扩大组织，在新军普通士兵和学堂学生中发展社员，以运动新军为工作重点。

三、以《大江报》为文学社机关报，免费赠送各营、队一份，扩大反清革命宣传。

四、加强与共进会和其他革命团体之联合，壮大革命队伍。

文学社平静地宣告成立。

历史向来如此。表面的轰轰烈烈不是创造历史的最佳状态，默默无声的平静才足以孕育出最终惊天动地的历史成果。

风满黄鹤楼，武汉第一春。诞生在春节的文学社，揭开了辛亥之年历史中不同寻常的第一页。

---

① 　贺觉非：《辛亥首义回忆录》第一辑，第 123 页。

二 民变震朝野

惊惧惶恐中的"庚子变乱"终于结束了。

1901 年 6 月，列强提出和平的先决条件是惩办清政府中支持拳民对外宣战的元凶。西太后感到庆幸的是，"黜废太后，请皇帝新政"内容从所开列的和议条款中删除了①——她情知由此而为列强付出的利益交换。

"今幸和局已定"之际，暂驻西安的两宫急切地要求驾返京城，于光绪二十七年（1901）四月二十一日由内阁宣示：谕令内务府扫除宫阙，将于七月十九日经由河南、直隶回銮。

"还京有日，卧薪尝胆无时可忘。推积弱所由来，叹振兴之不早。"无论是发自内心的痛悔，还是基于乱政谬策的遮掩，两宫归途之际即昭告天下，要刷新政治，一改既往。此番重大决策并不像以往那般由枢廷几番议审，几经修饰，而是径直由内阁奉颁懿旨：

> 近者特设政务处，集思广益，博采群言，逐渐施行，择西法之善者，不难舍己从人，救中法之弊者，统归实事求是。②

急切发布的谕令显然有着向列强剖白心迹的苦衷，所谓"谕示天下，以朝廷立意坚定，志在必行"；同时，也有消解流播于世间"帝后两党"违和传言的意图，它明白地宣称要"母子同心，力图兴复"。

---

① 王照：《方家园杂咏纪事》，《近代稗海》第一辑，四川人民出版社 1985 年版，第 17—18 页。

② 中国第一历史档案馆编：《光绪朝上谕档》第 27 册，广西师范大学出版社 2000 年版，第 188 页。

专制政治条件下最高权力层意思的表达，不会像文字表意那般直接和通达，它具有权力附加的神秘意旨和具体情景下的复杂的变义——这常常引动了不同层级和同一层级却权属不同的群臣们反复论议、引申，甚至犹豫、揣测的朝议效应。在出身有别、背景不同而权力关系复杂的朝臣中，能够真正揣透文字背后"圣意"的臣子，不仅有着政治上的精明，也须有体察圣上心迹的机智。

对于朝堂上的风雨晴暖，自有体察精微的臣属。在一干臣僚中，迅速捕捉到此番"新政"机遇，且准备有所作为的大臣出现了，并且形成了相为呼应和协同共进的合力：袁世凯、刘坤一和张之洞。

"自强无望，势难立国，言之痛心。"面对"新政"谕令，袁世凯快捷跟进，在第一时间里就与张之洞、刘坤一达成共识，立即付诸行动。三大臣主张，择取新政最紧要者三项，由袁、张、刘联衔入告，并加强节奏，每月呈奏两三次，"节节设法，层层递进。"

张之洞认为这是助力"新政"施行的最善举措，他坦然表态说："如此办法，补益必多，洞愿列名。"①

以速办"新政"的举措消弭危机，期望获得政局安稳和社会有序，应该是朝廷和地方当局共同的心愿。只是，时局的演进总是执拗地违逆着当政者的所愿，一个动荡的社会情势几乎是伴随着"新政"的推展踵接而起。

1902年3月2日，毗邻京畿的直隶"乱事"突起，一时舆论惊惧。《中外日报》以《论直隶乱事》标题刊布其事：

> 庚子之乱，至今未满二年，疮痍未息，元气大伤。而广宗之乱又见告矣……以政府之惕于覆辙，袁制军之锐气方新，调兵遣将，雷厉风行，不致如曩者之一发不可复收，以致贻累大局，几

---

① 光绪二十八年（1902）正月三十日，《致京袁制台、江宁刘制台》，苑书义等主编：《张之洞全集》卷二四九，电牍八十，第11册，河北人民出版社1998年版，第8745页。

危社稷。①

一个聚集在景廷宾名下的乡民群体打出了"扫清灭洋"的旗号，抵拒《辛丑条约》赔款的摊派，附近邢台、巨鹿、唐山、内邱、新河、平乡等处乡民竞相响应，联袂而起。京畿附邻，肘腋之变，竟使举朝君臣谋就的玫瑰式的"新政"之梦平添了一抹不祥的征兆——"庚难"之后复"庚乱"！

治乱循例，天道如常！

确实出乎意料。庚子之变后治平景象不仅不曾显现，令人惊诧的却是连绵起伏的民变风潮——即使可以调集营兵，以装备的优势扑灭一时一地之变乱，面对举世之民，以及民皆思变的情势，任何政权都将陷入难以解脱的困境。《东方杂志》的记者其实已经有所预见：

> 顾执笔人所深虑者不在广宗之乱能否剿平，而窃恐类乎广宗之乱者，方且日起而未有艾；不在直督之防剿能否行得手，而窃思其徒以防剿为政策，而不能推求致祸之源，防患未然之计，必至一波未平一波又起，败坏大局而后已。②

预见的精准性被接续而来的现实一一确证。

几个月后，直隶朝阳县一个叫邓莱峰的生员以同样的方式聚众抗争，为教堂欺凌乡民的不平之事讨要一个"说法"。官府的行为依然是"模板复制"做派：先冠以"逞忿滋事"之罪，由地方官委派营弁解散未果，继而呈请直隶总督袁世凯增兵严拿。③

举大兵于乡野，即使是聚集成众的乡民，在国家利器的重压之下的结局都是既定的：或消亡，或囚禁，或驱散……然而，问题的症结在于，民变——镇压——民变——镇压的治理困局，一旦形成内循环的闭锁怪圈，一个"后义和团"时代的民变风潮，将以另一种极具震

---

① 《论直隶乱事》，《中外日报》光绪二十八年四月六日。

② 《论直隶乱事》，《东方杂志》第四卷，第1页。

③ 中国第一历史档案馆编：《光绪朝上谕档》第28册，广西师范大学出版社2000年版，第6页。

撼的形式让当政者惊惧莫名，筹展无措。

何况，"新政"的推行不仅在消磨着时间，也在消磨着能量——或者在积聚着最终焚毁王朝本身的能量！

岁月的节律依然如旧，而历史的机遇却无法如常。当激奋人心的戊戌新政被屠刀剁落于菜市口之后，再度祭起的"新政"招幡还能有多少感召世人的价值？而由旧臣操持的"新政"又能有多少真正革新除弊的功效？

"新政"却非新，徒然增痼疾！

今之事变，有如火燎原野，水决堤址，骤然暴起不可止遏。一月之内，揭竿四起，篝火相望，一呼百随，一起百奋，袂庚子奇变之风云未熄，而联庄会继之，而密阳又继之。近则东三省之马贼、热河之游勇，云合响应，乱市之耗流传于道，告急之章星驰于疆……而广西土匪又见告矣……而天下之大祸成矣。①

由"新政"激起的民变，无论在内容上还是在规模上，都远远超越了旧政，一个激浪卷裹着另一个激浪的民变大潮逐浪而起，持续升高。

——1910年5月，山东莱阳。这个以小麦、高粱、花生、甜瓜为主要出产品的农业区域，80%的人口属于大约每户10亩或每人2亩的自耕农。他们终岁辛劳的生存依赖几乎由天眷顾，正常年景下人们可以从耕种的土地上收获六成的生存保障。

这年开春即燥，天旱无雨。旱情如愁云一般堆积在莱阳人的心头，愈积愈重。干旱歉收的窘况下，出现数十年从未有的粮价暴涨。无力缴纳捐税的乡民们，想到了丰年存储的公共积累——社仓积谷，盼望提取积谷以救一时之困。此举却遭到社仓绅董们的拒绝。

生存危机下的动员机制具有超常的效应。4月21日，太平社社

---

① 邓实：《复友人言土匪书》，《时事采新汇选》第二卷第一册，五，壬寅四月八日，北京图书馆出版社2003年版，第482页。

长曲士文以"联庄会"组织形式号召村民讨还积谷，一时即聚集了30多个村庄数万农民。5月21日，联庄会会集700余人于县城城西关帝庙，要求面见掌控积谷的绅董，讨要公道。在遍寻劣绅（各绅董早已获讯避而不出）不得情况下，曲士文只得带领乡民拥入县署，① 祈望官府为民做主。

县令与绅董们勾连作弊、共同分肥的事实，早已是公开的秘密。知县朱槐之面对汹汹民情，自然百计推托，假以威逼。曲士文代民请命，逼迫知县答复传质劣绅，要求十日内算账，缺者追赔。至此，"索谷抵捐"的民众吁求演变为大规模群体性的"民变"风潮。

民变之因如此简单，事件过程也很清晰。但事变的结局和推助事变走向的因由却并不简单。即使从当时媒体记者和社会调查有限的陈述文字中，我们也能捕捉到各种势力复杂和诡异的角力信息。一个区区小县的民变，在呈送朝廷处置过程中，竟然牵连广泛，内幕深重：

——军机枢廷密议不宣，竟致几十分钟而无任何消息；

——都察院封奏密件，监察御史密行参劾；

——在关键议定时机，庆亲王奕劻请假避嫌；

——监国摄政王面对来源不同、立场不同的奏报，特派专员密查；

......

复杂的纠葛和多种力量的较量，其实都不会落在莱阳乡民的诉求上——这原本就是一个由多重利益和势力上下交织、横向交错的不同权力网络发力的常态——无论他们怎样地明争暗斗或无情厮杀，当面对被称之为暴民的百姓群体时，仍然会磨合出一个共同的立场：镇压！

---

① 《山东旅京同乡莱阳事变实地调查报告书》，转引自刘同钧、董礼刚主编：《莱海招抗捐运动与辛亥革命》，第16页。

莱阳民变最终的结局并无悬念：大军增剿，平息暴民，捕杀首恶。

但民变可强平，民怨却难息！

——一个以"山东旅京同乡会"全体署名的公告迅速地发出不平之鸣，《山东旅京同乡会全体公布》谓：

> ……曲士文所要求者，并无一语及私……地方官绅相互维系，甚且挟持金钱，大肆其掀天揭地之手段。为官吏圆融出脱，总使斯民难言之隐，尽归过抑……
>
> 承办新政经手款项之绅董，假公济私，结怨于民，非择尤惩办，不足以昭平允，而服民情……[1]

——直隶总督陈夔龙调查奏报称：莱阳绅民交恶，已非一日。近年举办新政，假手乡绅，更不理于众口，积怨已深，久思寻衅……[2]

——针对官府呈报的厚诬曲士文为悍匪和强梁的各类资讯，《济南日报》报馆主笔王志勋调查后公开质疑：

> 曲士文为六十老农，目不识丁，无势位富厚以为凭借，而能振臂一呼，从者数万（不数日间聚集数万人），纵为私仇，岂无公愤？不怀疑惧，不尽胁从？而事经两月，民情屡变，终至兵民炮火相见，使非绅董积恶于前，官吏激变于后，即未易遽言平和，亦庶免糜乱过当……[3]

这是足令当局难堪又被动的情势！毕竟，兵民冲突的事实和百姓死亡的事实俱在，官绅中饱私囊、借端牟利的事实亦在。面对既成的

---

[1] 中国史学会济南分会编：《山东近代史资料》（第二分册），山东人民出版社1958年版，第26页。

[2] 中国史学会济南分会编：《山东近代史资料》（第二分册），山东人民出版社1958年版，第62页。

[3] 此言可证，在李兰斋记述资料中称：一教书先生奉命调解，前往曲士文办事处。进曲士文大营后，但见一干瘪老头儿，年约七十，头戴雨笠，身披小白褂，挽着裤腿，赤着双脚——此为曲士文真容。见中国史学会济南分会编：《山东近代史资料》（第二分册），山东人民出版社1958年版，第28页。

事实，也面对难以平息的舆情民愤，在权力的平衡和利益取舍的精细琢磨中，最高权力层作了一个惩戒官绅的决定，一个由监国摄政王钤章，由军机大臣署名（奕劻、毓朗、那桐、徐世昌）的谕旨颁布天下：

> 肇乱之由，实为官绅办理不善，所派文武各员，措置亦未尽合宜，自应分别惩处……当地知县革职，相关官员或革职或永不叙用，相关绅董等俱着褫革，交地方官严加管束……①

然而，历史的创痛难以补救。莱阳民变在世道人心层面上持续发酵的影响，显然远远不在一时一地。适当超越具体的事件，让我们静气平心地细绎历史的细节时，那些不经意的文字中深埋着有着深长历史意义和可以启迪时代的内容，以王志勋为代表的五位谘议局议员为"莱阳民变案"提交了辞呈：

> 启者：莱阳一案，鄙人等系谨尊七月二十日上谕，参以北洋及山东提学使与本局调查之事实为主张，不谓议长违反议事规则，并不退就议员席，公然加入讨论，且盛气发言，遽以谨遵上谕者为曲党，为阿附京官，此等专制锻炼蹂躏合议机关之举动，鄙人等决不承认……
>
> ……虽多数取决，少数者不能反对，然此非法议决，鄙人等亦万难服从，兹谨依局章第十九条第三款，同辞议员之职，专此布呈，即请全局公览。②

面对"新政"抑或旧政、新弊抑或旧弊、新制抑或旧制的确浑然难分的时政，五位议员的行为和立场诠释了一个新时代的意义和价值！当然，她还只能属于未来！

"新政"改革在背离政治刷新的路途上愈行愈远的事实，并非是掩藏在政治黑幕中的秘密，它已经是朝野上下心知肚明的实情。即便

---

① 《辛亥革命资料汇辑》第一册，第36—37页。
② 中国史学会济南分会编：《山东近代史资料》（第二分册），山东人民出版社1958年版，第39—40页。

深处宫禁的西太后，也有着自己获取真相的渠道。1907 年（丁未年）正月，调补四川总督的岑春煊行至武汉时，呈请赴京朝觐。

深得慈禧倚重的岑春煊当面表示：意欲留京做太后一看家恶犬如何？此番表忠即获西太后赏识，不久遂有补授邮传部尚书之命颁示。

这次君臣面谈内容，当然关涉到"新政"以及整个政局民情的大势。朝堂上的一问一答，不免悲情戚戚：

> 太后语及时局日非，不觉泪下。
>
> 岑则奏称："近年权贵弄权，贿赂公行，纪纲扫地，人心离散。"
>
> 太后初闻颇有怒容，云："何至人心离散？"
>
> 岑对曰："创行新政，先须筹款，今日加税，明日加厘，小民苦于搜括，怨声载道，倘果真刷新政治，得财用于公家，百姓出钱，尚可原谅一二。现在不惟不能刷新，反较从前更加腐败。从前卖官鬻缺，尚是小的，现在内而侍郎，外而督抚，皆可用钱买得。丑声四播，政以贿成，此臣所以说改良是假的。"[1]

见太后默然不语，知其心有触动，岑春煊进而言之："现如今留学外洋学生，千百为群，声言改革，一倡百和，处处与政府为难。斯即人心离散之时。"[2]

刻意推行的"新政"，竟成大局糜烂之因。久任封疆的岑春煊有着更深切的感悟，他说：

> 当今之时，有五匪之目：谓官匪、绅匪、兵匪、民匪、土匪也。聚此五匪，遂成全匪世界。真有不能下手之慨！[3]

---

[1]　岑春煊：《乐斋漫笔》，近代史料笔记丛刊《近代稗海》第一辑，中华书局 2007 年版，第 29 页。

[2]　岑春煊：《乐斋漫笔》，近代史料笔记丛刊《近代稗海》第一辑，中华书局 2007 年版，第 30 页。

[3]　岑春煊：《乐斋漫笔》，《近代稗海》第一辑，第 95 页。

从1902年到1911年，有统计的民变已达千余次之多。庚子之后，民变四起，乡村社会乱象丛生。"乡治乃天下治"的律则反向地预示着一个变乱四起时代的到来。"夫政府之能安宣尊荣者，为有民也，一旦无民，则亦无所谓政府矣。知革命之可惧，而不知民命，尽依他国，即与革命无异……"①

---

① 《论政府之蔑视民命》，《东方杂志》（1905 年 3 月）第 2 卷第 2 期，第 47 页。

三　无奈摄政王

光绪三十四年七月二十一日（1908 年 8 月 17 日），傍晚时分，夕阳已没。

京城。暮霭沉沉的天幕。一颗光灿灿的巨星，在雷声般的轰鸣中从西北方向掠屋而过，拖着数十丈的长尾在东南夜空陨落。一时哄传于京城的消息是：此乃紫微星坠，其兆不祥。

十月以来，抑郁多病的光绪皇帝集肺结核、肝脏、心脏诸病于一身，已渐成心脏功能慢性衰竭之症，气血两亏，御医也束手无策。夏秋以来倍感不适的西太后，近来又痢泻不止。74 岁的西太后心中阴云一团，开始盘算皇帝嗣位的"天下"大事。

把首席军机大臣庆亲王奕劻支应去东陵视察"万年吉地"后，十月二十日西太后在西暖阁召见军机大臣张之洞、世续、那桐，十分明确地表示要选择醇亲王载沣之子溥仪入宫读书，意为同治皇帝立嗣。

面对事先已经摆好的棋局，车出马跳都是意料中的一目了然。无论是顾及眼前的举措，还是运筹帷幄的将来，按皇太后的意思都不必由军机大臣们多余费心了，他们只能是在事情的细节和具体步骤上，动一些完善结局的心思。

张之洞："然则宜正其名。"

西太后："古有之乎？"

张略加思索道："前明有监国之号，国初有摄政王之名，皆可援以为例。"

皇太后说："善！可两用之。"

张继则又缓缓而言："皇帝（光绪帝）临御三十余载，不可使无后，古有兼祧之制，似可仿行。"

西太后老辣的目光盯着张之洞，沉默良久，才最后决断："凡事不必泥古，此事姑从汝请，可即拟旨以进。"①

由此确立了溥仪为清王朝末代皇帝的地位。

爱新觉罗·溥仪，字浩，后来还拥有一个漂亮的英文名字：亨利。

生于光绪三十二年正月十四日的溥仪，当时还不足 3 岁。他是第二代醇亲王载沣的长子，光绪皇帝的侄子。

当庆亲王奕劻秉承皇太后懿旨，率军机大臣和内务府大臣、后宫首领太监来到醇亲王的"北府"接溥仪入宫时，王府内顿时失去了平日的欢快。在皇皇圣旨下，老醇王的福晋、载沣的生身之母竟号啕大哭，声嘶力竭地喊：

既杀我子，复杀我孙，虽拥皇帝虚名，实等终身圈禁耳。②

她紧紧抱住溥仪不放手，伤心欲绝。最后，在诸大臣的强拉硬劝下，才算完成了接迎嗣君入宫的使命。

皇帝，被称为"万岁爷"或"真龙天子"的人间最高统治者，是富有四海御临天下的主儿。这个并非凭借个人和家族智慧与力量就能获得的角色，既拥有无限的权力，也拥有无限的神秘。无论是豪杰争雄的成败，还是草莽竞逐的胜负，都会在"天意"所属面前，臣服在皇帝的脚下，一切为了皇权而存在。然而，当又一个准皇帝诞生在醇王府时，府内悲切凄楚的气氛似乎是在述说着皇帝和皇帝时代的不幸。

光绪三十四年十月二十一日，溥仪进宫的第二天。已很久不在光绪皇帝身边陪侍的隆裕皇后，要到寝宫探视帝君。及至寝宫，才发现

---

① 胡思敬：《国闻备乘》，《近代稗海》第一辑，第 281—282 页。

② 萧一山：《清代通史》第四卷下，（台湾）商务印书馆股份有限公司 1993 年版，第 2489 页。

光绪皇帝早已尸冷如冰（根据史实考证，光绪帝于十九日已死，因宫内忙于西太后的病情，故无人照料），遂哭奔而出，告知太后。

天道不违，岁月无情。

醇亲王载沣和慈禧太后自己都不曾想到，光绪三十四年的十月二十二日（1908 年 11 月 15 日），在光绪皇帝死后仅一日，主掌清朝命运 47 年之久的西太后，也溘然长逝，驾崩于仪鸾殿。

光绪三十四年十一月九日（1908 年 12 月 2 日）。天寒地冻，极冷的一天。

十时一过，文武百官开始排班行仪，新皇帝登基大典即将举行。摄政王载沣怀抱着小皇帝，先到观德殿的大行皇帝梓宫前，行三跪九叩大礼，祗告受命。然后，朝拜太后，更换礼服，到庄严的太和殿正式举行就位仪式。

在百官群臣跪倒在地山呼万岁的喧闹声中，龙椅上的幼儿皇帝放声哭闹起来。摄政王随即从近侍太监手中拿出一个叫作"唬小儿"的玩具，安抚哄玩着小皇帝："别哭，别哭！快完了，快完了！"

殿内执事的王公大臣心头一紧，顿感不祥。

——据说，这是新皇帝不安其位的凶兆。

——据说，这是大清朝寿终正寝的预言。

不满 3 岁的溥仪正式登极称帝，布告天下。年号：宣统。

3 岁的溥仪童蒙未开，事理不明，茫然无知，仅仅拥有了一个皇帝的名分。在宫内教养的宣统皇帝，只是以一个皇帝的人格目标和伦理规范，被精心地塑造着。清制，作为皇子，无论嫡庶，一坠地即有保姆抱出付与乳母。由 40 多人组成的庞大的保姆、乳母、各式料理生活的"上人"队伍，严密监管护理着皇帝或未来皇帝的一切。断乳后，则在内监多人引领下，教之以饮食、语言、行步、礼节。直到 6 岁，才在所谓"帝师"的教导下，以黎明即起的辛勤，正式去上书房读书，从"人之初，性本善，性相近，习相远"的识字句读起步，把摩着儒家的经典如"四书五经"，开始了旨在明了世理、君临天下的

启蒙功夫。

12 岁时，他开始学习真正的祖宗文字——满文；14 岁，又须习弓矢骑射；16 或 18 岁时，完成成婚大礼后，才算修完了皇帝的人生课程。于是，在一个正式的执政仪式——亲政大典后，皇帝才能走向那个号令群臣、威慑天下的龙椅。

对于乳臭犹存的溥仪而言，距离那个真正辉煌的日子，其实还遥遥无期。

于是，皇权的真正行使就属于了皇帝之父——载沣。

光绪三十四年十月二十一日，在宣告溥仪为嗣皇帝的同时，西太后颁发的另一道懿旨，决定了载沣主政大清王朝的地位：

> 现值时事多艰，嗣皇帝尚年幼，正宜专心向学，着摄政王载沣为监国，所有军国政事，都由其训示，裁度施行，待嗣皇帝年岁渐长，学业有成，再由嗣皇帝亲裁政事。①

天下之权，决于宸断。西太后弥留之际，将自己苦心经营近半个世纪的大清政权，急匆匆地交付给 20 多岁的皇亲载沣——一个关乎王朝命运的政权交接，似乎就在一纸遗命的拟定中，波澜不惊地完成了。

在王朝的官方记录中，那种通常在权力更迭时，各种力量的精心图谋和祸起萧墙的变乱记载，不曾存留。但是，在靠近权力圈内的私人记述中，却少不了起于青萍之末的风动影摇的许多故事：

——在两宫病笃之际，对于未来前程和性命最感不虞的不是别人，而是执掌北洋六镇重兵之权，久控直隶津要，又为军机重臣的袁世凯。据传，袁曾与庆亲王奕劻合谋，试图拥立载振之子入嗣。对于袁、庆之谋，西太后心有所虑，遂于 11 月中下旬之交的关键时刻，在打发奕劻勘察陵工之际，秘密召见了除袁世凯以外的军机诸臣。等

---

① 萧一山：《清代通史》第四卷下，（台湾）商务印书馆股份有限公司 1993 年版，第 2482 页。

奕劻回朝复命时，溥仪入嗣已成定局。

西太后的这招"夜半定策"之谋，避免了预料中的皇族内斗和殿堂之争，以她驾轻就熟的宫廷权术，完成了她期待的权力传承。

——就是辅助幼皇的"摄政"之诏，也有一些永远弄不明白的宫廷手脚。

当时，关注皇位继承大计的宫内人士，还有一个名叫溥伟的恭亲王。他是恭亲王奕䜣之孙，属于爱新觉罗家族中溥字辈中的长者，也是在内廷行走的心眼活络的精明能手。

早在庚子前后，西太后刚对光绪皇帝动了废立之念时，溥伟就有了继统的渴望。光绪病危之际，这种跃跃欲试的念头更是冲撞不已，"夜半定策"的那天晚上，溥伟以内廷行走的特权，在宫内苦等了整整一夜。

虽然最终结果是立嗣无望，但慈禧的口谕也着实令这位年富力强的亲王欣喜无比。据说，嗣位大计定策后，在载沣叩头力辞的当口，慈禧曾愤然曰：如果觉得力不胜任，溥伟最亲，可引以为助。

压住内心的惊喜，溥伟在静静等待着发自军机大臣的正式"任命"。

然而，等到大学士、军机大臣张之洞拟定的懿旨正式颁布，急切等待的溥伟才直愣了眼。皇皇谕旨中，只有摄政王监国主政之命，却无溥伟助政的片语只字。要知道，权力赛场上，对于很多人而言，失去一次机遇就等于失去了终生。在天宪谕令前，先是冷透了手脚，继而又怒火冲天的溥伟，到底沉不住这口翻搅心海的底气，冲到已尽现佝偻之态的老臣张之洞面前，破口大骂，责问为何诏旨中没有皇太后关于溥伟助政之语，并要求军机大臣们改诏重新拟旨。

衰老而并不糊涂的张之洞，不软不硬地回敬说：

摄政王以下，吾等臣子均为朝廷助政之人，又安可尽写入谕旨？

溥伟竟语塞难对。这原本就是不成对手的较量。

　　无法咽下这口气的溥伟，还不大懂得在专制权力下失去了的权位很难再找回的道理。他仅凭内廷行走的便利，开始在丧日之内大闹内务府。监国摄政王载沣和领班军机大臣奕劻，只得采取强硬措施：先请皇太后隆裕颁发懿旨，严肃宫禁，除值班外，任何人不得留宿内宫；然后，又以宣统皇帝的名义，针对性地下发诏旨：

> 摄政王代朕主持国政，自朕以下，均应恪遵遗命，一体服从。懿亲宗族，尤应凛守国法，矜式群僚。嗣后王公百官，倘有观望玩违及越礼犯分，变更典章，淆乱国是各情事，定即治以国法，断不能优容姑息。①

　　严厉的申斥之中，已明确显露杀机，溥伟也只好知趣地退出这场权力角逐。

　　从此，在摄政王主政的年代，溥伟注定只能在禁烟大臣这种闲差上打发岁月。

　　摄政，就是权行皇帝事的意思。在清朝历史上，首开因皇帝年幼由皇室宗亲代行摄政的政局，发生在1643年。那一年的9月21日，清太宗皇太极"暴死"，6岁的福临（顺治）即位。皇叔父和硕睿亲王多尔衮与和硕郑亲王济尔哈朗同称"摄政二王"，辅助皇帝，主掌朝廷军政大权。

　　顺治元年（1644）十月，福临在关内举行登基大典，以多尔衮功勋卓著，封其为摄政王；而留守盛京的济尔哈朗，却只获得信义辅政叔王的称号。由此，确立了摄政王多尔衮一人独尊的地位。

　　在皇权时代，拥有了代行皇权的摄政王，也就拥有了准皇权的礼仪和威势。刚刚踏入浸润着儒家礼俗的中原大地的清朝礼部，居然能够"限以礼教，辨其衣冠"②，轻车熟路地以一套烦琐的礼仪，把摄政王高高捧在诸王百官之上。摄政王仪注规定：

---

① 《宣统政纪实录》卷一，第25—26页。
② 《清世祖实录》第16卷，第12页。

　　凡文移皆书皇叔父摄政王，一切大礼如围猎、出师、操验兵马，诸王公大臣都要"列班跪送"和"跪迎"摄政王。遇元旦及其他主庆贺节日，满汉文武大臣在朝贺皇上后，还要"往贺皇叔父王"……①

　　皇权在手的多尔衮，拥有调动三军，向全国发布政令的权力，甚至将藏于"大内"的信符收贮王府，以"朝廷自居"……

　　死后的多尔衮，被追赠为成宗义皇帝，享祀太庙，丧礼比照皇帝的规制办理。

　　摄政，只是权力本身的一种需要，是特定条件下皇权的需要。多尔衮之后，清朝260多年的历史中，虽不免亲王辅政之局，却再也无摄政之名。摄政不是制度，也不是惯例。

　　不过，在"敬天法祖"的伦理礼法时代，制度的意义比之于祖宗的行为本身其实要逊色许多。先辈们的事例就是制度，或者具有制度的意义。高高矗立在精神庙堂上，同时也经常挂在嘴巴上的"祖宗之法"，正是在后世子孙权力和利益的各种现实需要中，升华为一种精神的力量。凭借着这种来自历史的精神力量——也可以称之为"历史依据"的理据——子孙们灵便地满足着自己各式各样的现实欲求。所不同的是，书生们常常是要生活本身服从于"祖宗之法"，政治家却是要"祖宗之法"服从于生活本身。

　　与多尔衮不同的是，载沣还多了一个权力象征的名号，即监国。

　　监国，也是一种代理朝政的制度。如周天子外出，太子守而代领国事，为监国。南明弘光政权垮台后，鲁王朱以海在浙东沿海建立南明小朝廷，自己主持国政，不称帝而称监国。

　　经营政治的人，总会在丰富的历史中找到自己所需要的内容。

　　在确定皇帝接班人的廷堂上，对王朝历史规制烂熟于心的张之洞，如数家珍地向皇太后倒出了有关监国、摄政的掌故，慈禧便十分

———————

① 郭松义等：《清朝典制》，吉林文史出版社1993年版，第12页。

爽快地拍板：好！可以监国、摄政两用之。

> 多尔衮摄政，而不监国；载沣既摄政，亦监国，此所谓"今体制较昔尤严也"。①

只是，西太后和载沣都不会想到，以多尔衮摄政为开局的清王朝，却最终仍然以摄政的结局而终结其命。时势乎？命运乎？！

循着礼仪的引领，摄政王载沣走上了监国的宝座。

这是设在乾清宫便殿之侧的一张座椅。摄政王载沣问政的殿堂中有一个空着的宝座，那是名义上为皇帝溥仪设置的虚位。摄政王座前设一案几，军机大臣们左右侍坐。大臣之座前不设案几，含有"以定一尊"的意思。

在王臣之间，似乎是仿照周公摄政的做法，以传说中的"三公坐而论道"的模式，拉近了年轻的摄政王与年迈的军机大臣之间的距离。如果有紧要之事和需要商办的奏折，面示摄政王后，军机大臣们传阅拟定主意；完事后，枢臣们仍回军机处各忙其事。②

当然，真正体现摄政王权力的，还有一个小小物件：印章。这是自古至今，任何一个具有权力的人必须拥有的东西。印章之为物，不过是打磨得更加精致漂亮的木头、石头、水晶、金银一类的东西。但是，发明和制作它的人类，同时也就赋予它以人类的意志，权力的力量。它是权力的物化，它是编织社会、政治网络中环环相扣的网络关节。

在正式颁定的朝政谕旨和所有体现王朝最高意志的命令文书中，只有加盖摄政王的印章后，才会发生权力的作用。代表最高权力的监国摄政王的印章形制为金质汉篆，文曰：监国摄政王章。

载沣当然感觉到了肩头负荷的沉重。他每天很早就来到乾清宫，十分认真也十分勤奋地亲自批阅来自各部院衙门和各省督抚的奏章。

---

① 金梁：《光宣小记》，第111页。
② 见《宣统政纪》卷二，第35页。

他不时召见臣工，常常给臣下赐座；与四大军机同席议事，从不自行专擅。平和商议的气氛中，不见了朝堂上一向一人专擅的政局。①

商讨或谦和的做派，通常只是民主时代才能养育出的政治品行；专制条件下，人们习惯和赞赏的只能是独断与专擅。从未主持过军国大计的摄政王，骤然登上最高级别的政治台面，自然免不了许多不得要领的尴尬和错乱。

谦和就是无能，商询就是懦弱。史料虽然十分简洁，却很逼真地为我们刻画了摄政王主政的形象：

——"有入觐者，常坐对无言"；"有进言者，分不清是非曲直"。

——有请示机宜者，则"嗫嚅不能主断"。

——所言常不切政要，多为从何处来，到何处去之类，无关宏旨。

——有驻外使领面陈外情，则面露烦躁，称"已十分钟矣"。

更有一些野记稗史，在摄政王"惧内"的家史中，有意无意地发掘着用以证明载沣"监国之黯"、无能理事的史料：

> 载沣的福晋与老福晋（载沣之母），相互争权各不相让，摄政王却坐视无可如何。②

其实，在中国大大小小的家庭生活里，婆媳关系本来就是一个千年不变的话题。这种事实上围绕儿子与丈夫亲近关系产生的，表面上又是在锅碗瓢盆中闹纠葛的两代女性之间的复杂心理，本是现代社会心理学才醒悟到的问题，在我们先辈的意识中，只是属于"清官难断家务事"的琐事。无论是摆弄农田上犁耙的村夫，还是操持庙堂上权术的士大夫，几乎都是在睁一眼闭一眼的无奈中，痛对这人生之苦。摄政王的家政故事，不过是千年来千万家同一类故事的又一种复本而已。

---

① 见胡思敬：《国闻备乘》，《近代稗海》第一辑，第244页。
② 见胡思敬：《国闻备乘》，《近代稗海》第一辑，第294页。

但勤于政事的摄政王，却以一个碌碌无为又庸俗无能的形象被录在历史记忆之中。

通常，政治家的成熟主要依赖于政治实践的磨炼。奏章的批阅、君臣的应对、谦和与严厉的分寸、劝慰与呵斥的把握，必须在长期的实际操持中，才会体味到其中的微妙和尺度。写入书本中的条条款款，在复杂和多变的现实面前都将显得意义不足和苍白无力。

登上监国大位之前的载沣，所缺的不是政治天赋，而是政治实践。

初次扮演最高执政者的角色，载沣确实表现出一个生手面对复杂而生疏的事务时，不知所措的困窘。不过，并不愚笨的摄政王，既然被命运推向了专制权力结构的顶端，便会很快进入角色。载沣接下来的张弛举废，皆不失一个弄权者特有的聪明和狡猾。

刚刚走向摄政王监国的宝座，面临的首要问题就是如何在礼仪规制中，充分体现出摄政王的地位，从而借此获得巩固权力的契机。问题是，面对"摄政王礼仪"问题，载沣有着属于自己的不便——摄政王自己不大好出面，而宗室王公们又各怀心思，各有所谋，载沣不能引以为援。初次亮相的载沣，没有足够的运用权力的预演阶段，不像多尔衮那般，在摄政之前就已在疆场上驰骋多年，形成了足以和任何异己力量抗衡的实力；也不像西太后那样，不仅内有两宫的联手，而且外有恭亲王、胜保的呼应，载沣是确确实实地在唱着独角戏。

于是，摄政王利用朝廷言官一手导演了一场政治双簧。

载沣上任监国摄政后，首先是"虚怀采纳"，以特别谦和的态度召见了清末谏台名角江春霖、赵炳麟两御史。在西太后的压制下，清末"谏垣入对，绝迹已三十年"[1]，现蒙摄政王恩宠，顿感欣慰，于是出现"台谏风生，海内动色，尝有七御使同时各递封奏"的盛况。

坐在宫禁内的摄政王，不动声色地看着为己所用的御史们的奏

---

[1] 徐珂：《清稗类钞》，第 1523 页。

章，稳稳地拨弄着摄政王"礼仪"出台前的琴弦。

为了保证载沣特殊的地位，御史们首先确定了针对性的制礼原则："当今主少国疑，礼制尤不可不严。"光绪三十四年十一月，忠廉带领言官们不断联衔上奏，提出至关重要的制礼框架：

——封奏宜直达摄政王便殿，自行开拆；摄政王居处宜在禁城内。

——摄政王每是听政延见枢臣宜尊崇；如果事关重大，有不便令大臣知之者，摄政王亦可内断于心（等于"乾纲独断"之权）。

——请摄政王总统禁卫军，以固根本。

——规复军机署名之制，无摄政王署衔者，无论如何皆无效力，而以摄政王之裁决为唯一合法。

尽管主持礼仪制定的各衙门对言官们的举动反应迟钝，似乎在观望中等待另一种声音的出现，但摄政王收获了最终的果实：摄政王礼仪基本上按照言官们拟定的方案一一兑现。

就是在朝廷大员的任用上，表面懦弱的摄政王，似乎也不是任人拿捏的软柿子。宣统二年（1910）七月十三日，载沣任命了协办学士徐世昌、贝勒毓朗为军机大臣。慈禧太后的内侄女，现今的隆裕皇太后却十分不满。怀着"干政"野心的皇太后，顶着凤冠急急如火地找到摄政王，强令撤去这道任命。

看着一扫往日温雅气度的隆裕，顾及面子的载沣很婉转地请求暂缓一下，容以后仔细思量。不明事理的皇太后却非要立即论出个高下，相逼过甚。载沣则不紧不慢地回敬说：

用人行政之权，似不在太后干预之内。

绵里藏针的回敬，竟把怒火中烧的皇太后堵了个哑口无言。

涉世不深的摄政王，在懦弱的表象背后，也隐伏着长远的图谋。主政不久，就有朝臣上奏弹劾官员贪赃纳贿情事，其中一折牵扯到镇国公载泽。

第二天，载沣马上传见载泽，以折示之。载泽一见，情知无法隐

匿，遂一一承认，静等处罚和申斥。摄政王却只问其事而不言其罚，说："既确有此事，则不必交查可矣。"①

明明白白的庇护，为朝堂上颇显孤立的载沣又赢得一个情愿效力的奴才。这似乎只能说明载沣的用心良苦而不是软弱无能。

生性木讷的载沣似乎也有着自己的政治招数，在孤立无援的处境中，加倍小心地经营着朝廷的生意。只是，已经形成的权力分配格局和既成的规则，加重了他重新布局的困难。

载沣的权力得之于慈禧的赐予。西太后向载沣转移权力时，还预留了一手：要求摄政王"悉秉承予之训示"，试图以太皇太后的身份，将醇王府两代人做成自己弄权玩术的傀儡。意想不到的是，第二天西太后的病情就急转直下。自知回天无术的西太后，才又于无奈中决定："嗣后军国政事，均由摄政王裁定。"

即将离世的西太后，还是心有不甘，硬是在摄政王的权力中布下一个自己的影子——隆裕皇太后。慈禧的懿旨明确规定："遇有重大事件，必须请皇太后懿旨，由摄政王随时面请施行。"②

被分割了的最高权力，在运作上会遭遇到许多想不到的牵制和不便。号为监国摄政王的载沣，按例要在皇太后面前称臣。作为前任皇帝遗妃，也作为慈禧至亲的隆裕，事实上成为摄政王监国的"监理者"，兴致所来，还时不时地为载沣的施政用人出点难题。

宣统元年，在清政府财力不敷的窘况下，隆裕却提出修缮在西太后时已经旷废的宫内佛殿。隆裕的宠信太监小德张，上下其手竟报销白银二百余万两。主管内务府大臣乐峰明知其中名堂，遂不予报销，并以自请处分相抗。隆裕则向摄政王要挟，以"此否权限所在"相逼迫。

不久，隆裕又在大内御花园之东修建水殿，引玉泉山水环绕，窗

---

① 胡思敬：《国闻备乘》卷四，《近代稗海》第一辑，第294页。
② 《宣统政纪》卷一，第6页。

棂嵌以玻璃，俗呼为"水晶宫"。……

宣统二年，举国上下力言解除党禁，意在使"戊戌政变"流亡海外的康有为、梁启超回国，以收拾天下人心。载沣试图以此树立政府"开明"立宪的新形象，并属意其弟载涛、载洵多方运动，力争解禁不下十余次，却终为隆裕所阻。作为"重大事件"，载沣向隆裕请示时，隆裕言："非此二人，先帝何至十年受苦？"[①]

摄政王这次的权力运作就此搁浅。

宣统三年，袁世凯夤缘小德张，在隆裕面前参奏摄政王：

> 监国庸懦无能，任用亲贵误事，非请太后垂帘，不足以挽回大局。[②]

皇太后借此动用懿旨之威，下诏切责载沣。

每天按时临朝的载沣，都会面对西暖阁的西墙凝视许久。那里挂着全国各省文武官员职名表：总督以下，知府以上，将军以下，总兵以上都在其列。君临天下者，首先是在此处体现出自己的权力——拥有了役使墙上职官的权力，就拥有号令天下的至少一半以上的权力。

西暖阁窗外，镌刻着乾隆大谈"王道"的一首诗，将帝王之道高度凝练在这整整百字的诗句中。聪明过人又潇洒非常的乾隆，既拥有"十全武功"之威，又拥有满天下的诗词之文。熟读这百字真诀的摄政王，到底还是弄不明白，文武全才的祖宗爷乾隆的成功真谛，究竟是在这百字之内，还是在这百字之外？因为这西墙两旁，还有一副悬挂的对联：

惟以一人治天下

岂为天下奉一人

对于乾隆，联语似乎表达的是一种踌躇满志；对于载沣，联语却似乎是一种莫名的讽喻。

---

① 萧一山：《清代通史》第四卷下，第 2504 页。

② 申君：《清末民初烟云录》，四川人民出版社 1984 年版，第 28 页。

人治条件下，权力的微妙之处就在于：有人在执掌权力的同时，要对权力的效果负责；有人却只拥有权力，从不承负责任。皇太后并不负有权力的责任，却有监管权力的权力。对于西太后留给侄女的这份政治遗产，载沣只能处于永远的被动地位。

因此，在宣统三年的岁末，当他以悟透人生和世道的豁达，不愿继续成为权力的奴仆时，他所拥有的最高权力的交还，似乎也只有一个去处：隆裕皇太后。

慈禧太后娘家所在地，是京师朝阳门内的"方家园"。从慈禧到隆裕，方家园一门两太后，伴随着清王朝走完了最后半个世纪的悲凉历程。

还在13年前，被西太后几番推倒又几度扶起的恭亲王奕訢，临终前不由回想起他发动"辛酉政变"把慈禧扶上垂帘听政宝座的非凡之举。曾经引以为傲的壮举，竟成为这位王爷死不瞑目的遗恨：

> 桃花潭水深千尺，别有伤心事岂知。

面对历史的捉弄，只是在生命消逝之际，才忽然有所顿悟，恭亲王遂怆然喟叹：

> 我大清宗社乃亡于方家园。[1]

除了被分割了的最高权力之外，西太后还给摄政王留下点儿什么？

——在近半个世纪的权力经营中，西太后在成就个人至高无上权力的同时，将王朝二百多年营造的规制，推离了原有的轨道。

翻云覆雨之中，并坐于"垂帘"之后的东太后慈安死于非命；辅政大臣恭亲王起落无常；作为帝父的醇亲王惊惧而亡；身为九五之尊的光绪皇帝形同囚徒……只知有太后，不知有朝廷，规范已失，人心茫然。

当作为个人专制权威的西太后突然弃世后，新的专制权力核心还

---

[1]　王照：《方家园杂咏二十首并纪事》，《戊戌变法》资料丛刊本，四，第359页。

来不及形成，朝廷的权力中枢遂成四分五裂之势。时人称，摄政王时代朝廷权力分为八系，几乎是人各为派。

——经济已陷入绝境，"库储一空如洗"。[①] 庚子以后，清王朝的财政赤字平均在三千万两左右。光绪三十四年，岁入为 241918986两，岁出为 244903447 两；宣统三年预算案，财政入不敷出之数为八千万两。

——对了，还有五分之四为兵费的十四亿五千万两外债，也是西太后为摄政王朝廷留下的负资产之一。

——民变四起，根本摇动之势已成。从 1902 年到 1911 年，有统计的民变已达千余次之多。据《东方杂志》的一项调查，民众武装起义次数：1909 年为 113 次，1910 年达 285 次。

……

伴随着王朝机制本身而生成的毒素，在漫长岁月的养育下，已经成为与王朝生命共生共存的一个有机体。即使毒素可以清除，即便如多尔衮一样的强人出世，也根本不可能在短期内完成王朝肌体的自我更新和复苏。无论是政治力量的重新整合，还是财政经济的艰难调理，桩桩件件都是关乎王朝生存的系统工程。

对此，即使找到了最佳解救方案，也还需要时间的恩赐——然而，历史留给摄政王载沣的时日却只有三年。

---

① 《光绪朝东华录》五，总第 5117 页。

四 "老庆记公司"

除了新崛起的"载"字辈的皇室贵族外，奕劻算是朝内执掌王朝行政大权的长一辈的人物了。与张狂荒诞的那班亲贵"小爷"们相比，奕劻多了些官场上的老练、含蓄和精明。然而，性格虽然不同，骨子里的一脉相承却是同一类内容。

奕劻是清高宗（乾隆）第十七子和硕亲王庆亲王永璘之孙，镇国将军绵性之子，追封固山贝子绵悌之嗣子，本属于爱新觉罗家族较为疏远的支派。自从道光三十年三月袭封辅国将军后，这位看似老成的庆亲王之孙，竟一路加官晋爵，由辅国将军而固山贝子、而多罗贝勒、而庆郡王。到光绪二十年正月，竟摇身而为庆亲王。

在西太后面前恭顺服帖的奕劻，从光绪十年起出任总理各国事务衙门大臣开始，就成为朝廷中有限的几位参与枢要的亲信大臣。1903年继荣禄之后，奕劻成为王朝最有实权，同时也是最后一位领班军机大臣。在11年操持政务的经历中，他亲身体验了朝廷政衰权亡的非凡历史。

不过，与王朝秋叶枯衰不堪的景色不同，庆王府内却是另一番繁华无虞的富足景象。

坐落在北京地安门外定府大街的庆王府，原是乾隆皇帝的权臣和绅的旧居。旧有的大小数百间的房舍厅堂，奕劻已觉得无甚气派，便在府内大兴土木，修建了万字楼和戏楼等华丽精致的建筑。在年复一年的庆王生日和其他各种名目的喜庆时日，奕劻都会大摆筵席，演戏三日。京城戏曲名角如谭鑫培、王瑶卿、陈德霖、杨小楼、王凤卿等在王府的频频出演，轮番献艺，使庆王府在收获银子之外，还网获了如蝇逐腐的一班朋党同僚——这是一股足可影响政权运作，也可抵拒政敌的力量。

庆王府的每幢住室和厅堂上都高悬一块文雅的匾额，如"宜春堂""爱日堂""静观堂""契兰斋"等。还有一处像是专为剖白庆王爷心迹，又像是特意昭告世人的名为"四留"的居所，在厅堂墙壁上悬挂着奕劻亲自制作的条幅。条幅是王爷用以教导子孙的所谓家训：

> 留有余不尽之禄以还朝廷，留有余不尽之财以遗百姓，留有余不尽之巧以还造化，留有余不尽之书以遗子孙。①

官场上的人格分裂和阴阳两面，是已被历史证实，并一再证实的命题。这位自署为"澹如斋主人"的王爷，政治台面背后的人生有着更为隐秘的内容和阴暗的色彩。

面对财富与权力，人类社会常常会陷入无尽的困惑与迷惘。这个原本为人们所创造的服务于人本身的东西，却事实上又内化为人性本身，成为人们的生活目标或制约人的东西。终其一生于财富和权力的人们，及其为此而调动出来的智慧和能量，构成现世人生一道诱人的风景线，他们于是成为许多社会中最主要也是最有地位的人群。在有限的认识范围内，我们知道，也许有被财富和权力遗弃了的人群，却很少有人自愿遗弃财富和权力。人创造了财富和权力，同样，人也常常被财富和权力所再造。

就社会发展进程而言，所不同的是，现代社会以财富获取权力，传统社会却以权力获取财富。

据说，没有显达以前的奕劻也是一个穷贝勒。家道中衰的奕劻，连上朝穿用的官服，都得依靠到当铺的赎取来维持他必需的体面。直到晋封王爵主政总署（总理各国事务衙门）后，才有了朝廷俸禄以外的数不清的大大小小的"馈赠"。

---

① 《晚清宫廷生活见闻》，文史资料出版社1982年版，第279页。

时任北洋大臣、直隶总督的袁世凯几乎就是朝内要员们随时支取的钱袋子，隔三岔五地按时向权贵们馈送寿银、礼金。只是以权力区别轻重的袁世凯虽然也不时打点庆王府，但更多的财钱却送到首领军机大臣荣禄府上。被"礼金"日渐养得"体面"的庆亲王，自然早已忘掉了昔日在典当行赎取官服的穷酸，有了花不完的银两，攸然中又养成了更大的胃口，他常常通过部下和僚属放出话来说："袁慰亭只认得荣仲华，瞧不起咱们的。"①

终于等到了这一天。光绪二十九年（1903）年初，奕劻取代病危的荣禄入主军机处的消息还局限于朝廷上层时，袁世凯就把划拨银子的重心开始移向庆王府。

承担这一使命的是曾为两广总督李瀚章幕僚、经常出入庆王府的杨士琦。作为说客的杨士琦带着赍银十万两来到了庆王府。向来，送到王府的各式礼单多不过万金，少则数金，细大不捐的庆王虽然依靠门庭若市把财富累积到可观的地步，却还从未见过如此阔绰的进贿者。看着一次十万两的银票，庆王一打眼疑是眼花，待仔细辨清后，王爷才真正品尝到由权力获取财富的滋味。

惊喜之余的奕劻，在笑嘻嘻接纳银票的同时，还忘不了一句客套：

慰亭太费事了，我怎能收他的。②

杨士琦则含笑为主子打点妥当了以后长久的贿赂：

袁宫保知道王爷不日必入军机，在军机处办事的人，每天都得进宫，伺候在老佛爷（西太后）左右的许多太监们，一定向王爷道喜讨赏，这一笔费用也就可观，所以这些微数目不过作王爷到任时零用而已，以后还得特别报效。③

① 杜春和、林斌生、丘权政编：《北洋军阀史料选辑》上，中国社会科学出版社1981年版，第36页。
② 李宗一：《袁世凯传》，中华书局1980年版，第148页。
③ 杜春和、林斌生、丘权政编：《北洋军阀史料选辑》上，中国社会科学出版社1981年版，第37页。

从此，袁世凯就承包了作为军机领袖的奕劻府内的一切开销，庆王府的年节、生日、请客、婚嫁、子孙弥月、周岁致贺等，都由袁世凯预先布置。当然，对奕劻"月有月规，节有节规，年有年规"[①]的袁世凯，也决不会经营赔本的官场生意，钱权交易的结果是，朝廷遇有重要事件和外放督抚、藩臬要缺时，奕劻总是先与袁大人商量，于是乎才有了天下督抚半出于北洋的晚清政局。在表面上的北洋为"储才之区，人文荟萃"的誉辞背后，却是财富与权力交换的实实在在的内容。

从恭亲王奕诉主持军机始，到礼亲王世铎入选枢要，从荣禄主政大局，到奕劻入值枢廷，伴随着王朝走完最末一段历史的军机首脑们，被时人用"权位势利"四字一语评尽：

> 谓恭王初议政，可称有权，迨罢后复起，及礼亲王入值，仅保位而已。荣禄善于迎势，而不能阻拳乱（义和团），足见其难。至庆王惟知为利，愈趋愈下，更无论矣。[②]

善于把官场变市场的奕劻，一入军机就在官绅名册上用朱笔标明天下官缺的优劣肥瘦，放缺任官俱以孝敬金银的多寡来定夺。图官谋缺者，如果书生气十足，不懂得敬送红包礼单的道道，不消说难以就职赴任，甚至都进不了庆王府的门槛。

在奕劻初入军机时，一位光绪甲午进士、名叫林开謩的道员，因在西安行在被西太后召见，获署江西学政。出京就任之前，按例须遍谒军机大臣，接晤后才能启程。这位林学台三次往谒庆王府，均不得入其门。苦无善策的林大人难明其中道理，遂向王府"阍人"（门卫）请教说：

> 各大臣均已谒晤，一见王爷，即可成行，究竟何时可以得见？

---

① 刘厚生：《张謇传记》，上海龙门书局1958年版，第128页。
② 《光宣小记》，《近代稗海》第十一辑，第296页。

阉人看着这位三叩其门而不得入见的书生官，便只好告以实情说：

尚有应纳之门包，凡三种名目，共银七十二两。

执迷不悟的林学台却指着门壁上张贴的庆王严禁收受门包的手谕说：

王爷有话，吾何敢然？

阉人则正色而言：

王爷的话不能不这么说，林大人你这个钱也不能省！①

社会生活中生长出来的硬道理，远比书本上教导人的道理更贴近生活，也更为有用。人类历史和现代文明所能告知我们的是，一个真正属于文明时代和旨在为民谋福祉的政权，本身就应该具有遏止贪贿行为的功能和能量，不可能只是把反贪禁贿的条文高高张扬于门壁和街头。

林学台双眼盯着王爷亲笔书写的禁收门包的告示，双脚却因没送门包而被拒于门槛之外，翻江倒海的内心世界，传递和感应着的不仅仅是个人前程的起伏不定，其实也是一个被钱财蚀化了的政权前途的凶险不测。

明面上高唱着反贪禁贿的凯歌，暗地里是愈演愈烈的贪风贿潮，这是任何一个行将灭亡的政权的共同特征！

艰难赴任的林大人，在代理江西学政任上，也少不了钱财与权力之间的纠葛麻烦。上任不久，林就接到京中书信，明确提出索要八千两白银，代为运动实补此职，免掉署理二字。信中还补充说，八千两实属优待，他人则需二万两。耿直实心的林学台，不大相信王朝圣道之下竟会如此荒唐，遂对此京中来函置之不理。

然而，接下来的事实，却终于泯灭了林学台对"天朝"仅存的一丝丝信心和爱心。时隔不久，一封朝旨降临，要求林开蕾：即奉旨开

---

① 徐一士：《一士谭荟》，《近代稗海》第二辑，第 451 页。

去署缺,仍以道员发交两江总督张人骏委用;此缺则由庆亲王奕劻准备安置他人。

朝堂之上,"彼时政以贿成,悬价售官,殆已公言不讳"①;朝堂之下,"疆吏多以贿进",奔竞权要,市官鬻职,几成风气。执掌天下军政要务的庆王奕劻,在权钱交易的王府里,自有一套不言自明的规矩:在一番必要的礼貌性寒暄和实质性的进奉后,王爷照例的回话是:"子姑俟,行得膏腴地矣。"②是即索贿隐语也。

已经得官缺者,在回拜奕劻时要送上一份"贽敬",少则几千,多则万数。名为"贽敬"的礼金,"系以红包(看来,时下流行的送红包既不是来自西方'资本主义'的发明,也不是我们当代人的创造,它原本是承自祖先的一种'传统'——笔者注)先置于袖内,在临行辞出之前,取出放于桌上,曰:'为王爷备赏。'王爷则曰:'千万不可。'然后辞出。"③

王爷御案上置有一篚,来客通常会将银券、钞票、金条、银锭之类主动投放于内,从而免去了与王爷亲手交接时不必要的推推拉拉的虚假客套。通常以十日为计,庆王将筐内所获做一番整理,将某人所贿某项钱物,某人已放某缺,分别登记入册;同时将银钞一类存入内库(庆府平日花费则以袁世凯固定馈送的三万元支付)。

"人以其门如市也,戏称之曰老庆记公司"④的庆王府,除以官缺换取财富外,各种庆典节日的礼品收受也是必要的生财之道。在奕劻七十寿辰的庆典之日,前来致贺的各省督抚以及京中尚书、侍郎(省部级)以下,纳献礼金的大人们,竟然门为之塞,道途拥堵。

位居百官之首的庆亲王,虽懒于政务,治家理财却得心应手。他

---

① 《汪穰卿先生传记》,《近代稗海》第十二辑,第 291 页。

② 《近代名人小传》,中国书店 1988 年影印本,第 82 页。

③ 《掌握晚清政柄之奕劻》,《近代政治人物论丛》,自由太平洋文化出版公司 1965 年版,第 78 页。

④ 许指严:《十叶野闻》,《近代稗海》第十一辑,第 116 页。

一方面公开传令严禁收受礼品，一方面暗备账册，以其礼金之厚薄分为四个等级：

一为福字册，凡现金万金以上及礼物三万金以上者入此册，另存其名于手折中。

二为禄字册，凡现金五千金以上及礼物值万金以上者入此册。

三为寿字册，凡千金以上及礼物值三千金以上者入此册。

四为喜字册，凡现金百金以上及礼物值数百金以上者入此册。

当然，许多财力不济的官员所送现金和礼物不满百金者，或各种寿言、诗文、屏、幛则打入别册，不大会烦劳庆王爷过目。三日庆典所收现金，据账房统计总数达五十万，礼物之值不下百万。①

当然，王爷的庆典之日，也是钱权交易的绝好时日。工于心计的某四川候补道，便打点了 20 万两现金来庆府之门走动。他先以三万金作为"门包"买通门仆后，又以十万金作为寿礼亲自奉给庆王爷。随后，在与庆王两个儿子的豪赌中，又一掷万金，买得了两个王爷公子的欢心。终于，一笔生意成交的结果是，掌权者获得数十万钱财，出钱者则获得海关道的肥差实缺。

临行赴任之时，该海关道前往庆邸辞行，又诚心诚意地献上一柄四川邛州方竹杖。别出心裁的是，在中空的杖竿中，又卷藏着一张三万两的银票。于是，即使见多识广的庆亲王也不由自主地喟然赞叹："此诚可儿也。"②

王朝越来越瘦，王府却越来越肥。

海关道或学台之类的中下级官职的出卖，对于作为首席军机大臣的庆亲王来说实在是不足挂齿的小事（就像商场上经常过手钞票的生意人一样，一般货物的进出盈亏早已变得平常而不会放在心上，真正能调动起商人激情和富有刺激意义的是并不常见的大生意）；而真正

① 许指严：《十叶野闻》，《近代稗海》第十一辑，第 169 页。
② 许指严：《十叶野闻》，《近代稗海》第十一辑，第 120 页。

能够满足一个经营官职的"生意人"心理需求的，是对于总督、巡抚、尚书、侍郎等省部级大员的出卖。只是，花重金购得高官的同时，还时常能买得一个与庆王攀得上"师情"和"亲情"的关系——门生和义儿、干儿之类。钱财之外，也还有势力的蓄养——对于摆弄权力者而言，这是更为重要的一层关系。

一个叫陈璧的道员级闲官，生活也很贫困，常为不能出人头地而长吁短叹。他的一位在京开设金店的亲戚，却时常出入庆邸，表示愿助一臂之力。

一日，亲戚将店中珍藏的稀世之宝东珠、鼻烟壶数件，乘间献与奕劻。爱不释手的庆王端详良久，假意问道："其价几何？"

戚某说："此为某戚陈道员所献。"

庆王故作惊骇："素昧平生，安可受之？"

对曰："陈某诚欲见老王爷，特未敢造次耳。"

在社会生活中，人与人之间的关系一旦商品化后，就会变得十分简单：双方各取所需的现实要求和价值交换原则，将无情地摒弃一切其他复杂的原则和法律，在等价或不等价的条件下很快成交。

闻听此言的庆亲王，当然立即就明白了接下来的内容，遂笑纳各色宝物，并嘱其暇日即可入见。

隔日进入庆府的陈璧，一见面就入拜座下，备极谀媚。哄弄得老庆王大喜的陈璧，不失时机地提出愿为王爷的干儿，并献上从亲戚处借来的五万金，以表达略尽孝敬之义。奉献巨金换得庆王干儿的陈璧，由一个不甚起眼的道员一跃而为侍郎，再跃而为肥得流油的邮传部尚书，成为朝内屈指可计的正部职大员。

陈璧之外，庆王还有一个既是干儿又是干婿（因其夫人自幼即拜庆王为义父）的陈夔龙。被庆王安排为直隶总督的陈夔龙，每岁必致冰敬、炭敬（外官馈赠京官的金银，夏季称冰敬，冬季称炭敬）数万，几乎尽其所入的一半奉送，并不时送上上好的缎匹、食物、玩好等。据称，对于"儿婿"的孝敬，老庆也曾劝诫："尔亦太费心矣，

以后还须省事为是。"陈夔龙则十分慷慨地说："儿婿区区之忧，尚须
大人过虑，何以自安。求大人以后莫管此等琐事。"默契于心的庆王
遂莞尔一笑。

比陈璧更周全的是，作为义女的陈夫人也常在庆王身边极尽"孝
道"，"所贡献，罔不投其嗜好，且能先意承志，问暖嘘寒，老庆也爱
之如生"。传言于市井街巷的新闻是：

> 陈夫人常居老庆邸中，累日不去。准备上朝时，由义女陈夫
> 人亲自为挂朝珠，冬寒珠凉，则先于胸间温热后，才为庆爷挂于
> 颈间。

于是，传诵于文人墨客的趣诗："百八牟尼亲手挂，朝回犹带乳
花香"，也同时成为人人所知、所谈和所传的趣闻逸事。

"庆邸贿赂公行，外省官吏，几无不以贿得者。"[①] 朗朗乾坤之下
的作为，真能瞒得了天下人的耳目吗？何况，在朝廷六部之外还有一
个专事王朝纪检和纠察百官风宪的都察院，还有供职于都察院的许多
大大小小的台谏御史们。然而，言官们虽有直言弹劾之责，但要扳倒
一个类似于现代内阁总理级别的朝廷军机首领，却不是任何一个富有
良知和责任心的御史所能轻易担负得了的责任。

使天下为之动容也为之钦敬的是晚清谏台名士赵启霖。

光绪三十三年（1907）三月，赵启霖即以黑龙江巡抚段芝贵献伎
行贿奕劻父子一事斗胆上疏，揭露参劾庆王。这篇传诵一时的奏疏内
容为：

> 段芝贵人本猥贱……百计夤缘，不数年间由佐杂至道员，其
> 人其才，本不为袁世凯所重（段曾在袁署中听差），徒以善于迎
> 合，无微不至，虽袁世凯亦不能不为所蒙……以一万二千金于天
> 津大观园戏馆，买歌伎杨翠喜，献之载振，其事为路人所知。复
> 从天津商会王竹林借十万金，以为庆亲王奕劻寿礼。人言藉藉，

---

① 许指严：《十叶野闻》，《近代稗海》第十一辑，第 142 页。

道路喧传，奕劻、载振等因为之蒙蔽朝廷，遂得署理黑龙江巡抚……在段芝贵以无功可记，无才可录，并未曾引见之道员，专恃夤缘，骤跻巡抚，诚可谓无廉耻。在奕劻、载振父子，以亲贵之位，蒙倚畀之专，惟知广受赂遗，署时艰于不问，置大计于不顾，尤可谓无心肝……此而交通贿赂，欺罔朝廷，明目张胆，无复顾忌，真孔子所谓"是可忍，孰不可忍矣!"旬日以来，京师士大夫晤谈，未有不首先及段芝贵而交口鄙之者! 若任其滥官疆符，诚恐增大局之阽危，贻外人之讪笑……①

杨翠喜是天津名伎，以出演《拾玉镯》《卖胭脂》等言情戏而见称。

1906年奕劻之子载振奉使调查奉天事宜，路过天津时，对杨翠喜的色艺大为倾倒。时为直隶候补道的段芝贵，见有机可乘，遂以一万二千金的代价买得翠喜，贮之金屋。次年春间，正值奕劻在京城做寿，广收贿赂。段芝贵遂携伎带银赴京，借祝寿之便，献纳翠喜于振贝子。财色之下，庆王竟许段以布政使衔署理黑龙江巡抚。

庆府中的杨翠喜案，由御史赵启霖在京城春光泄露，一时举朝震动，舆论哗然。

奕劻是世袭罔替的亲王，领袖群臣的首席军机大臣；载振是庆王之子，身任御前大臣、领侍卫内大臣和农工商部尚书等多项部级要职。父子俩纳伎收贿一案轰动天下，也着实使朝廷颜面无光。朝廷动怒之下，先罢免了段芝贵的巡抚一职，随后又派醇亲王载沣和大学士孙家鼐"彻查此事"。

但是，庆王府的动作比朝廷的差官更快，也更见效率。赵御史弹劾奏疏刚刚递到朝堂上，载振的亲信们就在天津找到了参与此事的王竹林、王锡英等人，伙同天津巡警探访队长、知府杨以德，分别出具了否认此事的"甘结"证词。朝廷的调查大员到津时，一切布置已然就绪，只好按照常例复命，恭恭敬敬呈上八个大字，所谓"事出有因，

---

① 《掌握晚清政柄之奕劻》，《近代政治人物论丛》，第70页。

查无实据"。①

"查无实据"四字，为"天朝"宰相也为"天朝"本身的脸面作了涂饰，"事出有因"一语则为未来政治变动中可能出现的结果作了伏笔。滴水不漏的措辞，圆滑世故的态度，把王朝和天下的大利远远放在一边，却为个人眼前的安稳和未来前程的小利用尽了心思。

一个贪风遍及天下的政权，已不大可能挑选出真正公正无私的惩治贪官的官员。庆王府的一天风雨化解后，赵御使却不得不面对来自朝廷的革职处分。王朝的谕旨言之堂皇，却又寓含着针对御使们的惩一儆百的深意：

> 该御史于亲贵重臣名节攸关，并不详加访查，辄以毫无根据之词率行入奏，任意污蔑，实属咎有应得。赵启霖着即行革职，以示惩儆！

> 现当时事多艰，方冀博采群言，以通雍蔽。凡有言责诸臣，于用人行政之得失，国计民生之利疾，皆当剀切直陈，但不摭拾浮词，淆乱观听，致启结党倾轧之渐。②

又要"博采群言"、又要因言加罪的朝廷谕旨公布后，激起举朝言官的义愤。在都御史陆宝忠及御史赵炳麟先后上奏为赵启霖声白、营救的行动之后，全体御史也纷纷行动，准备联衔具奏。但是，在朝廷明确的"赏罚之权操之自上，岂能因臣下一请，即予加恩"的强横下，御史们的动议未能付诸实行。

赵启霖，字芷荪，湖南湘潭人。被革职回乡的赵御史，遭此变故，不由想起自幼家境贫寒，衣食不继，由老父挑担送往读书的情境。作为朝廷言官，他却因言而获罪，落一个既不是衣锦还乡，也不是荣归故里的结局。

我们无法确知赵御史即将面对乡亲父老时的心情，却可以从送他

---

① 《清末民初云烟录》，第16页；《十叶野闻》，《近代稗海》第十一辑，第122页。
② 《清末民初云烟录》，第16页。

出京的同乡京官陈毅的吟别诗中，感受到一个心系天下者的情怀：

　　一疏惊天下，行闻去国吟。忧危生士气，忠笃亮天心。

　　道直兼狂狷，怀孤自古今。看看白日远，孰肯烛沈阴。

　　……

　　亦有匡庐在，容君抱膝吟，半生芳草意，一寸卷芷心。

　　去住休遗世，艰危恐自今。前途慎栖止，恶木岂无阴。①

在将赵启霖革职的同时，为了遮掩天下人的耳目，庆王之子载振也向朝廷递了一道乞请罢职的奏疏。疏称：

　　……卒因更事之无多，遂至人言之交集。虽水落石出，圣明无不烛之私，而地厚天高，踣有难安之隐……再四思维，惟有仰恳天恩，开去一切差缺，愿从此闭门思过，得长享光天化日之优容……②

这篇出自杨士琦的婉曲微妙、文词斐然的疏稿，在庆亲王首肯后获得了朝廷批准：着载振开去一切职务。

庆府依然，王朝依然。但是，关注王朝长治久安的御史不能安然。

1910年2月，谏台御史江春霖再次上疏，弹劾庆亲王"老奸窃位，多引匪人"，植党营私。江疏列举了江苏巡抚、江西巡抚、陕西巡抚、山东巡抚、安徽巡抚、直隶总督、邮传部尚书、山西布政使、浙江盐运使等官位，或为其亲家、干婿，或为其侄婿、干孙，或为其邸中旧人，或为其门生，位置要津，阴相结纳，俨然成为庆、袁私人政府。江疏避开了以前赵疏指斥奕劻收受贿赂的经济问题，有意偏重于"政治"方面，试图借此引起朝廷的警觉，对已经糜烂的天下大势有所收拾。

接疏后的清朝中央，只就其中两节内容，即"直督为奕劻干

---

① 《清末民初云烟录》，第18页。

② 沈宗畸：《东华琐录》，《近代稗海》第十三辑，第598页。

儿""皖抚为奕劻之子的干儿"等，命江春霖明白回奏。虽然江御史在再疏中指明了与此相关的一些事实，但如要为人世间受利益所驱动而结成的并无亲情的"亲情"关系找到什么证据，却是一件根本无法下手的复杂案子。于是，江御使犯颜直谏的结果不仅仍未触动庆王的地位，反而使自己受到朝廷严厉的申斥：

> 数十年捕风捉影之事及攻讦阴私之言，皆属毫无确据，恣意牵扯，谬妄已极。国家设立言官，原冀其指陈得失，有裨政治，若该御史两次所奏，实属荛言乱政，有妨大局，亲贵重臣，固不应任意诋诬，即内外大臣名誉所关，亦不当轻于诬蔑，似此信口雌黄，意在沽名，实不称言官之职。[①]

比之于赵启霖稍有不同的是，朝廷对江春霖没有一撸到底，罢职回籍，而是命其回原衙门行走，重新做翰林院清贫无事的检讨官。

"自古召乱之道，莫甚于罔利"。如果一个政权从根本上管不住执政者冲撞于怀的欲望，如果一个王朝从上到下的官员都被钱财捆住了手脚，一个命定的结局就只会是死亡。"盖今日中国大半官而劣则商，商而劣则官，此天下之民所以几成饿殍也。"[②]

尽管有御史们挺直哽喉的谏言声声，尽管有朝廷钦命差官们查证落实的雷厉风行，言与行却都无法抑制王朝遍及天下的贪风贿潮。"不问政事，专事货贿"[③]的庆王府，依然在权钱交易中，把清王朝维系天下的权力分割出卖，变成王府自己"留有余不尽"的财富。

让历史昭告世人：

——当 1911 年 10 月 10 日，正式敲响清王朝命运丧钟的武昌起义爆发后，出身蒙古镶蓝旗的锡良自告奋勇，率兵督陕，意在为行将灭亡的清王朝尽一份臣子的职责。谁知就在王朝的生死关头，庆亲王仍然向锡良索贿八万金。怒从心起的锡大人愤愤而言："生平不以一

---

① 《近代政治人物论丛》，第 75 页。
② 辜鸿铭：《张文襄幕府纪闻》卷上，近代史料笔记丛刊，中华书局 2007 年版。
③ 魏元旷：《光宣金载》，第 4 页。

钱买官，况此时乎！"①

——1911 年 10 月 10 日，大清王朝覆亡之日，北京报纸披露庆王府的私有财产，包括珠宝、衣饰等，估价一万万两以上。

——1911 年年底，当清廷《逊位诏书》迟迟不下之际，庆王仍从袁世凯手中接受了三百万两白银的贿款。

——当 1912 年清王朝皇帝正式宣告退位后，庆亲王父子不久就在天津租界内坐拥厚资，分享汇丰银行的高额利息，同时开张了一个"人力胶皮车公司"，当上了长袖善舞的老板。

……

---

① 《光宣小记》，《近代稗海》第十一辑，第 325 页。

五 昭昭世人心

那么，除了身居权要的亲王和督抚大员之外，普通官员的生活情状又如何呢？

如果仅仅从朝廷为百官设定的俸禄来看，官员们的生活当是十分穷酸的。据《清会典》所载，京官一品大员的俸银（年俸）才180两，四品官员为105两，七品官只有45两。虽然从乾隆元年起，朝廷在京官们的正俸之外又加一倍发放（称为恩俸），但仅凭这区区百把两银子，要打发掉普通官员的生活，几乎是难以想象的事情。

作为官员，下级要不时对上司致送各种名目的节礼、敬礼：每当令节岁时即有庆典之礼，适逢生诞寿庆即有致贺之礼；夏日炎炎，理当送上消暑的"冰敬"，冬时寒冷，还须奉上驱寒的"炭敬"；实在找不到什么正经名堂，也还有一种更为灵便的孝敬叫作"别敬"——可以随时随愿地为送礼和受礼者双方提供心照不宣的道理。在"几于倡言不讳，风气之变迁如此"①的光宣之世，官场上以"馈赠"为贿的行为已是"天下一道同风"的气象了。此外，高级官员们的仆役、轿夫和门房的门包，也是普通官员们一笔可观的开销。

一位光绪年间五品级别的户部京官，每年用于各种应酬的开支最多为1943两，最少也有1077两之多；而他的年收入（俸银、俸米和养廉银、印结银）总共也不过三四百两。②如此巨大的缺口，只能通

---

① 龙顾山人：《南屋述闻》，《近代稗海》第十一辑，第166页。
② 见张德昌：《清季一个京官的生活》，香港中文大学出版社1970年版，第65页。

过接收更下一层官员或地方官员的"馈赠"来填补。

官场是一种别样的市场。投资者的第一心愿就是增息翻本，至少也是保本保息。京官超过正常收入的来源，是外官即地方官的"馈赠"。地方官贪污所得，必须分一部分来从事"再投资"作保位或升迁之本。外官对京官的各式名堂的"馈赠"都会有所回报，否则与官僚肌体水乳交融着的这种投资，就难以经久不衰而活力常存了。作为保位求升的手段，馈赠便成为沟通外官与京官利益之纽带；而京外官员的应酬娱乐，酒食征逐，便形成了双方互惠互利的通道。馈赠，字面和情面上都不具备那个令人心理不愉快的"贿赂"的下作，却加注了一种人际之间交情浓浓的"君子之礼"。不过，这种高度美饰化了的官场"贿赠"，却拥有贿赂一语所不及的优势：它可以堂而皇之地活动在光天化日之下，而不必提心吊胆地出没于暗夜暮色之中。

宣统年间，已骤迁邮传部尚书的盛宣怀，敬送礼品、礼金者门庭若市。位为云南一太守的某君以内用入部就职，携带大批名扬天下的特产"宣威火腿"入京，拜见权要时，将火腿一一分赠，礼简上并无任何遮掩，大书特书"宣腿一对"。大恚且怒的盛宣怀尚书碎其简而掷其物，恐怕倒不是为了官场的脸面，而是为了这"宣腿"对自己名姓的不雅致与不吉利。

于是，京官靠馈赠，外官靠贪污，京官和地方官的内外相结和相互利用，就成为整个王朝行政权力得以运转的润滑剂。

一个名叫张集馨的翰林出身的官员，由编修而外放知府，做了30年的地方官。这位既有京官体验，也有外官经历的张大人，算是一个虽然也贪，却不肯昧良心的人。在他的自述年谱里，就晚清官场上下的贪污贿赂内幕，尽其所闻、所见、所历，为世人描绘了一幅外官的生活风情图：

> 大凡外放做官，特别是旗人做官，都是一个模型铸出来的：即贪而无能。人们以外放道府为掘金之地，首先选用一个精于此道的亲信家丁，然后再物色一个熟知地方风俗民情的幕友。如

此，官员、家丁、幕友，伙同办事书差衙役，便把衙门办成一个坐地分赃的机构。正常的"分肥"之外，则常常以"办差"为名，挪用地方公款和钱粮。临到任期已满交卸时，则在上司的默认下把亏空移到下任摊派。

任官经历遍及大半个中国省份的张集馨坦然承认，几乎没有一省不把公款、官款挪用，少则近百万两，多则近千万两。[①] 在这张巨大的官场黑网里，丝丝扣扣系结着上自总督、巡抚，下至知府、知县，内牵军机首席，外连衙役差人的属于王朝整个官僚肌体的方方面面。

面对大官大贪、小官小贪、无官不贪、举国皆贪的现状，任何一个王朝的最高权力层，都会感到既力不从心，又力无所施的窘迫。

如果认为统治者本身天生就刻意追求权力的腐败，如果把普天之下贪风贿浪归咎于某一个当权者的主观意愿，似乎也远离了历史的真实。任何一个个人，即使是那个至高无上的自诩或被捧为伟大、英明的当权者本人，也无法完全左右整个社会，甚至也不可能完全操纵得了整个国家机器。由个人和社会组织组合起来的包含着复杂的人的欲望和利害关系的社会肌体，不会完全依循着某个意愿去运转；何况，即使为了政权的长久利益，最高统治者也在努力控制权力腐败的下滑。

——早在宣统皇帝登基的 110 多年前，嘉庆皇帝就曾严厉申斥"逐利"之徒："朕广开言路，非广开言利之路也，聚敛之臣，朕断不用。"[②] 几年之后，嘉庆帝仍忧心于怀："上下言利，国事尚可问乎？"[③]

——道光皇帝在内忧外患交迫之下，也曾努力倡导朝廷上下的勤俭作风，甚至以自己的节衣缩食为百官群僚树立一个清廉的榜样。

——光绪皇帝不是也立有励志图存，刷新政治，整饬天下风尚的

---

① 见张集馨撰：《道咸宦海见闻录》，中华书局 1981 年版，第 79—80、119—124 页，并参见本书丁名楠"序"，第 7—8 页。
② 《大清十朝圣训》"仁宗"卷七，"圣治"卷八，第 154 页。
③ 《大清十朝圣训》"仁宗"卷七，"圣治"卷八，第 179 页。

心愿吗？

其实，对于欲望贪利的控制和对于清明廉洁的颂扬，既是一代王朝也是万世文明的道德建设之本。纯朴的中华文明本身为我们塑造了一些令人敬仰的道德典范：那个深深植根于民族心田的清官偶像——包拯，在 900 多年前就立下了教导后世的家训：

> 后世子孙仕官，有犯赃滥者，不得放归本家。亡死之后，不得葬于大茔之中。不从吾志，非吾子孙。仰工刻石，竖于堂东壁，以昭后世。

不知包拯是否预见到一个政权面对利之所诱时，道德品格迅速下滑的历史必然，也不知包拯的后世子孙是否都能完全实践他的道德理想；但我们却能从他对犯赃者生不认其族属，死不归葬其身的家训中，真正感受到他对权力阶层贪赃纳贿的深恶痛绝。

即使是在清王朝走向衰亡的历史进程中，也能在"人心不古"的世道里，搜寻出个别道德贞洁的榜样。

曾国藩——这个从太平天国起义者手中为清王朝抢出几乎半个世纪生命的"中兴名臣"——也一直操心着王朝政权的久远利益，他在告诫其弟国荃的书信中，把清廉不阿的林则徐视为效法的典型：

> 闻林文忠公三子分家，各得钱六千串，督抚二十年家产如此，真不可及，吾辈当以为法。[1]

林则徐确实属于那种"为生民请命，为万世开太平"的道德楷模。他以其独有的气魄和公正廉明，既赢得了当世，也获得了后世的敬仰。

然而，个人品格的道德样板，在浩如沙海的滚滚尘世中，很难成为整个社会维持生机的活力。其实，曾国藩在他自己的时代，就已经隐隐觉察到他一心所系的政权的未来命运。

1867 年 7 月 21 日，晚 8 时许，位极人臣的曾国藩在忙完一天的

---

[1] 《清稗类钞·廉俭类》第 7 册，中华书局 1986 年版，第 3190 页。

公务后，到他的幕友赵烈文住处畅谈。主宾之间少有顾忌地谈到了王朝的将来。对于历代王朝兴亡故事了然于胸的赵烈文，对曾大人说：

"风气没有开，如果不是抽心一烂，那么土崩瓦解的局面不会形成。"

但是，赵又接着说：

"以烈文的观察分析，异日的祸事一定是从根本上颠倒。这恐怕不出五十年了。"

"那么，会出现南迁的局面吗？"曾国藩直听得心胆俱寒。

赵的回答是："恐怕就是大陆沉沦，未必能效东晋、南宋的做法。"

曾国藩似非所愿地说："你就不要开玩笑了。"

赵则正色而言："何至于拿这个开玩笑！"①

结果，不到 45 年光景，就应验了赵氏的预言。

曾国藩能在炮火硝烟中成就他"中兴名臣"的事业，却无法阻止王朝道德人心的滑坡——这是赵烈文所预断的"抽心一烂"的根本所在。

道德是有限的。即使是人格无比高洁的人类道德化身的榜样，他对于社会的作用在时空上也是有限的。对于庞大而复杂的社会肌体，榜样永远不具有普遍的意义。

但是，道德力量之外，在清王朝国家机器运作系统中，不是还有一个专司监察纠劾官场弊病的都察院吗？

在清王朝文禽武兽的官服体制中，独有都察院的监察官不同于众官。通常，文官一品服饰花纹为仙鹤翱翔云中，三品为孔雀一只冲天、一只着地，九品为鹌鹑两只，彼此都在草丛中觅食；官品服饰或为青云直上，或为待机欲飞，或仅为谋生，各有世俗化的象征意义。都察官虽为文官，补服的花样却不标品级，而绣以"獬豸"——传说中的一种能辨善恶的猛兽。

---

① 见于醒民、唐继无：《从闭锁到开放》，学林出版社 1991 年版，第 313 页。

因袭明制的清代都察院，也称作御史台，主掌社会风宪，谏言朝政得失，访求利弊，专职弹劾；遇有重大案件会同刑部、大理寺共同审理定案。

这个六部行政事务之外的衙门，管的就是身有品级的朝廷命官。都察院的主官为左都御史、左副都御史；所谓右都御史、右副都御史只是作为总督、巡抚的加衔，而与都察院执掌无关。主官之下设有按省划分的十五道监察御史，分掌各道监察之职。十五道之外，还依中央六部的划分专设六科给事中，直接对皇帝负责，"稽察六部百司之事。"给事中可以弹劾侍郎以上乃至军机大臣等重要官员，形成清代特有的所谓"科参"。作为清代监察制度的一个"小发明"，科道合一的体制，既钳制了六部的权限，也防止了都察院职权过重不利皇权的倾向，成为皇权制度下监察制度的重要发展。

据史为证，监察制度源于西周，在中华文明源流的文献《周礼》中，就早早确立了"监察"的地位与职能。在以象形为基调的文字发明的历史过程中，出现于殷商甲骨文和金文的"监"字，像是一个人站立在盛满水的盆边，蕴含着自照其面容的意义。

  人（指人主——引者注），无监于水，当监于民。[1]

"谏"，这一源于原始巫祝和祭祀，用于神谕祖训、卜辞的文字，始于宗教神职人员对于世俗首领的一种变相的进谏。虽然它在事实上影响了社会、政治的发展进程和世俗事务的处理，但却从理念上否定了现实制度和社会对于人君具有直接施加影响的作用和意义。

稍晚出现的"察"，在西周时已有省、洞、明、视、举等诸多含义，但却都是"以上察下"的意义。到秦代监与察合为一词，并演变成为专司监察的官名——此时已设有监察御史，成为人君对付下属的耳目。

任职于都察院的官员，不仅都是清一色的正途出身，也须是学问

---

① 这是周公旦在《尚书》中告诫康叔的话，见《尚书·酒诰》。

渊博，既明了历朝掌故制度流变，又究彻古今得失治乱之轨，还须忠爱朝廷勇于进言，有置生死于度外的品性。选任"言官"除了在文化素质、实践经验、品行道德方面的讲究之外，清王朝还在制度规范上动了更多的心思。乾隆八年（1743）钦定、嘉庆七年（1802）重修、道光七年（1827）续修、光绪十六年（1890）增辑的《钦定台规》，便成为传统社会中最完备的一部监察法典。

法典分为"训典""宪纲""六科""各道""五城""稽察""巡察"与"通例"八大类的《钦定台规》，明文确定了监察机构的性质、职能和监察对象。康熙以后为了强化台谏的作用，鼓励直言不讳，又提出了"言官虽有不当，亦不坐罪"的原则。

按照《台规》所定，监察对象重点是王公贝勒、中央各部和督抚大员。皇帝或相当于皇帝的最高权力者，却不仅超越了监察制度，而且言官们弹劾纠察的最终结果，要由最高权力者本人裁定。

所以，尽管有耿耿直言的江春霖、赵炳麟、赵启霖组成的被时人称为"三菱公司"对庆亲王的多次弹劾，尽管有言官不断对权臣们的贪污纳贿纠参，但由于最高权力层面的作用，使言官们的作用仅仅停留在"言"的程度，而不可能对王朝的权力系统发挥真正意义上的监察作用。

只要监督系统不能获得对整个权力（包括最高权力者）的监察纠治权，就不可能从根本上寻找到预防和纠治腐败贪污权力肌体的可行方案。何况满天下以贿赂为特征的政治腐败的病症，事实上丝丝缕缕都能从权力的最高层面找到它的绪和端。

何待历史评说?! 当时稍具眼光的文人学士就已有定评：

> 五十年来……乃至德宗末年，天下惟论财货，禅让（指清宣统皇帝退位——笔者注）亦以贿成……举古今不闻之说，公言之而不怍，开辟以来未有之奇，盖又咸同以来所不料者。①

---

① 王闿运：《祺祥纪事》，见《湘绮楼诗文集》卷9，岳麓书社1996年版，第476页。

距清朝覆亡 50 年前，正是恭亲王奕䜣主掌朝政的时代。虽然恭亲王拥有委任督抚大权，但朝政还算清明，少见有把封疆大吏作为垄断"商品"拿出换钱的故事。但恭亲王已感到由宫内养成的贿风，不是他自己力挽硬拽所能救治。在西太后生活的宫廷里，上下婪索收贿已无顾忌，不过宫内的名目是"犒赏"，索要的目标当然是那些有资格经常出入宫禁的极品王爷和权臣们。恭亲王密迩宫禁，时有交涉，对于宫内上下公然索赏也苦不堪言。等进入军机枢廷后，入宫应对和请命议事更为频繁，应付宫内近侍差人的需索，便是一笔繁巨的开销。未曾出任过外官的恭亲王也常为此忧虑无计，他的岳丈——故总督桂良——将多年居官的窍道和盘托出，为恭亲王解了经济上的不敷之窘：应以"提门包"为充用常例（大概是近代以来送"红包"最早的公开记载）。果不其然，恭亲王试行后不但解除了经济上的困顿，而且积财甚丰，珍货奇宝源源而来、不绝于府。

开天下纳贿之风，始于宫内，始于那个虽无皇帝之名却有皇帝之实的主管朝政 40 多年的西太后。西太后很留意于臣子们的进献，并以此作评判亲疏远近和重用与否的标准。特别是在西太后的生辰寿诞之日，举国上下凡是挨得上的大臣们都会在敬献的礼品上费尽心机。只是，源源不断送来的贡礼多得孝钦皇太后都无暇顾及，要使太后亲眼看到所送的礼品，除了在礼品的档次和新奇上动脑筋外，也还要拿出可观的一笔酬金打点好太后的近侍太监们。

就在甲午那一年，初入军机的刚毅为庆贺太后的生日特意制作了十二面镂花雕饰精美无比的铁花屏风。面对数不尽的中外馈献，太后常常无动于衷，懒于观阅。从刚毅手中接到颇丰银子的近侍太监，便把铁屏风专门放置于内宫御道两侧西太后必经之处。举驾经过处，醒目的屏风顿使太后欢心，遂下令放置寝宫。从此，眷遇益隆的刚毅获得了非常的官运。

西太后简直就是普天之下珍异珠宝的大藏家：用于储宝的三大间屋子，由三面木架分隔成柜，每柜中置有檀木盒一排，统共 3000 箱，

各自标有名称，当然还有藏于他处不须记载入册的各类珠宝。据计，由督直时袁世凯送给西太后的一双四周镶有特大珍珠的"珠鞋"，算上成本和宫门费，就花去了七十万金。①

由西太后养痈成患的内宫贿赂恶风，连光绪皇帝也不能幸免。据《宫闱秘史》所记，皇帝每日向皇太后问安一次，索贿（赏）五十金，其余后妃以次各有等差。近侍词臣或行省督抚如有进献或获宠进宫赐膳观剧，也须交纳名为"宫门费"的贿金，等级分类至繁，难以详列，其数有多至十余万者。②至于那个屡次被参而不能扳动的庆亲王奕劻，事实上也是在内宫用金银铺成了一条通往前程的平坦大道。

晚年的西太后无所事事，酷好叉麻雀赌戏（一种以牌为赌的活动，1900年后盛行于京师——笔者注）。这种"上自宫廷阀阅，下至肩舆负贩之流，罔不乐此"③的赌戏，也成为权臣们编织关系网络的重要"政务"。精于谋事的奕劻逢赌就派自己的福晋或两个女儿入侍，"每奉召入宫，赴雀戏之约，必携银纸数万金。若大负，尚须遣人至家续取也"。④在这种官场直如赌场，赌场亦即官场的场合，通行的已不再是纯粹的赌场规则，而是权力本身的规则。日携千万金与赌的庆王府眷属，一出场抱定的主意就是要"输"，常常输得空手而归。那些侍围在西太后身旁的宫婢们也借此各有赏犒，庆王每月非有数万金不足以供挥霍。输掉了银子，赢来了权力，权力又能重新收获银子。其结果是，虽然言路"以是参之，宜孝钦付之一笑也"。⑤在以人为政、以人为治的时代，牌桌上的活动和由此形成的政治联系，远比廷堂上的活动更为管用，也更为亲近。

属于最高权力层面的宫禁内的活动，是不受任何权力制约的。即

---

① 徐珂：《清稗类钞·豪侈类》第7册，中华书局1984年版，第3193页。
② 《清代十三朝宫闱秘史》，书目文献出版社1989年版，第131页。
③ 《十叶野闻》，《近代稗海》第十一辑，第67页。
④ 《十叶野闻》，《近代稗海》第十一辑，第278页。
⑤ 胡思敬：《国闻备乘》，《近代稗海》第一辑，第277—278页。

使是皇帝，他也只是在辈分上和权位上受制于那个拥有权势却又不必担负责任的西太后。

一次，光绪皇帝的老师翁同龢主政。在与外国签订借款条约后，有下属回复说，此项借款有不小的"回扣"（这也是晚清就已创造出来的名堂）。翁大人盛怒之下，第二天就奏明光绪帝，下令密查分获此回扣诸人的情况，非要借此整饬朝纲，以儆效尤。谁知，雷声过后并无雨点。"越日，翁入值，上曰：昨日之事不必究矣"。言毕，长吁短叹的皇帝透露出的信息是，孝钦皇太后亦收受了这项回扣。[①]

大约一个世纪后，站在大洋彼岸以研究"中国的现代化"而著称于世的美国学者吉尔伯特·罗兹曼（Gilbert Rozman）为西太后所下的评论是：

> 西太后破坏了清室家法……虽然她绝不是一个无能的人，但即使她在一个男人作主的世界里获得成功而应得到1000次的谅解，也不能掩盖如下这样一个事实，即不论从王朝利益还是从国家利益的角度看，她都不是一个政治上谨慎持重的人，也不是一个目光远大的统治者。不说别的，单是她幕后操掌大权期间定期表现出的刚愎自用和恣睢暴戾行为，以及她的身份和手腕所造成的派别倾轧和腐化堕落这些罪恶现象，就进一步削弱了本来已处于风雨飘摇中的清王朝。[②]

"世道乖漓，人心浇薄，所爱所憎一出于私……世道人心至此，安得不相陵相夺相斗相杀，而沦胥以亡乎？"——这段出自《原道醒世训》的对于晚清时局的评论，是一种源于社会而又忧于天下的民声心声。

……

世道变化之速，已远远超过了固有的文化规范；人心所趋之向，

---

① 《清稗类钞》第7册，第3195页。
② 吉尔伯特·罗兹曼：《中国的现代化》，江苏人民出版社1995年版，第73页。

也早已失去了传统道德的制约。社会已经进入了一个张扬利益的时代，同时也进入了一个"文化失范"时代。曾经对于"义"的高扬和对于"利"的抑制，以及由此而生成的"贵义贱利"的价值观，早已成为一个民族和文明难以复归的旧梦。

——在光绪二十九年（1903）补行的癸卯科和三十年（1904）举行的甲辰科会试中，作为传统时代千余年来科举考试制度的尾声，也出现了世所不见的新景色：

一位来自云南的士子马士元，沿途做着出售鸦片和茶叶的生意；在会试后，又通过贩售茶叶一路而去。作为应试的新科举人，马士元把自己贩售鸦片、茶叶等事公然写在自费印制的日记中，并广为赠送友人，并不以为有什么不光彩。

——那位西太后宠爱的太监李莲英，在世风人心的浸染下，也把自家利益与出国留洋紧紧联系在一起，充分利用自己的便利，借清室贝子溥伦赴美参加世界博览会之机，将自己三弟的长子李福厚、次子李福恒办成"随员"身份赴美留学。

——1910 年，清王朝因财政困境动议发行公债，要求自王公大员至微秩末流，均须先行声明认购，并以认购多少判定赏罚。已经身为内阁总理和内阁协理的庆亲王奕劻和那桐，位在百官之上，却百端踌躇。二人共同商筹的规避之策是，各人以卖产卖物为掩耳盗铃之计。结果，"老庆卖车马，老那卖房屋，大登广告于报章，以炫人耳目"。

一日，二人相遇于朝，那桐对庆亲王颇有责备，认为不应以不值钱的车马出售，启人疑窦；而认为自己出卖房屋为万全之策。庆亲王却坦然说："上若强迫承认，虽宣言卖身，亦复无益也。"[1] 言毕，二位国家高层行政首脑相与抵掌哈哈狂笑。

---

[1] 见《睇向斋秘录》，《近代稗海》第十三辑，第 537 页。

——"京师之事，可二言蔽之，曰'游戏做官，认真做戏'。"①做戏者又做官，做官者又做戏，成为晚清官场从风而靡的时尚。六部衙门的中下级京官们，在游宴嬉戏中了却着人生的梦想。一首十分流行的"嘲京僚"打油诗活脱脱地画出了京官们忙忙碌碌的人生图景：

> 六街如砥电灯红，彻夜轮蹄西复东。天乐看完看庆乐，惠丰吃过吃同丰。头衔强半郎员主（指部中郎官和主事），谈笑无非发白中。除却早衙签到字，闲来最好逛胡同（指妓院）。②

从一个崇尚道义的时代，突然跨入追逐利益的时代，其间所包含着的历史发展的必然性和文化价值观念的转轨，作为一个时代性的艰巨课题，摆在了人们眼前。个体，面对利益的诱惑，道德的制约和评判都将会失去原有的作用和意义。而政府作为一个文化价值导向的肌体，面对社会的转型和"文化失范"，必须在对利益的有效控制和文化规范的重建中，才能与历史共同走向未来。

世道变了！不仅银子的作用使皇权的威严和规则变得不太灵验，而且在半个世纪的光景里，先前不屑一顾的"末商"和"小人喻于"的"利"，也成为整个社会活跃无比的动力，也成为权力系统着迷入魔追逐的目标。庞大而复杂的国家机器，已不在一个方向上运行，却在不同利益的牵引下寻找着各自的方向。

不幸的是，清王朝既未能有效地形成利益控制机制，也未能建立起有效的新的文化规范，因而，在世道的变迁中，人心的离散便成为决定清王朝命运终结的根本。

"立国之道，尚礼义不尚权谋；根本之图，在人心不在技艺。"——如果把为了抵制洋务运动引进西方技术说教的主观目的抛开不论，那么，这番出自理学家大学士倭仁的关于"人心"对于一个政权的根本作用，或许正好揭示了问题的本质。

---

① 《汪穰卿笔记》，《近代稗海》第十一辑，第523页。
② 沈宗畸：《便佳簃杂钞》，《近代稗海》第十三辑，第265页。

一个政权或组成一个政权的成员们，在他们无所顾忌也无所制约地收获贪污和贿赂的同时，就必然失去从根本上维系一个政权赖生存的"人心"。

没有足够的史料以供我们去挖掘清末的"民心"的深层内容，但从游离于官方控制系统之外的报纸——社会不满情绪宣泄的通道——仍可有限地体味一下民心人心向背的程度：

——北京的报纸上时常揭露清末亲贵的丑史，并以首席军机大臣和后来的内阁总理大臣庆亲王为主，且辟有"庆字号买货"（即指庆府卖官鬻爵）字样的专栏。

——袁世凯被罢黜时，《北京日报》发表《贺袁》专文，登诸报端显要位置；《中央大同日报》则刊出一幅漫画，配以"一朝权在手，便把令来行"的讽语，将载沣与袁世凯的关系和历史恩怨公诸舆论。

——1909年《民呼日报》刊登的讽刺漫画是"官肥民瘦"。

——来自上海报界的舆论是"今日政府，腐败蠹蚀，其材已不复用，而欲责其再新，何异于责垂死之翁以呱啼哺乳也"。①

还是让我们从联结民心官心的御史们的行为中，洞察一下朝野上下的人心所向吧。

在清末"以气谊相许""不避权贵，言人所不敢言"的谏台"三杰"中，江春霖在1910年以弹劾庆亲王受斥挂冠而去，引发的社会义愤远远超越了朝堂的范围，而为整个社会所关注。

决计回籍的江春霖在《汇报》上痛心疾首地道出了他关爱王朝和天下的心情："谏不行，言不听，不去何待？中国岌岌危亡，此后时局断不止今日送一安奉铁路，明日逐一达赖喇嘛而已也。"②

然而，难酬其志的江春霖辞官出都之际，京中相识与不相识的士人、同僚和亲友来寓所慰问者却络绎不绝。首途之日，出城相送者达

---

① 见于醒民、唐继无：《从闭锁到开放》，学林出版社1991年版，第349页。

② 《汇报》1910年3月15日。

万人之多。有史以来，为官者离职之时能获如此之盛的自愿相送的众心群情，实属罕见。失去"天朝"之心而收获民心人心的江御史，还在北京准备行囊时，就接到了代表江南民众之心的立宪党人汤寿潜的致电：

> 为大局痛，为公贺。回署归养，莫非国恩。南下过沪，期一痛饮。①

弃职而归的江春霖两袖清风，携带之物"仅残书数箧，敝衣数袭而已"。只是，抵达上海时，映入江御史眼帘的却是意想不到的热烈：

> 十多个民间团体打出"欢迎江侍卿归来"的标幅，为他接风。

> 随后，以预备立宪公会、国会请愿同志会、江苏教育会、上海商务总会为代表的十四个法团，在上海工商界的"民主"阵地张园为江春霖举行了隆重的欢迎式。

五千余人的自发的群众大会，在愤慨的演讲中既为江春霖，也为清王朝的命运归宿，作了无须分说的注解。

---

① 《汇报》1910 年 3 月 15 日。

第二篇　天道已变

眼看着王朝有条不紊地走向末世，面对着王朝扶之不起挽之不回地迅速地滑向深渊，朝野上下，宫禁内外还会遵循着一成不变的所谓"祖宗之法"固守以对吗？

六　士变革命潮

光绪二十六年（1900）闰八月初十日，一张《查拿自立会匪示》公告震动朝野：

> 照得沿江沿海一带现有自立会匪，在上海设立国会总会，在汉口设中国国会分会，其会名曰自立会，其军名曰自立军……定期在武昌、汉口、汉阳同日起事……

> 自称为新造之国，公然自立……晓谕士商军民人等一体知悉：已入会者及早悔悟，未入会者永为善良，勿信邪说，勿负国家，勿蒙逆恶之名，勿蹈乱贼之诛……①

这份由湖广总督张之洞颁发的公文充满杀气，公文中指明的匪首是：康有为、梁启超、唐才常、秦立三、容闳……

但是，面对这些早已声名远播的士人，无论告示中怎样严密措辞精心编织罪名，在人们的心目中，他们永远不可能与一"匪"字相连。且不说康、梁的新学领袖和改革先锋地位，容闳也以留学之先驱、改革之先声为世人所敬仰，即使略显青涩的唐才常、秦立三，也是士人中拔优选萃而留学海外的翘楚：

——贡生出身的唐才常（字黻丞、佛尘，湖南浏阳人），曾就读于长沙校经书院、岳麓书院及武昌两湖书院。光绪二十三年（1897）与谭嗣同在浏阳兴办算学馆，提倡新学，随后又在长沙办时务学堂，

---

① 苑书义等主编：《张之洞全集》卷一六九，公牍八十四，第6册，河北人民出版社1998年版，第4909—4912页。

编辑《湘学报》；1898年与谭嗣同创办南学会和群萌学会，其才识文思，名重一时。

——寄籍长沙的秦力山（本为江苏吴江人，随父客居湖南），初名鼎彝，字力三，自幼读书敏慧，"为文数千言立就"。戊戌年间追随谭嗣同入南学会，为湖南维新运动的干才。少年即负才学之名，颇得督学徐仁铸赏识而留学日本。

……

这些"心系天下"的读书人，早在一个多月前，即七月二十八日深夜二更，就被张之洞砍杀于浏阳湖畔了。星月悲无光，湖波哀影碎，这批年少志高、怀揣家国情怀的士子，魂销命殒于此。

在告示中污之以匪，不过是张之洞为其诛杀士人的恶行稍作的一点文字修饰罢了。

张之洞，这位一向以好士之名活跃于晚清政坛上的重臣，曾是士子们有所敬重的对象。光绪元年（1875）督学四川时，他为青年学子撰写《輶轩语》《书目答问》等劝学篇章，传授读书治学的方法和门径，在求知问学的士人心中引起过不小的共鸣。在"学而优则仕"的传统价值导向下，他也有着足令士子们钦羡的资历和学养；但在他挥笔书押将这些少年才俊夺命的同时，无情的历史就将他与天下士人划出了决裂的鸿沟！

士屠张之洞！就此成为晚清三屠[①]之一的定评，在世人的口耳相传中融进了难以磨灭的历史记忆之中！在晚清士人们的日记中，我们看到了那个时代的读书人对他形象的描画：

1905年，由湖南巡抚选派中学堂学生赴日游学。"一路乘风去，湖天寄此身。"60名少年学子途经武昌时，端方特地致电张之洞给予照料，提供便利。张允诺传见，提出让这些湘籍学子对其行跪拜礼，未曾料到的是，这些湘籍青年断然拒绝，带队的学生监督多次劝说也

_____

① 张与"民屠"袁世凯、"官屠"岑春煊合称为"三屠"。

无效。"张怒其无礼，令不放行"，致使一干学生滞留武昌，暂居中学堂。接连数天，这些学生们从容地"游观大江东，登临黄鹤楼"，却坚守己意，从不稍有退让。气急的张之洞竟然致电湘抚端方，声称"湘生多革命分子，不宜遣送出洋，请撤退回湘。"

这场发生在张之洞与少年学子间的冲突，迁延一周而无解。情急之下的端方只得派手下干将胡子靖前来协调，再次电告士子们："若不见张督，万不可行"，并反复电嘱："万勿浮躁，致干撤退。"但这些湘籍学生"十分愤激，群谓宁甘撤退，断不以人格牺牲"为条件。

四月二十一日，胡子靖多次调停始有端倪，双方各有退让：张宫保只要湖南学生面见，"亦不拘定行跪拜礼，即鞠躬亦可"；学生们则接受了胡子靖"多为光阴学业计，不必固执己见"的劝导。随后在炮台营的会见中，学生们"有行鞠躬礼者，有长揖者，亦有立正者"，各自礼毕入席，听张发言，亦不过"所谓爱惜身命，造成学问八字诀"①。

这场看似荒诞的闹剧拖延十日而告终。但是，士人与政权的对立却日甚一日。亲历其事的黄尊三在《三十年日记》的记述中表达了对张之洞的厌恶之情：

> 为此无谓之事，阻滞中途……中国大官，只顾一己虚荣，不知尊重他人人格，实属可鄙。以自命好士之张香涛，尚不免辱人之行，他更无论……张督躯干短小，不满三尺，腰曲背驼，眼圆小而有光，某君谓猿猴转世……②

——光绪二十八年（1902）十月初九日，时值西太后庆生大典，鼓楼内外（武昌），尤热闹异常，各处均书"普天同庆"四字额。以学冠群臣自诩的张之洞书写贺万寿诗以表忠献诚：

> 瑶池桃熟岁三千，不及萱龄亿万年；圣孝我皇亲舞彩，圣慈

---

① 黄尊三：《三十年日记》，湖南印书馆1933年版，第3—4页。
② 黄尊三：《三十年日记》，第5页。

文母寿齐天。

　　大清皇帝坐明堂，天下人民愿自强；海晏河清寰宇泰，忠臣孝子姓名香。

武汉大小各学堂铺张彩灯恭祝"万寿"，各衙门特指派专任教员先期排练。然而，即使在知识启蒙的小学堂里，排满革命的理念也已扎根人心。"省城有某小学堂学生唱学堂歌：汉人在上，万年长有；排满为本，方是真英豪。"①

　　——光绪三十三年（1907）七月二十五日，朝廷电召张之洞入京。张行至武胜关山洞时，颇费踌躇，遂嘱兵役即速筹办四人肩舆，"乘之登山过此山洞，再换乘火车。"这位主张新学并推行"新政"的朝廷重臣，"迷信旧事，其名洞，惧入洞，即向传所谓老猿精转胎者也。"②

　　——1908年，还在求学中的黄尊三，记述当年在学堂求学时的情景：

　　　　迨时文人志士受革命新书之浸润，各学堂、军队中实心排满者渐多。《扬州十日记》《嘉定屠城记》《警世钟》《猛回头》《革命军》诸书，翻印流传，当道愈禁愈炽，吾知清室之亡不远。

　　　　正月二十三日，赵次帅开学来堂演说，训各学堂收到日本寄来革命杂志《民报》等书，学生不忠君爱国乃与革命党通声气……实为大逆不道。③

　　　　……

专制制度的权力执掌者，总是放大了书生士子们软绵和文弱的外在品格，而无视于他们拥有的"文以化成天下"的深沉恒久的力量。觉醒了的读书人的诉求，不会像乡野村夫的"民变"那样，聚焦在以抗捐、抢米、吃大户为目标的具体利益的取舍上，而将其提升为以

① 胡香生辑录，严昌洪编：《朱峙三日记（1893—1919）》，华中师范大学出版社2011年版，第156页。

② 胡香生辑录，严昌洪编：《朱峙三日记（1893—1919）》，第216页。

③ 黄尊三：《三十年日记》，湖南印书馆1933年版，第224—225页。

"公义"和"正义"为担当的时代道义的高度。

一旦道义的诉求推演为时代潮流，历史的书写自出新章！

士者，乃社会之良知，民命之所系。在知识性的专业素养外，他们更多地关切着国家、社会与民生的"大义"或"公义"，义之所在，士之所趋！当这些"先天下之忧而忧，后天下之乐而乐"的士子们的生命被轻率地剥夺掉时，天道的变乱将会如期而至：

> 庚子事变之影响，乃大起全国之激论。当年在事之剥落者，多留东京，鼓吹不遗余力。①

张之洞一手操持的庚子"汉口之变"，以另一种不同的性质和方式，为庚子事变的历史添注了新的内容——它以全然不同于义和团拳民的话语、旗帜，标示了一个新的时代性诉求：

> 戊戌新政，六士骈诛，唐才常起事汉口，号称勤王，未几事泄被捕，牵连数十人，骈戮于市，是为汉变，盖亦一党祸也。六士三忠，汉变诸子，皆以政治之故，横遭杀戮。而推原其故，因聚怨于朝廷，乃创为革命之论，刊为丛报，流布内地，青年学生，群起附和……于是国中嚣然，随处皆革命党矣。②

庚子岁月以惨烈和悲愤的结局落幕的同时，却急速地拉开了新世纪更为激越而壮阔的序幕：在新世纪的第一年（1901），《国民报》第一期发表的《二十世纪之中国》文章就揭橥了"革命"言说，号召"种吾民革命之种子，养吾民独立之精神，而可一言以蔽之曰：民权而已。"③预言20世纪乃革命之世纪："天下之是非有定乎，革命之起也，孰不谓之为大逆不道，彼倡之者，岂预知将来之必户祝之、户祷之也。"④

---

① 中国史学会主编：《中国近代史资料丛刊·辛亥革命》（第一册），上海人民出版社1957年版，第294页。

② 宣樊：《政治之因果关系论》，《东方杂志》第12期，1910年。

③ 张枬、王忍之主编：《辛亥革命前十年间时论选集》第一卷上，生活·读书·新知三联书店1978年版，第69页。

④ 《亡国篇》，《辛亥革命前十年间时论选集》第一卷上，第94页。

庚辛之际，中国历史进入一个新的转折点。此后，革命话语逐步推演为时代性话语，它使得 19 世纪人们相率乐道的"师夷"和"自强"话语开始失去了主导价值，如梁启超所谓："近数年来中国之言论，复杂不可殚数。若革命论者，可谓其最有力之种也已矣。"①

"革命"是中国百余年来使用频率最高的词语之一。20 世纪的革命在相当长的时段内并非仅仅是"民不聊生"的产物，而带有强烈的士大夫造反的色彩，反政府的主导力量并非"民"而是"士"。而究其所源，正是在庚子年间由汉口之变奏响了中国"士变"的序曲，一个以"革命"为主调的时代由此而来。

由庚子"士变"而激起的革命潮，无处不在又无时不在，浸浸乎弥漫天下。

曾在科场上打拼多年，心系于"学而优则仕"前程的许多年轻士子们，冷眼观察着士人群体逐渐背离王朝政权的历史行程，通过他们有限的文字记述，我们能够感悟到"士变"与天变——即与王朝命运的内在相关：

> 以士无恒产，为一生出路计，舍科举一途不能救贫……志士仁人鉴于中国极弱，归罪满人专制，视汉族如寇仇，思有以推翻之。以故青年之得功名、住学堂者，倾向革命变政改制等思想。于政府权威之下，口言忠君爱国，我朝深仁厚泽者，皆伪也。②

尤其是投身于新军中的士子，争相传阅着反清排满的各种新学书刊，在始而惊惧，继而欣喜，终而醒悟的变化中，革命思潮浪涌涛起，一日千里。③

"自由花发春何处，革命风潮卷地来。"④ 革命，晚清时期这一自

---

① 李华兴、吴嘉勋编：《梁启超选集》，上海人民出版社 1984 年版，第 420 页。
② 《朱峙三日记》，"辛亥革命史料丛刊"第 11 辑，湖北人民出版社 2002 年版，第 318 页。
③ "军队中读书人当兵，俱看新书、杂志，革命思潮一日千里，不久便起变化。"胡香生辑录，严昌洪编：《朱峙三日记（1893—1919）》，第 237 页。
④ 丁初我：《女子家庭革命说》，《女子世界》1904 年第 4 期。

日本转译而来，却又与中国历史文化脉系相连的名词，在历史的超越中获得了属于自己时代的内涵："革命二字，本于经典。易曰汤武革命，书曰天革厥命，其本意以天子为天所命，天子不道，天即革其命而改命他人。"① 当人们从中华文明历史传承中发掘其义，并在久长的历史演进中建构起一个包容性极其宽广的文化架构后，它就拥有了极其丰厚而深刻的思想内容②，成为引领新一代少年学子的思潮："年少自喜者辄以之相夸，开口便是，下笔即来，实文章之革命军也。"③

历史，从来没有预设的确定性运行轨道。革命，本来是清王朝禁忌的话语，是"大逆不道"和"乱臣贼子"之所为，庚子之后短短几年间却成排山倒海之势，在人们的日常生活中公然流转，即使身处王朝权力中心的利益共享者，也深受浸染。旗人出身，官至清朝驻西洋特使的裕庚的女儿裕德龄，面对无处不在的革命风潮也有一番切身的感悟：

> 中国本称古国，夙称守旧。苟有改革，则必有不便于己者出而阻挠。今则世界又一变矣。留学归国者日见其多，彼曹亲沐西方之文明自由，故欲绍介于中国，遂不得已，而有革命之事，吾固甚表同情，以个人意见言，吾亦赞成革命。

> 今之倡言革命者，亦不过要求人民应得权利，以官职言，人人固当有服官之权利。若如满洲人之法，如摄政王之法，则无钱

---

① 伧父：《革命战争》，《东方杂志》第八卷（1911 年 9 月）第九号。

② 1902 年康有为在其《辨革命书》中说："夫革命之义，出于孔子之称汤武，而孟子以诛纣为诛贼，不谓之弑君。"并特别强调说："君而无道，不能保民，欲革命则革命耳，何必攻满自生内乱乎！"康有为对于"革命"话语本身，也秉持慎重的肯定态度，这至少可以说明，"革命"话语已经是超越了一个阶级或阶层的专属概念，而具有时代性的意涵——尽管人们对于革命的定义和内涵可以有着完全不同的认识。

③ 徐珂：《清稗类钞》，《讥讽类二》13，《新名词入诗》第四册，中华书局 1984 年版，第 1724 页。

者将终其身沉沦，而不能自达，不革命得乎？①

面对历史的运势，专断的权力或权力的专断其实都无能为力；即使掌控权力结构的顶层组织，即使可以清楚权力走向的最终结局，也只能在无力回天的无奈中喟然长叹：

——光绪三十三年（1907）七月初一日，身为内阁总理大臣的奕劻，在府中与人谈及革命大势时不无感慨："当今革命党风潮间起于海内，政府王大臣等闻之颇有戒心，然其筹策则不过纷歧而已，莫衷其一……"

面对此情此景，他慨然语人曰："倡言革命排满之徒，初非必嫉视满人也，惟热心改良政治，而良法善策无所出，故出此危激言论耳……"②

——是年十一月九日，太后、皇帝召见军机大臣，同殿问政。直隶提学使请训时，与太后有一番对话言及当前时势："近来学生之思想，趋于革命者日多。"

强势执掌清朝核心权力几近半个世纪的西太后，"言下颇为伤感"，遂嘱命提学使，务必竭心尽力，以挽此颓风。③

庙堂上的君臣唏嘘，徒增感怀，"挽此颓风"谈何容易？在"民变"叠加"士变"的深层社会变力迅速聚合，从而撬动了王朝制度变革的根基时；当革命风潮层浪迭起，因果相生，聚集以成高山滚石之势时，清王朝"成败兴亡之数"已然铸就！

这一历史巨变的因果关联，却与庚子年间的"士变"在在相关。《论政局倾轧之可危》的报刊评论，道出了其中的关节：

中国前途之危险，至于今日凡尽人皆知矣……虽朝衣东市者

① 《裕朗西女儿之革命谈》，姜泣群编：《朝野新谭》，光华编辑社1914年版，第70页。

② 《某邸对待革命政见说》，《时事采新汇选》，光绪三十三年丁未七月初一日，第一卷第20册，第10648页。

③ 《慈禧及光绪宾天厄》民国佚名，见辜鸿铭等《民国笔记合集》电子书。《张文襄幕府纪闻》卷下。

只六人，而杀机已一动而不可制。庚子之役，数倍戊戌，酝酿至今，此意益深。虽事尚未形，而机已密构。夫既欲流人之血，则其事非一人之国力所能用，且祸患之来，亦非一人之力所能保，是非合朋党不可矣……①

---

① 《论政局倾轧之可危》，《时事采新汇选》，光绪三十三年丁未正月十六日刊，第四卷第 19 册，第 9856 页。

七 天地大变局

道者，"一阴一阳之谓道"。源于《易·系辞上》的阴阳相合而成的道，是中国哲学的鼻祖老子创造的一种先天地而生，独立而不改，周行而复始，既可以为天下物质之母，也可以是天下精神之源并属于世界本原的抽象概念。混沌的既不可分，也无以确切名之的"道"，在后世治理天下者的手中，变成了不可更易的"治理天下的法则"——人道，即以孔孟儒学为本的道统。

很早就以倡言"变法"而名噪天下的王韬，虽然已在上海洋人开办的墨海书馆经历了近十年的西学西法的熏陶，但在1868年游历英国、登堂于牛津大学讲坛面对好奇的毕业班学生时，仍然在中西之"道"问题上，作了富于中国特色而又饱含民族感情的讲演：

> 孔子之道，人道也。有人斯有道。人类一日不灭，则其道一日不变。泰西人士论道必溯源于天，然传之者，必归本于人，非先尽乎人事，亦不能求天降福，是则仍系乎人而已……前圣不云乎：东方有圣人焉；此心同，此理同也。西方有圣人焉，此心同，此理同也。请一言以决之曰：其道大同。[1]

面对洋学生们提出的"儒道"与"天道"（基督教）相比较的问题，聪明的王韬没有失去泱泱中华大国和辉煌文明之邦的风度和才识。

透过对答的机敏和睿智，在王韬心底潜存的真正的"道"又是什么？虽然对西方文明和富强本身心仪已久，但王韬认为人类的未来决

---

① 王韬：《漫游随录》，湖南人民出版社1982年版，第100页。

不可能建立在"器"即技术基础之上，"器"只能进行地理上的征服，把世界联在一起，但却"不得谓治国平天下之本也"。只有"道"才能完成这样恢宏的目标。作为中国哲学的中心概念，象征着终极真理的"道"，才是适合全人类的价值准则。道是超历史的，但在形式上仍与历史相联系，"人外无道，道外无人"。

面对从未有过的华洋杂处，面对世所不见的西学东渐，甚至面对内忧外患交互迫压下的"千古变局"，王朝在洋务新政"变器"的大动作中也还要坚守着"道"的纯正和圣洁。1876年，清王朝的洋务新政和具有同样际遇的日本明治维新已有十多年历史了，主掌天朝洋务的李鸿章与日本驻华公使森有礼，有一番观照两国"变革"大计的对话。

李鸿章对于日本变革已深入到"变衣冠"的程度，充满了轻蔑之意，向前来拜见的日本公使森有礼道：祖先遗制，子孙绝不应该改变。日人穿洋服，就是失去了根本，难道不觉可耻吗？

善于外交辞令、同时也深谙中国历史的森有礼却不慌不忙地答道：祖宗生于今日，也一定会变革衣冠。日本向来摄取各国之长，洋服比和服更加轻便适用，为何不能变？

李强调说，中国学习西方，只学它的兵器、铁道、电信之类，绝不会变更衣冠。这是号称"衣冠文明"的中国或清王朝所坚守不屈的根本。想不到的是，词锋逼人的森有礼却不乱方寸，接下来的回话竟让堂堂天朝的"中堂大人"无言以对：

> 谁能保证不变衣冠？贵国人士四百年前（指明朝灭亡前——笔者注）也不穿阁下这样的服装吧？清兵入关时，强迫汉人改变服装发型，贵国人才最初不也反感吗？[①]

道统依存于衣冠，还是衣冠附着于道统，这是难以确切分辨的一个中华"文化之谜"。"天不变，道亦不变"的古老文化命题却变成了

---

① 见《清光绪朝中日交涉史料》第1卷，第7页。

迫切的现实问题和人人难以回避的问题。

"道"——这个"中国之伏羲、神农、黄帝、尧、舜、禹、汤、文、武以来，列圣相传之大道，而孔子述之以教天下万世者也"，被认为是永恒不变的大经大法。"不易者，圣之经也，变易者，圣之权也"。①

然而，"道亦不变"的大前提——"天"——却在"天朝"上下毫无准备的情况下猝然发生了前所未有的变故。鸦片战争后，在外患内忧的双重逼迫下，人们赖以生存的社会环境和文化环境都发生了"千古变局"：

> 今则海禁既弛，风气大开。泰西各国，挟其器数之学，航海来华。百十年间，而耳目心思，为之一变，是故耒耜也，易为机梭；弧矢也，易为枪炮；水陆舟车也，易为汽轮之周转。合地球九万之遥聚于中国，此古今之创闻，天地之变局。②

今日之"天地变局"从根本上改变了人们的生存条件，中国闭锁的文化体系被冲破，西方文化的东进和逐步渗透导致了传统"华夷秩序""天朝观念"的破灭；中国传统文化开始走出"大一统"的封闭格局，而直面世界文明大势。在"是以华夷隔绝之天下，一变而为中外联属之天下"③的全新时代，执政者真能以"道亦不变"的陈规来应付时代的变局吗？

——1861 年 1 月 20 日，一个不同于中央"六部"的"总理各国事务衙门"批准成立。次年，附属于总理衙门的最早的"洋务学堂"，即京师同文馆设立。虽然新出现的同文馆被不明事理的士大夫们奉送了许多极尽挖苦的联语，如：

> 诡计本多端，使小朝廷设同文之馆；
>
> 军机无远略，诱佳子弟拜异类为师。
>
> 未同而言；斯文将丧。

---

① 郑观应：《郑观应集》，上海人民出版社 1982 年版，第 233 页。
② （清）江标编：《沅湘通艺录》卷四，岳麓书社 2011 年版，第 105 页。
③ 薛福成：《变法》，见《皇朝经世文编续编》卷一三，《治体四》。

孔门弟子；鬼谷先生。

但 50 年后，横海越洋求学于外洋的中国人竟然举国蔚为风气。

——到 1879 年，仅江南制造局翻译的"西书"就有 377 部，销售量已达 31111 部。

——至 1890 年，偏处西南的重庆也向外国开放通商，巨大的四川市场从此向世界敞开了大门，"兰开夏、密德兰、约克夏的制造品就能从伦敦、利物浦经过一次简单的转运，缴付从价 5% 的进口税，直运到深入一千五百哩的亚洲心脏地带"①。

——1898 年 1 月 23 日下午三时，年轻的康有为与执掌朝廷大权的重臣荣禄、李鸿章等人在总理衙门西花厅展开一场关于中国命运的"变法"大辩论：

荣禄："祖宗之法不能变。"

康有为："祖宗之法，以治祖之地；祖宗之地且不能守（指失地求和——引者注），何有于祖宗之法乎？"

李鸿章："然而六部尽撤，则例尽弃乎？"

康有为："今之法律官制，皆一统之法，中国之衰弱，皆由于此，诚宜尽撤。即便一时不能尽去，亦应斟酌变更。"

早在 1861 年，距鸦片战争 20 年后，胆魄过人的一代思想家冯桂芬就在中国与外国的对比中，直言"天朝"在人才、地利、君民和名实四个方面，均不如"西夷"。因而，他以极其务实的态度提出了"治国之道"应该适时而变，祖宗成法不可拘守："法苟不善，虽古先吾斥之；法苟善，虽蛮貊吾师之。"然而，扬弃了"祖宗之法"而求学于"蛮夷之法"，是否又意味着"道"之可变？

晚清领袖学界群伦的古文经学大师俞樾，一向被认为是传统文化和道统最忠诚的守护者，但在他为《皇朝经世文编续编》题写的序文中，留下剖白心迹的文字，却表露着另一种倾向：

---

① 《四川文史资料选辑》第 25 辑，第 5 页。

士生今日不能博观当世之务，而徒执往古之成说，洵如《吕氏春秋》所讥病变而药不变矣。①

19 世纪 60 年代开始，在传统中国"士农工商"社会结构之外，一个中国人从未见过的新产业——直到今天仍然是令人垂涎的产业——房地产开始在最早的开埠城市上海出现。在金钱和权力交互炒作作用下，上海外滩与南京东路地段的地价，甚至比世界经济中心的英国伦敦和暴发户的美国纽约中心区的地价还要高出许多。租界商业区的地价在进入 20 世纪后，30 年内上涨了 973%②，涨幅之高令云集此地的世界富豪们大开眼界。

面对从未见过的钱财的骤起暴落的经济运作，旧有的生活伦理规则和人心的自律被推离了原有的运行轨道。开放的市场，多元的经济结构，为人们创造了更多的追逐钱财的机遇，一向被圈禁在庭院里和灶台边的女性们，也开始走向火爆的市场。19 世纪 60 年代后，疯狂一时的上海彩票，把妇女们推向了街头，她们毫无羞涩地手持彩票，奔波在家家户户之间，被"种一块铜板收一两金子"的信念拖入了新的希望与梦想。

曾经在数千年间，被我们这个民族和文明精心养育成熟的"贵义贱利"的价值观，一旦被置于"商品市场"世界，就完全失去了她对人心制约的作用。时至光宣之世，与 50 年前对西方"奇技淫巧"的轻慢态度相比，社会风尚的流变俨然恍如隔世了："近者里党之间，宾朋之际，街谈巷议，无非权子母征贵贱矣。"③

1861 年年底，一个来自内地的名士，偶然到上海的环马路（跑马厅）观赏"夷人"特有的娱乐活动——跑马。在他人生经验范围内，摩肩接踵的公众场面，妇女绝对是被排斥于外的对象。令他备觉惊愕的却是，跑马厅内竟然"士女云集，举国狂若"。于是，一时涌入

---

① 《皇朝经世文编续编·序》。

② 见于醒民等：《从闭锁到开放》，第 192 页。

③ 民国《衢县志》卷六，《食货志下》，第 644 页。

这位名士心头的感觉超越了他有限的社会教养范围："这是个疯狂的世界"。①

1902 年 3 月，一种突突作响、自动行驶的四轮怪物——小汽车第一次出现在上海街头。1885 年由法国人发明的这个现代人的代步工具，仅仅过了 17 年就由匈牙利人黎恒带到了中国。

1903 年 3 月 29 日，中国最早的一份科学杂志创刊。名为《科学世界》的综合性自然科学刊物，由成立不久的上海科学仪器馆主办，标志着中国人走出了"天人感应"的时代，跨入了一个以科学的眼光来关注自然也关注自我的新世纪。

组成"天下"的社会结构形式和社会组织形式，比清王朝权力构成的机制更具有适应"变局"时代的灵活性。当清王朝面对变动不居的"天下"张皇无措时，新的社会组织形式在王朝失控的条件下，已经抢出了属于自己的新天地。仅从光宣之际一些片断的社会统计数字中，我们就可以感受到整个社会律动的节奏：

1908 年，全国城市各种商会组织 262 个，会员为 7700 人左右；

1909 年，全国教育会 722 个，会员为 48000 多人；

1909 年，全国学堂达 36003 所之多，学生总数达 1013571 人；

同年，中国已有女校 70 余所。

随着西洋人走入上海滩，那个以耶稣为象征的公历纪年就开始作用于华人世界。以"阴阳"二字分别冠于中国传统纪年（阴历）和西洋纪年（阳历）的日历之上，成为上海人同时也就成为中国人对于渊源不同的两个文明的认可。阳历年时，上海道台要到各国领事馆、天主教神父的住所，送上一份中国礼仪之邦的"洋年"祝贺；阴历年节，外国领事们也要到上海道衙，为中国人的节日加添一份"洋人"的庆贺。

曾经在不同轨迹上运行的东西方两大文明，终于在时间的运转中

---

① 民国《衢县志》卷六，《食货志下》，第 644 页。

相交于此、相汇于此；曾经独立生存的两个文明蓦然相遇时对立和冲突的剧烈，在岁月时光的消逝中被缓慢地稀释。在异质文明的对比和相互打量中，在认知对方也重新认识自身的同时，我们的前辈终于解脱了"华夷之辨"的困惑，走向了"师夷长技"之路。

文明对撞下引发的"天地之变"，不仅是经济利益启动下的社会变动，而且是包括人心道德和价值取向的整体裂变。也许，在这一艰难的过程中，我们扬弃了许多，但我们同时也接受了许多。

光绪十五年（1889），由两广总督调任湖广总督的张之洞，已经在胸中谋划好经营"时务"的大计。刚刚接篆，张大人就急匆匆地派人去湖北召请在籍的得意门生周锡恩。这位进士翰林出身的周先生，时下正执掌黄州经古书院。经纶满腹的张之洞如此器重一个书院的"山长"，并把他作为督府幕僚的首选，倒不是因为他肚子里装了多少"经书""圣学"，而是他在书院里倡导西学的精神和识见。被世人广为传知的是，周锡恩在黄州书院课士的题目，已经把眼光投向了另一个世界。譬如，属于咏类的题目有"显微镜""千里镜""气球"；属于时务类的题目有"拿破仑与汉武帝合论""和林考""唐律与西律比较""倡论中国宜改用金本位策"；等等。实在而言，就论题的深度和广度来看，就是当今现代教育制度下的大学生们恐怕也难以交上合格的答卷。因而，这份出现在130年前一所小小州级书院里的考题，所能体现的时代意义和由此引起的轰动效应，就不难想见了。

思才若渴的张之洞，见到周锡恩的第一表情就是难以抑制的兴奋：

> 予老门生，只汝一人提倡时务，举省官吏士大夫，对于中国时局，皆聩聩无所知，而汝何独醒也？①

"时务"作为时代潮流的代名词，在"士大夫"阶层中体现着观念和社会心理上的习尚变迁。20世纪之初，即使是旧式士人们，也

---

① 刘禺生：《世载堂杂忆》，中华书局1960年版，第51页。

常以进入"宪政编审馆"和"京师大学堂"归于留学生门下而自得。比较数十年前，把与洋务新政相关的李经芳斥之为"东洋驸马"，李鸿章为"佩六国相印"，裕庚为"洋乌龟"，真有一种"人猿相揖别"的沧海桑田之感了。

作为社会习俗的深层变革，也作为"道"之不得不变的一个文化命题，走上社会的妇女，至少为数千年积淀深重的"妇道"，提出了世纪性挑战。

1894 年时，诞生在广州城内的第一个"反对缠足会"，多多少少还引起了世人的诋毁和非难；然而，时至 1908 年秋，身为巡抚的陈夔龙竟然为选送进入北京师范学校的湖北女生亲自送行。一位名叫金琼仙的女生在感慨之余，诗以言志：

> 万里浮沧海，轻装入帝都。
>
> 送行劳节钺，别泪洒江湖。
>
> ……
>
> 宫中有尧舜，海外少风波。
>
> 报国从今始，知书自古多。[1]

吐属雅洁的金女士的诗，已不见旧时的闺阁哀怨之情，而充满了新时代女性报国效力的远大志向。

走向社会的女性，带给社会的冲击并不局限于自身利益的获取，它所触动的是整个社会文化和社会心理（包括家庭、婚姻方面）的深层结构的崩解。因而，我们才能够从宣统年间清王朝大理院（即最高法院）一位官员的"涉外离婚案"中，获得属于现代人才具有的婚姻观念。

在大理院担任推事（即清末的审判官和法官）的李方，是广东长乐县人。在长期留学自由之邦英国的生涯中，与一位名叫伯尔利的英国女士成婚。1908 年，伯尔利撒下李方只身返回英国，苦等无望的

---

[1] 见《近代稗海》第十三辑，第 555 页。

李推事，便郑重其事地向当地衙门——顺天府，正式呈请离婚。这份传闻京师的"涉外离婚案"的原禀文书，在"西化"的观念之外，却具有完全中国传统的文式：

> 具呈大理院推事李方，遣抱家丁李兴，为呈请咨行事：窃职系广东长乐县人，自幼留学英国，于光绪二十五年与英国人伯尔利结婚。三十一年毕业回国，遂将伯尔利带回。现因伯尔利不守妇道，复于三十四年一人回英国，至今不归，并来信言伊不返。实系彼此情愿离异……取具同乡京官印结，并伯尔利亲笔信，一并呈请尹堂大人查核。[①]

生活方式和生活态度的变易，常常走在了社会制度变革之前，为制度和时代本身提出了迟早必须解答的课题。

天不变，道亦不变——这个古老的社会哲学命题，所遭遇的困惑是"天"已大变，"道"将如何？

还在1884年时，因中法战争防务问题险些丢掉官职的两广总督张树声，在与洋人的交道中，对中国多年来"变器不变道"的洋务新政有了更深的认识。只是，属于自己真正的认识却不能公然言于朝堂之上，而只能作为临终之语被收录在《张靖达公奏议》之中：

> 夫西人立国，自有本末，虽教育文化远逊中华，然驯至富强，具有体用。育才于学堂，论政于议院，君民一体，上下一心，务实而戒虚，谋定而后动，此其体也；大炮、洋枪、水雷、铁路、电线，此其用也。中国遗其体而求其用，无论竭蹶艰步，常不相及，就令铁舰成行，铁路四达，果足恃欤？[②]

当然，这番洞体达本的深识远见，要真正转化为"变道"而不只是"变器"的社会政治行为，还将经历一段漫长艰难的路途。

1900年，作为世纪之交的年份，在我们这个民族历史的巨创深

---

① 见《清代述异》，《清朝野史大观》卷一二，第121页。
② 《张靖达公奏议》奏八，（台湾）文海出版社1966年版，第559页。

痛中开始了它必需的转折:

这一年,当义和团以最原始的精神和传统的物质形成的力量,流行于京、津地区时,八国联军却以最现代的武器和最不文明的行为,把北京以西太后为核心的朝廷逼出京城,开始了流亡西安的生活。

这一年,中国历史上第一次以"中国国会"为名的集会在上海张园召开,会议推选容闳为会长,严复为副会长。

这一年,亦官亦商的盛宣怀写信询问力主"变法"的郑观应:"变法以何者为先?"郑的回答是:"当务之急"是"顺民情,达民隐,设议院"。

这一年,逃亡西安的西太后在宣化府属的鸡鸣驿,以光绪皇帝名义发布"罪己诏",向天下臣民宣称:"不谓近日衅起团教不和,变生仓猝,竟致震惊九庙,慈舆播迁。自顾藐躬,负罪实甚……知人不明,皆朕一人之罪。"

……

距"罪己诏"发布整整四个月后,光绪二十六年十二月十日(1901年1月29日),西太后在西安发出了第一道"变法""革新"的上谕:

> 世有万古不易之常经,无一成不变之治法。……盖不易者三纲五常,昭然如日月之明世;而可变者令甲令乙,不妨如琴瑟之改弦。
>
> 法令不更,锢习不破,欲求振作,当议更张……①

上谕明白无误地要求军机大臣、大学士、六部九卿、出使各国大臣、各省督抚,各就现在情形,参酌中西政要,举凡朝章故制,吏治民生,学校科举,军政财政,当因当革,当省当并等重大事务,各举所知,各抒所见,在两个月之内,呈报朝廷。

面对时代"变局",与朝廷感觉所不同的是,经学大师俞樾认识

---

① 故宫博物馆明清档案部编:《义和团档案史料》下册,中华书局1959年版,第915页。

到了根本之"道"的命运：

> 海外之书，译行于中国者日以益增，推论微妙，创造新奇，诚若可愕可喜，而视孔子之书反觉平淡而无奇闻……故曰孔子之道将废也。①

① 俞樾：《三大忧论》，《春在堂全书·宾萌集》（第三册），凤凰出版社 2010 年版，第 854 页。

八　立宪在今朝

对于王朝权力运作系统而言，属于根本之"道"的变革，是 20 世纪初年朝野上下执着于政体嬗变的"立宪运动"。

"宪政"（Constitutional Politics），作为立宪政治的简称，指的是一种以宪法为中心的民主政治。源于古希腊文的"民主"（Democracy）一词，意为"人民的权力"。这个与中国文明两不相涉的西方文明的内容，在近代中国早期魏源的《海国图志》和徐继畬的《瀛环志略》中，仅仅是作为"夷俗"而为中国的士大夫们所惊叹。曾经官至巡抚的徐继畬，在对"域外"世界的一唱三叹中，透露了对来自另一种文明信息的向往：

> 华盛顿，异人也，起事勇于胜、广，割据雄于曹、刘，既已提三尺剑，开疆万里，乃不僭位号，不传子孙，而创为推举之法，几于天下为公，骎骎乎三代之遗意。其治国崇让善俗，不尚武功，亦迥与诸国异。余尝见其画像，气貌雄毅绝伦。呜呼，可不谓人杰矣哉！[1]

然而，赞叹尽可赞叹，却不会存有在华夏文明之根上嫁接"民主政治"的梦想。30 多年后，在出使英国任上多年耳濡目染西俗的郭嵩焘，也只敢在日记中对这种"政体"表达一下自己的感受：

> 西洋政教以民为主，故一切取顺民之意，即诸君主之国，大

---

[1]　徐继畬：《瀛环志略》卷下，（台湾）文海出版社 1975 年版，第 210 页。

政一出自议绅，民权常重于君。①

经历了半个多世纪欧风美雨的冲刷，在中国人的脑海中关于西方社会政治制度的认识，终于从"夷俗"进入了"政体"的深度。

虽然在字面意义上，中国传统文化中也有着关于"宪"与"法"的确切释义，如《国语·晋语》中的"赏善罚奸，国之宪法"和《汉书·萧望之传》中的"作宪垂法，为无穷之规"等，但这种等同于具体"法规"的"宪"与"法"同西洋人发明的属于超越任何执政者权力之上"国家根本大法"的"宪法"并不具有同样的精神。

我们总能在祖宗的账册中翻找到可以类比现代西方文化、政治和制度的文字——至于其真正的内涵则不必在意——对于这种根本不同于我们祖宗法度的"立国之道"，在西太后被迫推行的"变法""新政"中，不仅朝旨未曾提及，就是在来自百官群僚的回应中，也少有论及。从某种意义上说，在政治生活中，着意回避的恰恰是最本质的内容。

比朝廷"变法"谕旨中要求大臣们尽陈所知"以两月为限"晚了许多时日，直到五个月后，为王朝"变法"提供蓝本的"江楚会奏三折"，才不紧不慢地被精心制作出来。

署名头品顶戴两江总督臣刘坤一、头品顶戴湖广总督署湖北巡抚臣张之洞的三个奏折，为西太后内心本无底托的"新政"变法，提出了基本的理论依据、初步方案和实施步骤：

> 臣等闻之周易，乾道变化者，行健自强之大用也。又闻之孟子，过然而作，动心忍性，增益所不能者，生于忧患之枢机也。上年京畿之变，大局几危，其为我中国之忧患者，可谓巨矣。穷而不变，何以为国……窃谓中国不贫于财而贫于人才，不弱于兵而弱于志气；人才之贫，由于见闻不广，学业不实；志气之弱，

---

① 《郭嵩焘日记》，光绪四年四月十八日，湖南人民出版社1982年版，第506页。

由于苟安者无履危救亡之远谋……①

奏折接下来便对现存的"人才"制度和"取士之法",从汉、隋、唐、宋之制,一一论其短长优劣;然后引经据典,论证中国文化之祖孔子,就不曾拘于"先王"之法,而是"兼通文武,学于四裔,尤圣人躬行垂教之彰彰者"。况且,本朝之祖康熙,不也"测天造炮,皆用西人,内府地图,创用西法之经纬线,犹有三代遗意"。于是,作为一种对于朝廷"变法"诚意和变法底数的试探,在"人才"之困乏的论证后,一个自然的结论就是要"先就育才兴学之大端"筹拟四条,以供朝廷采择:

> 一是设文武学堂,二是酌改文科,三是停罢武科,四是奖励游学——光绪二十七年五月二十七日,第一折。

一周之后,刘坤一、张之洞又上了第二折。与前折主要为"变法"寻找理论依据和历史实证有所不同,此奏折侧重于"整顿中法",以除弊为目标:

> 盖立国之道,大要有三,一曰治,二曰富,三曰强。国既治,则贫弱者可以力求富强;不治,则富强者亦必转为贫弱。整顿中法者,所以为治之具也,采用西法者,所以富强之谋也。

在罗列了多至 12 条的革除内政弊病的条陈中,除了"崇节俭""破常格""停捐纳"一类王朝政制下常能听到的声音外,了无新意。

如何采用西法?这本是王朝上下关注"变法"的中心问题。对此,在第二折所陈述的"整顿中法"之后,刘、张明言"另折奏陈"。为何把"中心"问题放在最后一折提出?为何距第一折一个月后才提出第三折?依据现存的史料,很难就其复杂的心态情境作出恰当的描画。

---

① 张之洞、刘坤一撰:《江楚会奏变法三折》,光绪辛丑九月,(台湾)文海出版社 1977 年版,第 2、3 页。

面对刚刚扑灭"戊戌变法"的西太后的"新政"变法，久经宦海生涯的两位总督在联衔会奏时，当不免用些投石问路的心计，将三个奏折用了一个月的时间分别呈递，小心窥探上意。刘、张并称晚清两大名督，分别督统江楚历有 10 年之久，是王朝天下稳定的东南支柱。尤其那个出身于湘军系统，35 岁就荣任江西巡抚的刘坤一，虽只是个廪生功名，却在战场上和实践中磨炼成"忠实明决，能任大事"的品格：

> 戊戌政变后，西太后力图废除光绪皇帝，另立储君，而朝廷内外"一片缄默，喋不敢出声"。刘坤一得朝廷密电后，与张之洞相约合力谏争，始允而终有所悔的张之洞，在拜折后又命人快马追取奏折，削去自己的署名。

面对此关系个人身家性命的大事，刘坤一坦然不惧，说："香涛（张之洞）见小事勇，见大事怯，姑留其身，以俟后图。吾老朽，何惮。"遂一人挺身独奏，电复身任军机领袖的荣禄：

> 君臣之义至重，中外之口难防。坤一所以报国者在此，所以报公者亦在此。①

竟以公然抗论朝命赢得天下名声。

一向力言"变法"也以敢言著称的刘坤一，虽与张之洞联衔上奏，这一次的所忧所虑恐怕更多的是如何借此打动西太后，真正在全国上下推行"新政"，而非虚应故事，因而必要的心计和策略，就成为"江楚会奏三折"之外的内容了。

距第一折整整一个月，刘、张的第三折拟就了。在这片专论"采西法"的奏折中，两位总督也还一如其旧从历史中找依据，侃侃而言：

> 窃惟取诸人以为善，舜之圣也，多闻择其善而从之，多见而识之，孔子之圣也。是故舜称大知，孔集大成。

在搜寻出祖宗善学"外人"的榜样后，奏折才进一步引论：

---

① 胡思敬：《国闻备乘》，《近代稗海》第一辑，第 270 页。

方今环球各国，究其政体学术……成效跃彰，转相仿效……正可相我病症（这才是真正要说的话——引者注）……今蒙特颁明诏，鉴前事之失，破迂谬之谈，将采西法以补中法之不足。

正文完成后，两位总督还特别附上一笔，说明以上所拟各条与康有为推行过的"邪说谬论"的"变法"判然不同，这都是近30年来我们奉旨陆续举办过且有成效的内容。①

这个类似于行动纲领的文件，到达"天听"不久，即1901年9月，就被朝廷下诏批复，认为"刘坤一、张之洞会奏整顿中法，仿行西法各条，事多可行"，"命各省督抚一律通筹，切实举行"；并再次申明朝廷的决心是"志在必行"，"为宗庙计，为臣民计，舍此更无他策"。

然而，即使在"采西法"的第三折中，刘、张也只是举出了"广派游历""定矿律""定刑律"等11条具体的措施，对于"宪政""议院"方面的政体变革问题，也知趣地回避了。

尽管，着眼于具体之法的枝枝节节的改变无助于王朝政治的根本改革，但"江楚会奏"和清末"新政"却使"采西法"的思想变成了朝廷的合法行为和原则。已经启动的社会政治变革，不会简单地完全依照权力上层意志而运行。就在"裁汰闲散衙门"和设立商部、学部、巡警部和练兵处等"新政"机构的过程中，一些关乎政制的举措也开始列入"新政"日程：

——1904年，中国第一个现代学制开始实行。1月13日，由张百熙、荣庆、张之洞共同拟定的《奏定学堂章程》正式颁行天下。这个被时人命名为"癸卯学制"的新学体制，包括了"学务纲要"、各级各类"学堂章程"和"学堂管理通则"的十七八个文件，从根本上宣告了"旧学"体制的终结和"新学"体制的开端。

——1月21日，清廷第一部直接与创办近代公司有关的法

---

① 见《江楚会奏变法三折》，光绪辛丑九月，第三折。

律即《公司律》正式颁行，共 11 节，131 条。

——1905 年 9 月 2 日，清王朝正式诏准停止科举考试。由此，与王朝政治制度和人才选任制度、也与王朝所有士人命运相关的绵延一千三百多年的科举制度被宣告废弃。

——1906 年 7 月，由商部、巡警部和学部共同制定的共 6 章 41 条的《大清印刷物专律》出台，标志着中国历史上首次有了"出版法"。

——1908 年 1 月，中国历史上第一部"新闻法"，共 45 章（正文 42 章，附则 3 章）的《大清报律》正式颁布。

更为重要的是，来自社会上要求"政制变革"的涉及"立国之道"的呼声，开始突破王朝思想的禁忌，迅速演进成为一个时代性的浪潮。

这是一个漫长的思想与思潮、观念与行为的转化过程；这是一个民声诉求与时代之音相互共鸣共振的合拍过程。

在 1856 年时，很多有地位的上海人读到了一部海外"奇书"——由蒋剑人根据传教士慕维廉口述编译的《英志》。这部涉及英国议会制度的书为当时的大清国人提供了一个全新的政权组成模式：

> 一个名为"巴力门"（parliament，即议会）的机构，位于君民政权之上，并分为上下两院；君有举措诏上院，上院下行到下院；民有从违则告下院，下院上行于上院；所有律法均由上下两院议定，无论君民，均不能行一法外之事。

对中国人来说，思想中初遇的"巴力门"，就像是世外"桃花源"一般，当然是惊奇远胜于向往：

> 人主在上帝与法律下。在上帝下，固也；法谁出乎？必百姓与一人共之。[①]

当然，如此放胆的言论，只是在少数读书人的书室和大脑中进行

---

① 于醒民等：《从闭锁到开放》，学林出版社 1991 年版，第 248 页。

有限的回荡与振动，距离它对于整个社会的作用，还有相当漫长的一段路程。

又过了 15 年。从欧洲归来的王韬撰写了《法国志略》，对法国 1791 年"立一定宪法，布行国中"的政治体制作了详尽的描述。

又过了 20 多年，在 1893 年冬，招商局总办、候补道郑观应给上海格致书院学生出的课题是：

> 考泰西于近百十年间，各国皆设立上下议院，藉以通君民之情，其风几同于皇古。《书》有之曰："民惟邦本，本固邦宁"，又曰："众心成城"。设使堂廉高远则下情或不能上达，故说者谓中国亦宜设议院以达舆情，采清议，有若古者乡校之遗意。苟或行之，其果有利益钦？或有悉其间利害若何，能一一敷陈之钦？①

在大多数人尚不知议院何物、民主何事的时代，这一实际上名为"议院论"的题目，可以使我们对开风气之先的上海新式学堂中的学生们的思想与社会大众观念上的距离有所体认。以"议院制度是泰西富强之本""中国要富强就非设议院不可"为基本论点的三个青年学生许象枢、杨史彬、陈翼的答卷，分获前三名。

不久，郑观应出版《盛世危言》，首次要求清王朝"立宪法""开议院"。由此，关于"宪法"和"议院"的议论和思想，才从"春江水暖鸭先知"的思想家和思想家摇篮的学堂中向外扩散，逐步成为国人熟知的流行语。

流转于思想家们笔尖下和口头上的"新思想"，进入 20 世纪初后就开始冲入社会，成为一般人士和民间市井常常谈及的时髦内容。上海《新世界学报》对这一社会现象的评论是：

> 当世君子，朝持一议曰立宪，夕持一议曰立宪。

活跃于报刊上的言论已经先于权力系统，公然为政体改革不间断

---

① 《格致书院课艺》卷下，上海书局 1897 年石印本。

地推波助澜。1903年5月，《大公报》一篇题为《论中国之立宪要义》的文章，针对王朝政制动向放胆预言：

> 今日中国政府又将出现一新问题，其机已动，其端已见，其潮流已隐隐然涌出者，顾为何哉？盖立宪问题是也。

"君主立宪"思想在1903年前后勃然成潮，蔚为大观。同时，最早出现于同年9月《浙江潮》杂志上的"立宪派"一词，很快成为世纪之初中国社会政治流派的一个特定称谓。①

源自社会舆论的同声共振，虽然可以营造出必要的社会环境，但政体改革的启动最终还必须依赖于权力体系本身的行为。

其实，就人的认识过程和对于新知识接受的过程而言，以权力谋生的人与以思想存世的人，相差不会太大。所不同的是，专制条件下的权力者们有更多的责任和义务与来自最高层的声音保持一致，而在野的士人和思想家们却少了一份如此的心思，而责在"求真"。

据现有的史料可知，早在1884年清王朝的官僚队伍中就有人试探性地提出了"议院"问题。时任詹事府左中允的崔国因，在6月5日上奏光绪皇帝的《设议院讲洋务二条请实力实行片》中，就明确提出：

> 议院设而人才辈出，增兵增饷之制可以次第举也；
> 设议院者，所以因势利导，而为自强之关键也。②

崔的上书在朝廷没有引起任何反响，哪怕是相反的驳斥之声。20年后，当"议院""宪政"成为社会舆论中出现频率最高的词汇时，清朝出使法、日大臣孙宝琦才又正式呈请当局实行"立宪"。

据说，此前孙宝琦之弟孙宝暄曾经"草立宪之议"，要他代奏，但孙宝琦顾虑重重，"疑而不敢上"。③到任法国一年后，眼界豁然开

---

① 《四政客论》，《浙江潮》1903年第7期。
② 崔国因：《合实子存稿》，转引自钟叔河：《走向世界》，中华书局1985年版，第23页。
③ 孙宝瑄：《忘山庐日记》下，上海人民出版社1989年版，第1280页。

朗的孙使臣，见识大变，认为西方列强所以日兴月盛的原因，关键在于"宪法之立"；"中国变法，首宜于此提纲挈领，而后有庖丁解牛之效"①。但是直到 1904 年 2 月条陈时，孙还不敢放言"立宪"，只是闪烁其词地提出要朝廷颁示超出"江楚会奏"的"要政"。即使如此，朝廷也认为其言论过激，不予采纳。

据说，恰恰是朝廷的这一态度反而促成孙宝琦痛下决心。就在第一次条陈两个月后，孙向主持"新政"的政务处单衔上奏，彻底表明了自己的态度：

　　——朝廷变法多年，未著成效，主要因为未立纲中之纲，而壅蔽之弊未除。

　　——如果力求除壅蔽，则各国之立宪政体洵可效法。

　　——如何效法，当依中国国情，定政务院为上院，都察院为下院；各省、府、县设公议堂，议定国家和地方事务。②

没有多少资料表明，孙宝琦的奏折在朝廷的"政改"进程中起了多大作用，但确有史实说明，孙公然奏请"立宪"的言论在社会上引起了不小的欣喜。8 月 7 日的《时报》很快就此作出了反应：

　　数月以来，吾国有大喜过望，易亡为存之一大纪念，出现于黑幕时代，则吾人宜如何鼓舞而欢迎之也。现此一大纪念惟何？曰驻法公使孙宝琦氏上五大臣书请立宪法是也。③

无论如何，汹涌于社会层面的"宪政"浪潮与波动于权力层面的"立宪"呼声，终于将清王朝推向了不得不直面"立宪"政治改革的境遇。当然，要在朝廷权力体系的上上下下、方方面面形成同一种意向的"立宪"改制力量，并且能够最终作用于权力体系本身，还需要客观的历史机遇。

伴随着 1905 年的到来，历史的机遇也悄然而至。

----

① 《孙宝琦致端方函》，《端方档》，第 704 号，函 28。

② 见《出使法国大臣孙上政务处书》，《东方杂志》第 1 年第 7 期。

③ 《朝廷欲图存必先定国是》，《时报》1904 年 8 月 7 日。

一方面，清王朝大张旗鼓地"变法""新政"，历时数年耗费无算而无成效；积弱如故的现状，迫使朝廷上下重新思索救亡图存的对策。光绪三十一年（1905）的一道上谕，毫无遮掩地流露出朝廷最高层的焦虑不安：

> 方今时局艰难，百端待理，朝廷屡下明诏，力图变法，锐意振兴。数年以来，规模虽具而实效未彰，总由承办人员向无讲求，未能洞达原委。似此因循敷衍，何由起衰弱而救颠危？[1]

另一方面，为争夺在华利益而在中国领土上爆发的日俄战争，以东亚小国日本战胜强大的帝俄而结束。当时，日本实施"宪政"不久，竟以区区四岛之国，决胜于列强之中，使朝野上下对"立宪"政治的力量生出无尽的迷恋之情。那个流亡海外却又始终关注中国政治变动的梁启超，在日俄战争的硝烟尚未飘散之际，就得出了一个"立宪"战胜"帝制"的结论：

> ……自此次战役为专制国与自由国优劣之试验场，其刺激于顽固之眼帘者，未始不有力也。顾犹未也，若此次之要求能成，见夫赫赫积威之政府，遂不能不屈于其民，则夫老朽且死之长官，虽或若无睹焉，若乃次焉，稍有人气者，其必瞳然反视而有所鉴也。[2]

"专制不如立宪之说，遂腾布万国"的社会公论，从日俄战争的结局中获得了事实的例证。于是，"立宪"政治改制的动议，就突破了一般社会舆论的局限，从朝廷的重臣大员中获得了权力系统的支持。湖广总督张之洞、直隶总督袁世凯、两江总督周馥、两广总督岑春煊纷纷奏请朝廷，要求实行"立宪政治"。同时，部分满洲贵族也以"日以立宪胜，俄以专制败"为辞，上书请求"立宪"。

1905年7月16日，清廷简派五大臣出洋考察西方立宪政体的上

---

① 见萧一山：《清代通史》第四卷下，中华书局1986年版，第2375页。
② 见萧一山：《清代通史》第四卷下，第2393页。

谕，成为把曾经讳莫如深的"宪政"问题搬上专制权力最高决策层的历史界标。上谕特命载泽、徐世昌、端方、戴鸿慈、绍英等分赴东西各国，考求一切政治，以期择善而从。按计划，兵分两路的"政治考察"，由一个庞大的代表团组成，除带队的五大臣之外，随员的构成也十分重要。依照朝廷上谕的要求，随员必须"择其心地纯正见识开通者，方足以任其事"①。

与早年视出洋为耻的风气大不相同，20世纪之初的出国观光和考察，已经成为一种身份和特权的象征。因而，冠冕堂皇的"条件"之外，随员的选派便在多种利益的权衡下，显得更为复杂了一些。经过一个多月多方力量的商酌和筛选，才最后形成一个近40人的名单。名单的分布情况为：京职人员18人，其中内阁中书1人，翰林编修5人，商部员外郎、主事6人，户部郎中、主事3人，兵部员外郎、主事各1人，刑部郎中1人；地方官及海陆军人员20人，道府职衔13人，知县、县丞4人，参将、统带3人。这份既有中央各部官员也有地方官员，既有正途科举出身也有权贵势要子弟（如分省补用道袁克定），既有文职也有军职的名单，几乎代表了清王朝权力体系的各个层面。

在匆忙中一切准备就绪后，登车启行的时间就已经到来。想不到的是，为五大臣出洋考察送行的"礼炮"却是革命党人的炸弹。出洋考察的五大臣刚在前门登车，革命党人吴樾就触发了怀中的炸弹。弹片爆飞、血汁喷溅的轰响过后，五大臣中的载泽和绍英均受微伤。在以炸弹宣泄义愤的时代，清王朝的"立宪"本身也构成了革命攻击的目标。

但炸弹却没有动摇王朝对于"宪政"尝试的信心。"北京炸弹第一声"的结果仅仅是以尚其亨、李盛铎代替了五大臣中的徐世昌和绍英，却没能阻止清王朝考察"宪政"的举措。

---

①　《考察政治调员差委折》，《端忠敏公奏稿》卷六。

炸弹是真正的炸弹。立宪是否是真正的立宪？

五大臣中没有一个人对于"宪政"略通一二。他们除了中国官场上的一套人生经验外，对西洋人的"三权分立"和"宪法""律法"等一整套近代政治体系，根本不明其所以。但是，考察过后的直接成果就是要向朝廷递上一份或几份"像样"的"宪政"报告。为五大臣去掉这一重负的是随员熊希龄，他的建议是：五大臣尽可轻松地专事于外洋考察，而另找精通宪法政治的人做"枪手"完成报告。当然，清朝中央不会想到，他专程跑到日本东京，将这一关系王朝命运的重要文件，托付给了因朝廷通缉而流亡海外的梁启超和杨度。

在日本东京，熊希龄坦率地向杨度说：

> 五大臣做你的躯壳，你替他们装进一道灵魂，这是两得其所的事情。当他们在轮船上看海鸥，在外国看跑马和赛狗的时候，就是你们摇笔行文的时候。你的卷子必须在他们回国的时候交到。①

于是，由杨度动笔的《中国宪政大纲应吸收东西各国之所长》《实施宪政程序》和由梁启超动笔的《东西各国宪政之比较》的考察报告，就先五大臣考察之期而行了。

光绪三十一年十月二十七日（1905年11月23日），五大臣庄严地向西太后和皇帝请训陛辞，又蒙"剀切指示"后，就开始分别向大洋彼岸启程了。

追随着端方、戴鸿慈一路考察团，我们看到的行程是：1905年12月19日由上海经日本，先后到达了美、德、丹、奥、俄、荷、瑞典、瑞士、比、意等国家。除了属于过境国的日本、瑞士以外，代表团主要的举动就是向考察国元首呈递国书；此外除了赏心阅目的观光

---

① 见陶菊隐：《北洋军阀时期统治史话》上，生活·读书·新知三联书店1983年版，第50页。

旅游外，对于政治体制和"宪政"问题似乎着意不多。

在华盛顿的白宫与美国总统罗斯福会晤时，这位西方大国总统，似乎更加关注大清王朝的"法制"问题。罗斯福问：

> 闻贵国有改订法律之议，已实行起草否？

作为大清朝法部尚书也作为宪政考察大臣的戴鸿慈的回答却很爽朗：

> 此事为侍郎沈家本专责，从事编纂久矣。予自始未过问矣。[1]

为王朝存体面也为顾及戴大人颜面的翻译（清廷驻美公使兼任），只能借助中西语言的隔膜，轻轻把"未过问"三字放过不译。

面对面的尴尬过后，照例是大大方方地访问，排排场场地考察；而有关西方国家的政治体制、法制建设和近代国家管理思想一类实实在在的东西，却随着行程的延伸也一块儿丢置脑后。

直到光绪三十二年四月三十日（1906年7月21日），结束半年多时间欧美之行的考察团返抵上海时，也还没有真正弄清"宪政"之所以为宪政的缘由。作为领队大臣的端方，除了在德国考察时对"尚武精神"的极度推崇外，仍不识"宪政"之本：

> 查德国以咸定霸不及百年，而陆军强名几振欧海。撰其立国之意，专注重于练兵，故国民皆有尚武精神，即无不以服从为主义。至于用人行政，则多以兵法部勒……是以日本维新以来，事事取资于德，行之三十年遂臻致勃兴。中国近多欲美日本之强，而不知溯始穷原，正当以德为借镜。[2]

由载泽带队的另一路考察团的路线是：由上海到日本后，再到美、英、法、比等国。从光绪三十一年十二月二十日（1906年1月14日）离开上海始，到光绪三十二年五月二十一日（1906年7月12

---

[1]　陈灉一：《睇向斋秘录》，《近代稗海》第十三辑，第534页。
[2]　《到德考察情形折》，《端忠敏公奏稿》卷六。

日）返回上海止，他们花费了大半年的时间。

除极尽欢乐的游历之外，载泽在日本对宪政问题似乎也还作了一些了解。到达出访的第一站——日本后，日方表现出了意料之外的热情，立即指派专门的法学博士为载泽一行讲授宪法和日本政治。受命于日本内阁的穗积八束博士，将一张君主统治简明表挂好后，言简意赅地为大清朝的政治考察团成员们上了一次政治课。

讲授的大意十分明确，不外乎是日本国体数千年来为君主政体，与中国相同，人民爱戴甚深，从宪法第一条可知；明治维新采用立宪制度，却于君主权力无所损，故君主为统治权之总纲，皇位为主权之本权，此数千年相承之治体，不因立宪而转移。凡统治一国之权，皆隶属于皇位，此日本宪法之本原也。

随后，载泽等人又与曾出任过日本内阁总理大臣和枢密院议长的伊藤博文进行了更多的接触。必要的礼仪之后，日本著名的政治家伊藤博文把他自己所著《皇室典范义解》《宪法义解》一类政法书籍赠送给载泽，并与这位"天朝"王公就立宪问题进行了直截了当的对话：

载问："敝国考察政治，锐意图强，当以何者为纲领？"

伊答："贵国欲变法自强，必以立宪为先务。"

载问："立宪当以效法何国为适宜？"

伊答："各国宪政有二种，有君主立宪国，有民主立宪国。贵国数千年来为君主之国，主权在君而不在民，实与日本相同，似宜参用日本政体。"

载问："立宪后于君主国政体有无窒碍？"

伊答："并无窒碍。贵国为君主国，主权必集君主，不可旁落于臣民。日本宪法第三、四条，天皇神圣不可侵犯，天皇为国家元首，总揽治权云云，即此意也。"

对于日本宪法中的君主大权十七条，伊藤专门为载泽作了更为详尽的讲解，伊说："贵国如行立宪制度，大权必归君主，故于此详言之。"

载又问："君主立宪国所予民言论自由诸权与民主国有何区别?"

伊藤博文的回答是："此自由乃法律所定，出自政府之界与非人民所可随意自由也。"①

两路考察团分别于1906年的7月12日和21日回到了上海。但是，由杨度和梁启超捉刀代笔的宪政报告却还未拿到。于是，一个"以考察东南民气，并征求名流意见"的理由，就使五大臣在上海获得了更多时日的逗留。直到赴东京取稿的专员返回，考察政治大臣才打道回京，向翘首企盼的朝廷复命。

回京不久，宪政考察大臣立即被西太后和光绪皇帝召见。在递上枪手们杰作的同时，出国开了眼界的大臣们也分别为朝廷献上自己的政治见解。

端方递上的奏折是《请定国是以安大计》。长达近万言的端方奏折，从中国与东西洋通商的历史谈起，认为中国无一不处于失败之地。虽然数十年来朝廷一直在讲求洋务，却始终不见功效，其根本在于"内政修与不修，总揽之处在于政体"。此外，在实行宪政的具体步骤上，端方提出了最紧要者有六事：

> 一是举国臣民立于同等法律之下;二是国事采决于公论;三是集中外之所长;四是明宫府之体制;五是定中央与地方权限;六是公布国用及诸政务。

跪在西太后面前的载泽，在对答时也十分恳切地说了一番心里话：

> 立宪利于民，也利于国，却不利于官。故立宪之最大阻力，恐出自于势要权贵。

随后，在正式的奏稿中，载泽的《奏请宣布立宪密折》为西太后举出了"三大利"：

---

① 载泽：《考察政治日记》，第8—10页。

一曰皇位永固。从现在的时势而言，立宪之利最根本的一条就是保证君主神圣不可侵犯。君主对于行政不负责任，向由大臣代负之，即偶有行政失宜，或议会与之反对，或经议院弹劾，最多不过政府各大臣辞职，另立一新政府而已。故相位旦夕可迁，君位万世不改。

二曰外患渐轻。当今外国常常侮我，虽由我国势弱，但我专制政体之殊，也使列强目为半开化而不以同等之国相待。一旦改行宪政，则鄙我者转而敬我，将变其侵略之政策，为和平之邦交。

三曰内乱可弭。海滨洋界，会党纵横，尤其革命之说甚炽，顾其所以煽惑人心者，则曰政体专务压制……今改行宪政，则世界所称公平之正理，文明之极轨，彼虽欲造言，而无词可借；欲倡乱，而人不肯从，无事缉捕搜拿，自然冰消瓦解……①

是否载泽的"三大利"说动了西太后，并不能确切予以证实。但载泽密折中提出的口惠而实不至的"立宪"方案，却使玩惯了权术的西太后更感兴趣。她提出：

今日宣布立宪，不过明示宗旨为立宪之预备，至于实行之期，原可宽立年限。日本于明治十四年宣布宪政，二十二年始开国会，已然之效，可仿而行也。

高悬一个遥遥无期的目标，将天下臣民的心愿和注意力都集中于此，未始不是稳定政权和巩固皇帝统治的"治术"。再三运筹之下，西太后把板拍在了立宪的"预备"二字要诀之上。

1906年8月27日至28日，一个关于王朝政体的重要会议召开了。

包括醇亲王载沣在内，所有的军机大臣、政务处大臣、大学士及直隶总督袁世凯等朝廷重臣都出席了会议。出人意料的是，在这样一

---

① 《镇国公载泽奏请宣布立宪密折》，《东方杂志》第4年临时增刊，《宪政初纲》，《奏议》，第5页。

次带有决定国策性质的重要会议上，竟听不到公开反对立宪的意见。除奕劻、袁世凯力主从速办理立宪外，大学士兼政务处大臣孙家鼐和军机大臣兼政务处大臣荣庆，也仅仅提出"缓办立宪"的意见。载沣和瞿鸿禨很少提出自己的什么主张，大多是借引而发，在孙、荣"缓办"的说法上，略表倾向而已。会议最终结果是决定了四大方针：

一、10 年或 10 年以后始施行立宪政治；

二、大体效法日本；

三、废除现行督抚权限，使之仅如日本县知事相当，财政军事悉收归中央政府；

四、中央组织略与日本现制相等。同时，会议也议定诏告天下准备仿行"立宪政治"。

1906 年 9 月 1 日（光绪三十二年七月十三日），"预备立宪"的上谕正式发布：

> 现在各国交通，政治法度，皆有彼此相因之势，而我国政令，积久相仍，日处阽危……时处今日，惟有及时详晰甄核，仿行宪政，大权统于朝廷，庶政公诸舆论，以立国家万年有道之基。但目前规制未备，民智未开，若操切从事，徒饰空文，何以对国民而昭大信？亟应先将官制分别议定，次第更张，并将各项法律，详慎厘订，而又广兴教育，清理财政，整顿武备，普设巡警，使绅民明晰国政，以预备立宪基础，一俟数年后规模粗具……妥议立宪期限，再行宣布天下，视进步之迟速，定期限之远近。①

距考察宪政大臣回国才一个月，"仿行宪政"的上谕就颁行于世了，这在清王朝行政实践的历史中，其速度之快确是惊人。

这道由西太后的近臣瞿鸿禨亲自起草的"预备立宪"上谕，深得西太后心意的是那句不久就传诵天下的要诀："大权统于朝廷，庶政

---

① 《宪政初纲》，《诏令》，第 1—2 页。

公诸舆论，以立国家万年有道之基。"

年届七旬的西太后，已值晚景无多却又风雨如晦之际，更多的心思在盘算当前政权的安稳，真正"立宪政治"的改弦易辙，则留给十年以后的未来了。

然而，被激发起来的民众却对于立宪寄予了过于厚重的期望。

来自朝廷的声音鼓舞着向往"立宪政治"的各种社会分子。他们很快就名正言顺地组合成各种社团，以社会组织的力量，体现出自己的追求：

1906年9月，上海宪政研究会成立；

1906年12月，预备立宪公会成立；同月，宪政公会成立。

随后，帝国宪政会、宪政预备会、自治学社一类政治社团，便成为晚清社会结构变动中活跃的社会力量。

宪政成为政府行为的同时，也就变成了一种"合法"的社会行为。

返京的五大臣途经天津时，就有八万余名学生激动得群情振奋，并以上书的形式表达出他们的政治心愿："奏颁宪法，更改官制，重定法律。"[1] 就在朝廷发布"预备立宪"诏令不久，来自全国各地的庆贺新闻，开始源源不断地传播在各种媒体上：

——9月5日，商务印书馆、公慎书局、江西学堂等报刊书社，高悬黄龙"国旗"以示"立宪"之贺。

——9月9日，上海城厢内外总工程局、总商会、华商体操会、洋货商会馆等数家机构、团体，举行集会、游行。

——9月16日，《时报》《国文沪报》《申报》等新闻机构联合举行庆贺。

——同日，南京、扬州、镇江、松江商会、分会和学堂举行盛大的庆祝活动。由扬州商学界创作的《欢迎立宪歌》问世，歌词为：

> 光绪三十二年秋，欢声动地球。

---

[1] 《中华报》1906年8月20日；《华字汇报》1906年8月15日。

运会来，机缘熟，文明灌输真神速。

天语煌煌，奠我家邦，强哉我种黄。

和平改革都无苦，立宪在君主。

……

四千年旧历史开幕。

……

一人坐定大风潮，立宪及今朝。

……

古维扬，新学界，侧闻立宪同罗拜。

听我此歌，毋再磋跎，前途幸福多。①

---

① 《华字汇报》1906 年 9 月 20 日。

九　放言资政院

对于权力结构中的成员而言，萦绕于怀的不是宪政的具体内容或宪政实施的时间过程，而是本身在宪政权力架构中的地位如何。面对政体更易的大趋势，很少有人能够超越自身前程，而单纯去为"体制"谋划未来。权力人生的进退予取，总是与权力体系架构的变动休戚相关。

朝廷确定了"预备立宪"的基本方针，而具体的操作规划就在相关的亲王重臣中间，有滋有味地拉开了进进退退的阵势。"预备立宪"诏示天下的次日，关于改革官制的上谕就由内阁颁布下发：

> 谕内阁：昨已有旨宣示，急为立宪预备，饬令先行厘定官制，事关重要，必当酌古准今，上稽本朝法度之精，旁参列邦规制之善，折衷至当，纤悉无遗，庶几推行尽利……①

在西太后的授意下，由奕劻、孙家鼐、瞿鸿禨组成了总司核定的官制改革领导小组；同时，具体负责此项事务的办事机构——编制馆，也在恭王府的朗润园正式成立。

9月4日，几乎包括朝廷所有亲贵重臣的第一次会议在朗润园举行，揭开了关于朝廷官制改革大讨论的序幕。一时间，官制改革就成了牵动王朝所有衙门和官员利益的最热门话题。

体制或官制的变动，重要的并不在衙门的增减和并合，而在于力量的重新组合和利益的再分配。因而，官制方案的取舍，便成为朝廷

---

① 《大清德宗景皇帝实录》卷八，《清实录》第59册，中华书局1987年版，第439页。

重臣们明面上和暗地里角力和斗智成败的一个标志。

来自朝廷最高权力层的记录表明，在清末社会政治体制不得不变的时代，恰恰是社会舆论抨击最集中的奕劻、袁世凯事实上扮演了"宪政"改革最积极的"推动者"的角色。还在 8 月底决定"立宪"基本国策的朝廷会议上，两种力量形成的两种声音就已从朝廷传向了社会。奕劻踌躇满志地表示：

> ……立宪一事，固有利而无弊也……今举国趋向所在，足见现在应手措施之策，即莫要于此。若必舍此他图，即拂民意，是舍安而趋危，避福而就祸也。①

这位在朝廷公开办理权钱交易"庆记公司"的首席军机大臣，却在力主立宪政体从速宣布。

接着庆亲王发言的是袁世凯。他对于朝廷关于立宪的"预备"二字颇有不满，俨然成为政治体制改革的激进者。他说：

> 天下事势，何常之有？各国之立宪，因民之有知识而使民有权，我国则使民有权之故而知有当尽之义务，其事之顺逆不同，则预备之法亦不同。

因此，他针对"预备"的提法强调说，如果把一切准备好后再行立宪，恐怕就"日不暇给矣"。②

与奕劻和袁世凯的主张不同，大学士兼政务处大臣孙家鼐认为，立宪政体"在国力强盛时行之，尚不免有骚动之忧；今日势稍衰，以予视之，变之太大太骤，实恐有骚然不靖之象"。③

紧随其后的是军机大臣兼政务处大臣荣庆，他从王朝政治现状入手，认为当前已是纲纪松弛，官吏多不奉法；要立宪就必须首先"立居中驭外之规，定上下相维之制"，否则将会出现"徒洵立宪之美名，势必至执政者无权，而神奸巨蠹，得以栖息其间，日引月胀，为祸

---

① 《中国立宪之起源》，《东方杂志》1906 年增刊，"立宪纪闻"，第 3 页。
② 《立宪纪闻》，《辛亥革命》四，第 17 页。
③ 《立宪纪闻》，《辛亥革命》四，第 17 页。

非小"。①

对于立宪政治的"速办""缓办"之争，亲临会议的醇亲王载沣和军机重臣瞿鸿禨却始终不表露自己的意见，大多是借引而发；紧扣荣庆提出的"神奸巨蠢"趁机窃权之说，表明自己的意向在于"缓办"一边。

作为会议主持者的载沣作了总结性表态，发言的意向很可能代表了西太后的态度，同时也预示了朝内对抗庆、袁势力的重组和形成的态势。他的发言，与后来朝廷发布上谕的精神几乎完全吻合：

> 立宪之事，既如是繁重，而程度之能及与否，又在难必之数，则不能不多留时日，为预备之地矣。②

决定王朝基本国策的"立宪"问题，却与个人的利害并不直接关联，因而意见的不同不曾表现为直接的对立冲突。然而，在官制改革的朗润园会议上，当利益的纷争与个人官位进退密切相关时，会议的气氛便骤然紧张了。

由庆亲王奕劻直接负责的官制会议，在庆、袁策划下，形成一个基本趋向，即撇开在立宪政治体制中起根本作用的"议院"制不议，而主要对行政、司法两大系统作形式上和架构上的调整；废除王朝现行的军机处，使内阁权力系统先于议院而成立。

在多数保守沉默的编纂大臣中，活跃的袁世凯独有主张，坚持以责任内阁取代军机处，设立总理大臣，"则君主端拱于上，可不劳而治"。在奕劻来说可借此获得内阁总理这一权力远高于军机大臣的职位，同时也可以"立宪"政改相标榜，为自己恶名远扬的官场声誉挽回些面子。

就袁世凯而言，则有更为长远的思谋：内阁成立后不仅可借奕劻势力为所欲为，而且异日奕劻去位，"似乎也留下了自己的地步"（即

---

① 《立宪纪闻》，《辛亥革命》四，第15—16页。

② 《立宪纪闻》，《辛亥革命》四，第17页。

使西太后之后，光绪出头之日，在内阁制度下，皇权要受制于行政和议院，对于他这位出卖皇帝的大臣，皇帝也不能轻易论处）；而且，在博得"立宪"美名的同时，还可借此将军机处中的对手瞿鸿禨等人挤出权力中心。一石三鸟之谋，务使庆、袁一派志在必得，力排众议而主张责任内阁。

官制改革会议上，各种力量和主张都聚焦在责任内阁制度与军机处的存废问题上。以醇亲王载沣为首的亲贵集团，公开与庆、袁相争，"大起反对，不辨是非，出口谩骂"。^① 载沣心有所恨，针对袁世凯废军机立内阁的主张，直言攻讦说："也只有你袁慰亭才能说出这样目无君主的话。"

情急之下的袁大人，出口相讥道："这是世界上所有立宪国制度的通例，非本人之意。"

载沣与袁世凯明朗化的较量，使朗润园会议充满了剑拔弩张的紧张气氛。在朝廷亲贵们"侧目而视"的压力下，袁世凯也意识到他处境的不利，不等官制拟定完结便匆匆返回天津，采取与庆亲王暗通声气的办法，遥控政局的走向。

主持官制编纂事务的奕劻，并不过多理会亲贵和其他大臣们的反对意见，坚持在"内阁"制度原则下，根据国情、官情来确定中央官制。经过一个多月的精心设计，到11月2日，庆亲王向朝廷正式递上了他的改革方案。这样一个以内阁为名的不中不西的混合体，在体现王朝特色的同时，也照应到了王朝权力集团利益的各个方面。它的基本内容是：

——设立内阁。内阁设总理大臣一人，左右副大臣二人。各部设尚书一人，左右侍郎各一人。各部尚书均为内阁政务大臣，参与知事。各部下设承政、参议二厅及诸司分管本部业务。

——拟设各部为：外务部、民政部、度支部、陆军部、海军

---

① 《北洋军阀史料选辑》上，第49页。

部、法部、学部、农工商部、邮传部、理藩部、吏部、礼部。

——改政务处为资政院，改大理寺为大理院；保留都察院，另设审计院、行政裁判院及军咨府。

为了在西太后那里获得通过，庆亲王还在上呈的"阁部官制节略清单"材料中，附上了一份特别说明。匠心独具的"说明"，更有助于我们了解庆亲王对于"官制"改革的那份用心：

根据立宪国官制通例，中央政府即以各部行政长官会合而成。所以，分之则为各部，合之则为内阁；出则为各部长官，而入则为内阁政务大臣，此现拟内阁官制之由来也。

内阁既总集群卿协商要政，而万几所出一秉圣裁，不可无承宣之人为之枢纽，故设总理大臣一人以资表率。如果担心内阁总理大臣权力太大，则有集贤院以备咨询，有资政院以持公论，有都察院以任弹劾，有审计院以查滥费，有行政裁判院以待控诉。凡此五院，直隶朝廷，不为内阁所节制，而转足以监内阁，皆所以巩固大权，预防流弊。①

"总理大臣"本属西方政体中的名堂，庆亲王也还要生拉硬扯地与中国传统文化接上姻缘，说这是我朝雍正、乾隆盛世时间尝有之的东西，因而，这不仅是"采邻国之良规"，而且还是"复圣明之旧制，称名至顺，取则非遥"的祖宗的发明。②

庆王与袁大人在"立宪"改制上超常的动作和言行，获得了仅观其表的一些热心宪政改革者们的赞赏。但是，朝内反对派中却有洞若观火的深思熟虑者。在9月3日朗润园会议上袁极力运动"内阁制"以取代军机制时，御史赵炳麟就预感袁世凯的主要目的并不在于"宪政"本身，而在于为自己的性命之虞预留地步。

当是时，直隶总督袁世凯自戊戌政变与皇上有隙，虑太后一

---

① 《阁部官制节略清单》，《清末筹备立宪档案资料》上，第468—469页。

② 《阁部官制节略清单》，《清末筹备立宪档案资料》上，第468—469页。

旦升遐，必祸坐不测，欲以立宪为名，先设内阁，将君主大权潜移内阁……君同赘疣，不图免祸，且可暗移神器。①

等到庆、袁拟定的"内阁官制"方案明朗后，赵炳麟立即看到这个意在代君主负责，却不对君主和任何机关负责的内阁，事实上是不受任何监督的独裁政府。因而，对于庆、袁"故袭其名"实"暗移君权于此"的图谋，赵御史连连拟折上奏朝廷，提出诸多疑问和必要的补救办法：

——立宪之始，必须慎重，要防止"大臣陵君，郡县专横之弊"。而且议院尚未成立，则无以为行政之监督，举凡一切大权皆授诸二三大臣之手。其结果会造成"内而各部，外而各省，皆二三大臣之党羽布置要区"。如此政局，行之既久，内外皆知二三大臣，而不知有天子。

——实行君主立宪，本意在于尊君，如此官制改革却使君权陵替；立宪本欲保民，而如此内阁之制却专在虐民；其结果是以"大臣专制"而代"君主专制"。

——现在既然决意先设内阁，那么相应的监督机关就必须设立。议院成立之前，资政院宜负有议院之性质，凡资政院通过的决定，"政府不得拒绝"；如政府违法失政，资政院得有权弹劾；因而，资政院必须先内阁而成立。

——审计院及行政院应同时成立，分别监督政府行政和财政是否违背宪法，"以制行政之专横"。

——政权、兵权不可混合。必须明确限制，内阁总理大臣和副大臣"不得兼海陆军与参谋本部之任"。内阁大臣限定任期，皆以三年为一任，"良者再任也不得连三任"。②

政体变革时代，面对权力利益重新分割和权力集团重新组合的复

---

① 赵炳麟：《谏院奏事录》卷一，（宣统三年）1911年石印本，第18页。

② 参见《清末筹备立宪档案史料》，第123、125、511、513页。

杂局势，仅从言论和表面的行为，根本无法确定人们真正的政治立场和意图所在。正像极力推进宪政和内阁体制的庆、袁不一定是真正的改革者一样，我们同样很难从对"内阁""宪政"的言论中，就认定载沣、赵炳麟是政体"改革"的反对者。

实际上，载沣对于筹备立宪一直采取着积极态度，甚至在后来的"居丧"期间，也经常召见军机大臣和会议政务处大臣筹商预备立宪之策，并特别强调，凡是经朝廷交议的有关立宪的事件，要首先研究，议复不得超过五天。在西太后故去后的1909年5月，陕甘总督升允对立宪有所非议，载沣竟将其革职开缺。就是公开指斥庆、袁"内阁"官制的赵炳麟，其实也是官僚中奏请立宪较早的一员。在1902年8月间，关于立宪问题"是时天下犹骇其事"，赵却撰写了《防乱论》进呈御览，公然提出"参用西法"，实行君主立宪。[①] 只是，阴错阳差之中，当奕劻与袁世凯的利益与"宪政""内阁"关联起来时，权力阵营与政治主张的分野，便在交错中形成无比复杂的形势。

原本立宪政治的积极倡导者，却在朝廷将它付诸实施的过程中，成了具体政体改革方案强有力的反对者。判然分明的"改革"与"顽固"的主观标准，无法适应鲜活的历史实际。

在公然反对庆亲王官制改革方案的赵御史的背后，是一个复杂而庞大的集团。在这里会集着的既有一大批反对庆、袁势力和因官制改革而失去地位才临时凑集在一起的官员，也有忠实于君主专制政体的立宪政治的真正反对者。地位和身份的不同虽然使他们的行为方式有所区别，但多种力量的作用却形成一个共同的着力点：即根本否定庆亲王的改制方案。

与赵御史不同，总司核定官制大臣之一的大学士孙家鼐，在会议的公开讨论中并不与奕劻发生表面的冲突，却在庆亲王上报改革官制的当天，采取单独上奏西太后的方式，表达了自己的意见。

---

① 赵炳麟：《文存》卷一，民国铅印本，第36—39页。

孙大学士的奏折并不是直接理论庆亲王"官制方案"的长长短短，而采取迂回含蓄之策，提出改革官制应当从州县做起，不必先牵动京官。当时还圣眷颇隆的军机重臣瞿鸿禨，在与西太后的独对时，似乎也是很随意地提示道：在新的内阁制下，用人大权为内阁总理所有，圣上只是位隆而无实权。

不知是赵御史"敷陈透彻"、言辞锋利的奏折打动了西太后，还是孙、瞿二位经验丰富的老臣的巧妙奏对提醒了西太后，总之，思虑再三后，西太后最终否定了奕劻精心准备的官制改革方案。

仅仅过了 4 天，即 11 月 6 日，经西太后钦定的官制改革方案正式公布于世。这场曾经震动朝廷各个官衙和众多官员的官制改革，这场被庆亲王和袁世凯精心设计的官制改革，在各方力量明里暗里的牵扯中，形成了一个折中方案：

> 保留原军机处；对各部尚书当然成为政务大臣的规定，稍作让步。同时，增设资政院为博采群言的机构，增设审计院为核定经费的机构；至于原方案拟定裁撤的宗人府、翰林院等，均予保留。

权力利益的冲突、较量和牵制、均衡，必然超越政体改革和政治主张的内容，成为最高权力者首要的议题。

当然除庆、袁热衷于宪政改革的清廷上层集团之外，还有那批出国考察宪政的大员们。他们凭借出国行为本身，在王朝政体转型的历史关头就获得了不同他人的政治资本。

他们出国的直接成果，是因缘际会捞到了熟悉外国政情、办事干练的声名，一跃而为清王朝高级官僚中所谓通达事务的人物。载泽、端方在各国考察过程中，通过接受馈赠、购买、访录等手段，搜集了相当一批欧美和日本的政法书籍和资料；回国不久，即将此资料译述汇编成《欧美政治要义》一书进呈朝廷；同时，还在上海组织了一批人士编辑尚未译出的有关宪政之书。很快，流传于社会上以考察大臣个人名义出版的宪政图书有：戴鸿慈、端方合编的《列国政要》32 册；

载泽自编的《考察政治日记》；戴鸿慈的《出使九国日记》；还有政治官报局出版的考察大臣咨送的《日本宪法疏证》等。

考察宪政的大臣们回国不久，就相继受到朝廷重用：端方被任命为两江总督，戴鸿慈在考察期间被调升为法部尚书；载泽不到一年就成了度支部尚书；李盛铎则为出使比利时大臣。

客观的历史际遇，使他们的利益同宪政本身紧密相关。因而，虽然他们不一定属于庆、袁集团，却也成为王朝宪政改革的积极推动者。

"宪政"实施步骤的最终决策权虽然在西太后手里，但朝内朝外形成的一浪高过一浪的宪政风潮，也迫使清王朝的政体变革不可能停止在那个钦定的折中方案上。

1907年秋，一个萧瑟秋风今又是的季节，湖南绅士熊范舆公然上书朝廷请求速开国会。

这仅仅是一个开端。作为绅民谋求宪政改革的呼声，挟带落叶秋风之势由乡野村舍迅速席卷而来，涌入王朝权力中心的北京城，构成王朝历史上从未有过的民众请愿活动。时至1908年，举国上下的请愿签名行动，使王朝的政体改革走势超越了权力系统的运作，具有了一定的广度。报刊所报道各地请愿立宪签名的情况是：

6月28日，河南5000余人。

7月初，江苏13793人。

7月上旬，湖南1万余人。北京1000余人，八旗1600余人。直隶1000余人。山西2万余人。

7月29日，安徽1万余人。

8月8日，吉林4668人。

8月24日，盐城2万余人。

而且，来自全国各地的绅、商、学界代表们纷纷云集北京，在天子脚下正信心十足地策动着一场伏阙上书的行动。

任何政权都不能无视舆论的作用和意义，尤其是当舆论在朝野上下形成基本一致的趋向时。光绪三十四年八月初一日（1908 年 8 月 27 日），朝廷不得不颁布了《钦定宪法大纲》，并正式公布了九年为期的预备立宪方案：

第一年（光绪三十四年），筹备谘议局，颁布城镇地方自治章程，编辑国民必读课本。

第二年，举行谘议局选举，各省一律开办谘议局，颁布资政院章程；筹备城镇地方自治，颁布国民必读课本。

第三年，召集资政院议员，举行开院，推广厅州县简易识字学塾。

第四年，创设城乡简易识字学塾。

第五年，推广城乡简易识字学塾。

第六年，城镇乡地方自治一律成立。

第七年，人民识字义者须得百分之一。

第八年，人民识字义者须得五十分之一。

第九年，宣布宪法，颁布议院法，颁布上下议员选举法；举行上下议院议员选举；人民识字义者须得二十分之一。

"九年立宪"方案颁布 80 天后，光绪皇帝和西太后先后离世。

怀抱着宣统皇帝登上监国摄政之位的醇亲王载沣，主政后的第一次政治表态，就是遵循《钦定宪法大纲》，恪守九年预备的决定，"理无反汗，期在必行"，定使宪政成立。①

民主，事实上也是一种过程。正像科恩曾经讲过的："民主过程就是一种行为。这就是为什么民主永无完成及完善之日的理由。民主是一种做事的方式，这种方式会比较充分或不怎么充分地在做的当中体现出来。"②

无论结局如何，过程本身就充满了诱惑。

---

① 《宣统政纪》卷二，《清实录》本，第 17 页。

② 〔美〕科恩：《论民主》，商务印书馆 1988 年版，第 40 页。

以议院为主体架构起来的立宪政体，属于未来的方向。以皇权为主体架构的专制政体，属于历史的传统。而王朝上上下下推行的预备立宪，则属于由历史通向未来的必经的实践过程。对于已经启动了的政体改革，无论是王朝还是臣民，更多关注的是通向未来的现实过程。

这是一个充满选择和创造机遇的过渡期。

怎样实现由旧体制向新体制的转换，如何在转换过程中最大限度地体现自己的利益？这是王朝和王朝权力结构中的所有成员，不能不予以关注也不能不有所作为的问题。

还在 1906 年夏秋之交，考察政治回国的五大臣就提出了"资政院"官制草案，为宪政政体的过渡进行组织机构上的谋划。1907 年 6 月 10 日，进京陛见两宫的岑春煊在专事宪政的奏折中，又提出建议说：

> 速设资政院以立上议院之基础，并以都察院代国会，以各省谘议局代议院，拟请各府、州、县繁盛地方及通商口岸皆设议事会……此皆预备立宪之阶级也。[①]

身为两广总督又颇受西太后恩宠的岑春煊，还为这个名为"资政院"的议院基础的功能作了说明：

> 专设一舆论总汇之地，并以百数十人为四万万之代表，通国之欲言于政府者移而归诸资政院，仍限制该院只有建言之权，而无强政府施行之力。[②]

三个月后，由西太后出面以懿旨形式正式宣布朝廷要建立"资政院"，并钦派清皇室贝子溥伦为总裁。

此后，无论是赵炳麟纠劾庆亲王官制改革方案的奏折，还是西太后批准的九年立宪方案，都把"资政院"作为由旧体制通往新体制过

---

① 《清末筹备立宪档案史料》上册，第 501 页。
② 《军机处朱批奏折》，《清末筹备立宪档案史料》上册，第 497 页。

程中的"中介"机构。

根据一年后由溥伦、孙家鼐会同军机处订立的资政院院章（共65条，附则2条）规定，资政院的基本构成是：

> 设总裁一人为本院议长，以王公大臣特旨简派，副总裁二人为副议长，以曾任尚书、侍郎、督抚及出使大臣，并著有才望学识者，由特旨简派。议员分为钦选和民选两类，钦选议员从王公世爵、宗室觉罗、各部院衙门官和有资产100万元以上业主中产生；民选议员由各省谘议局议员中产生。

虽然载入章程中的资政院职权是：议定国家岁出入预决算、税法、公债，制定法规，弹劾大臣及议定奉旨交议等事项，但在王朝"大权统于朝廷，庶政公诸舆论"的原则下，筹建中的资政院所要达到的王朝期望角色是："此院为采舆论之地，以宣上德，以通下情。"

由此，这个采用一院制的类似于议院却又不是真正议院的资政院，就成为清王朝政体改制过程中充满特色的一个机构，开始孕育着又一个不同的权力结构的生命胎体。

作为清王朝预备立宪的中央谘议机关，资政院不能没有自己的基础而凌空架构，况且，构成资政院主要部分的民选议员又必须通过省一级的民意机关产生。因而，省级民意机构的设立，就成为资政院出台前最基本的前提——它叫作谘议局。

谘议局作为一个政制机构的名称，第一次出现是在1907年6月岑春煊的奏折中。岑总督提出的设想是：

> 谘议局是汇聚"明达治理"的绅商和本省候补官绅的机构；由督抚会集官绅选定，以总督充议长，次官以下充副议长；凡省会实缺各官均入谘议局。

一个月后，直隶总督袁世凯也提出设立谘议局为一省代议机关。

终于，谘议局很快被提到了清王朝预备立宪的议事日程上，成为推进政体改革进程中的重要一环。

1908年7月22日，在正式宣布以九年为期实行立宪的前一个多

月，清王朝批准了宪政编查馆拟定的《各省谘议局章程及议员选举章程》。朝廷要求，自奉到章程之日起，限一年之内完成各省谘议局的选举。

对于前途充满希望和信心的地方社会中坚——绅商们，暂时放下了"速开国会"的请愿，纷纷比照着《钦定谘议局章程》，在即将成立的省级代议机构——谘议局中打点各自的位置。时至1909年10月（宣统元年九月），除新疆奏请缓办外，全国21个谘议局终于在各省政制机构中拥有了相对独立的地位。

新诞生的谘议局，与岑总督所拟由总督担任议长的方案不同，它几乎全是由选举产生的地方绅商作为它的议长。进入谘议局里的议员们，虽然十之八九是出身于传统科举的进士、举人、贡生和生员，原本就是王朝"治人"体制下的"劳心者"队伍中的成员；但是，与王朝传统体制下进入权力系统的渠道不同，他们毕竟通过了"选举"这一近代民主政治的形式。

当然，历史上第一次走向政坛的选举，形式背后拥有更多令人发笑的内容：譬如，安徽怀宁县初选时，票柜未开，即已知某姓票数多少；望江县草率编造选举名册，竟把久已病故者列入了被选人；被称为"更属儿戏"的英山县，因选举绅商多未到局，遂各传递填名，或以一人代数人填名，等等。然而，选举这一形式赋予被选举者的直接意义是：他的地位取决于"民意"，而不再是官意。

谘议局的选举，不仅使传统功名拥有了时代的意义，而且也使得分处于各地的士绅和巨商们拥有了属于自己的合法表达意向的机构。更为重要的是，作为一种近代政治参与形式的预演，它也为全国性的民意机关——资政院——的形成，奠定了最基本的条件。

宣统二年八月二十日（1910年9月23日），酝酿已久的资政院在京城正式开幕议政。

京城蓄养人才的贡院旧址，南北长140余丈，东西广60余丈，是一个空旷的地盘，朝廷慷慨地把它送给资政院做了办公之所。只是空闲日久渐趋圮颓的贡院，岁月形成的残墙废垣拉长了修建工程的日期，没能在资政院开院之日交付使用。隆重的第一届资政院常年会议，只好另寻会址，"奏明暂借京师法律学堂"用作开会议政的场所。

各项复杂的会议准备工作就绪后，宣统元年九月初一日（1910年10月3日），资政院常年会议举行了开幕大典。在那个具有特别仪式的开幕式上，被历史瞬间定格了的场景，也许值得我们回首思量。

是日辰刻（七点多钟），资政院议长、副议长、秘书长和秘书官们早早就等在会场内。两个钟头过后，朝廷的军机大臣、大学士、各部尚书陆续到院。令人耳目一新的是，与往日上朝时的补服朝珠不同的是，这班朝廷重臣不仅一律卸去了朝珠而且是身着常服。齐集于会场的朝廷大员们，当然并不单纯是给资政院捧场，恐怕主要还是为了恭迎御驾亲临的监国摄政王的训词。

一直候到午时，当议长和议员们静待了近四个小时后，前呼后拥的监国摄政王载沣的鸾驾才莅临会场。奉命接驾的秘书长率秘书官恭迎于院门之外，议长、副议长恭候于二门之外。等到监国摄政王銮舆落地后，议长亲自导引到休息室少坐。于是，满场的军机大臣、大学士、各部尚书、议长、副议长和秘书官均在议场序立，面向御座行三跪九叩大礼。跪礼之后，军机大臣和各部尚书在议场东西向序立，议长遂恭导摄政王至御座东旁之座，全场肃立致敬，由军机大臣宣读谕旨。礼毕，摄政王升舆而去，议长、副议长恭送于二门。[①]

这套烦琐的朝廷礼仪过后，透过一口气的议员们才开始寻找属于自己时代的相对自由和民主的新感觉。

集会于大厅里的议员们，由101名的钦选议员和98名的民选议员组成。

中国没有"大选"。这种现代民主政制运作得最为热闹的政治景观，距离晚清政体改革的构想还十分遥远。但是，在身份、学历和财

---

① 《清朝续文献通考》卷三九九，《宪政七》，《考11499》。

产严格限定下谘议局和资政院的有限的"小选"，毕竟也在选举这一民主形式运作的过程中，获得了新时代的意义。被"民意"选出来的议员们，自觉和不自觉地扮演着或代表着民意，成为王朝政体的天然批判者；而钦定的议员们则理所当然地成了王朝现状的辩护者。议员出身途径的不同竟然在资政院形成所谓"两造分子，隐然若两党之对峙"的形势。飘荡于会场上空完全不同的两种声音，打破了专制条件下一向同声共音的政治局面，呼唤着人类走入新世纪后所追求着的未来的希望。

美国的《展望》杂志及时地，同时也客观地报道了中国历史上第一届资政院年会的会场情境：

> 1909 年北京召开了国会（资政院——引者注）会议。这些会议马上都成了最直言不讳地主张改革的机关。它们利用了预期能得到的言论自由的宪法保障。中国过去从来没有人像现在这样坦率直言过。①

资政院议事大厅里，除了议员们外还有许多旁听者。按照《资政院旁听规则》规定，允许五种人员列席会议：即王公世爵，各国外交官，京外大员，普通人士和报馆主笔。当然，关于《机密会议记录事》条文也规定了在讨论有关军事、外交问题时，旁听者必须"全体退席"。

激烈的发言声，时起时落的拍掌声，也夹杂着一阵阵的哄笑声，使议事大厅里气氛在热烈中显得有些凌乱。也许，议员们正是从这种无序中首次体会到了自由的气象：

> ——本次会议，军机大臣和民政部尚书皆列席，清朝中央还另遣特派员 30 人列席。钦选代表沈林一对部分议员提出的政府特派员一事，援引院章第十九条、细则第四章进行辩护。尚未言毕，民选议员雷奋即起而据理反驳。言语极其滑稽的雷奋，引得

---

① 〔美〕威廉·埃利斯：《革命中的中国》，1911 年 10 月 28 日美国《展望》杂志。

会场笑声浪起。

——在对议事日程讨论时，登台发言的劳乃宣提议将第一、第二项归并于第六项，多数议员未等议长宣布表决，即起立表示赞成。等醒过神来的议长宣告表决时，议员们纷纷叫嚷：谓早已表决，何待此时？议长竟语塞不能争。

——选举特任股员时，其中有三票书写的是蒙古文字，秘书官不认识，传问翻译，亦不识。某议员请求询问蒙古王公，军机大臣那桐力言：议员不能兼任翻译之事，并言本院设有翻译，而且尚有理藩部特派员，又何须劳烦议员？当秘书官将选票问翻译，翻译不能答时，那桐忽拍掌哄笑，在场的蒙古议员也拍手相和，一时会场秩序紊乱已极。

……

一个新的或不新不旧的体制，在它早期的运作过程中，不可能像习惯已久的旧制度那样规矩齐整和秩序井然；由无序走向有序，是任何社会制度和组织机制必经的历史阶段。

活跃的气氛和自由的气象，是由民选议员所营造的。占民选议员50％的大约 30—39 岁的年轻议员，正处于最无顾忌、最大胆放言的年龄；占民选议员 24.9％的受过新式高等教育的"新学"议员们，是西方自由民主真诚的推崇者。

雷奋，江苏议员，33 岁，日本早稻田大学毕业。这位具有新知识的留学生，在资政院会议上好发己见，善于辩驳。有关他的见诸报端的评论是：

在开会时雷乃发声，在休会时雷乃休声。

发言时态度极从容，言论透彻，措词清晰宛转，等他发言后，所有极难解决之问题，就得到一个结论，而付之表决了。

无论民选、钦选议员，提起雷议员，几乎是异口同声的钦佩。

刘春霖，直隶议员，35 岁，是光绪三十年（1904）甲辰恩科，同时也是中国历史上最后一名状元，曾任翰林院编修，日本政法大学毕业。这位饱读诗书又学精西方政法知识的议员，也是会议上侃侃而谈的健将。刘议员发言简赅精到，力透时弊，在有关他发言的会议记录材料中，留下了多次拍手、拍手、拍手的记载。

关注中国政治前途的议员们，活跃的思维并不局限于议事日程和蒙古文字一类无关轻重的小事，他们主要的精力还是放在了世人瞩目的"国会"问题上。在资政院常年会议召开之际，各省请愿国会代表的上书，就已递到了资政院。年轻议员们公然提请议长搁置其他议案，先行讨论速开国会案。

10月22日，在资政院讨论地方学务章程时，众议员再也按捺不住愤激的心情，立即"请议开国会，声浪大作，议场骚然"。

主持会议的议长只好同意讨论陈请速开国会案。相继登台发言的罗杰、尹作章、江年等议员，在声泪俱下的讲演中，把会议的议题指向了唯一的中心——速开国会。

在接下来的表决讨论时，聪明的民选议员们力主用起立方式表决。在全场群情振奋的情况下，即使是钦选议员和清朝的王公世爵也失去了众目睽睽之下公然反对的勇气。

议长慑于众情，同意将本案用起立表决法，表决于众。就在议长宣布表决开始的刹那，会场上的议员竟全体起立，"一致"赞成通过。见此意料不到的情境，年轻的议员汪荣宝情不自禁地依次高呼：

　　大清国万岁！皇帝陛下万岁！大清国立宪政体万岁！①

全体议员一致和应，欢声雷动中，会议热烈的气氛达到高潮。

既是状元又是留学生出身的刘春霖兴奋异常，即席发表了讲演：

　　今天因为速开国会一事全体赞成，无一反对者，真可为中国前途贺……今年资政院开会以来，所议之事皆一枝一节之事，惟有今天所议速开国会算是一件要紧之事。②

---

① 《资政院第一次常年会议事录》第九号，宣统二年九月二十日，第七次会议录。
② 《资政院第一次常年会议场速记录》第九号。

凭票入场旁听的《民立报》记者，立即把会议表决情况撰成文字，布告世人：

> 此次资政院表决此案时，自王公以及民选议员全体赞成，三呼万岁，外人脱帽起敬，电告本国。[①]

民主，或者说最大限度上的人民参政，意味着特权阶层垄断政治的适度平均化的政治体制建设，是一个久远的目标，也是一个艰苦复杂的历史过程。现代西方民主政治的研究者认为："民主的广度是由社会成员是否普遍参与来决定的，而民主的深度则是由参与者参与时是否充分，是由参与的性质来确定的。"[②]

清末占总人口还不到1%的选民，当然无法体现出现代意义上民主的广度；而局限于资政院大厅里自由民主的呼声和议案，也同样体现不了现代意义上民主的深度。

拥有民主形式和民主的一些特征的资政院和谘议局，还根本不具备民主政制下权力相互制约的机制，这种机制可以最大程度上将个人独断专行的权力限制和减弱到最低程度。资政院不是诞生在成熟的民主土壤和权力制衡的政治基石上，而是"皇权"体制下的一个过渡物。

皇权的历史经验表明，在一个政权自身已被蛀蚀虚空的条件下，即使是形式上的民主，也会酵发成颠覆权威的关键因素。因而，当资政院通过的议案送达朝廷时，一个命定的结局就是被束之高阁。

速开国会案不可能得到朝廷的认可。资政院激烈争论辩驳情况下通过的议案，对于在皇权下成长起来料理军机事宜的军机处，根本无关轻重。当有关弹劾军机的议案通过后在军机处议决时，庆亲王一句"置之不论不议，自然无事"[③]，便轻松随意地将其抛置一边。

"笑骂由你笑骂，好官我自为之。"王朝钦定的资政院只有言之权而无行之权的宗旨，便是那个时代"民主"形式与专制体制相互关系

---

① 《国会反对者投降》，《民立报》宣统二年九月二十九日。

② ［美］科恩：《论民主》，第21页。

③ 《置之不论不议》，《民立报》宣统二年十月二十三日。

的最好说明。

皇权毕竟有着几千年岁月的累积。

皇权毕竟在巨大的社会结构和意识形态上矗立已久。

这是芸芸众生和王侯将相共同堆培和仰止的山峰。如果没有从社会结构的根基上，并同时从意识形态的厦顶上，将皇权销蚀在岁月的进程中，民主的理想和议院的运作，就还只能隐没在皇权或王权，或者其他什么名堂的专制权力高大的背影下。

资政院会议大厅里放言高歌的自由气象，还不是越过地平线的民主政治体制的曙光。

十　兴亡百姓苦

在一定程度上放开"言之权"的同时，朝廷也意识到作为"舆论总汇"的谘议局在各省"社会精英"操纵下，可能为王朝政权带来的麻烦，因而，先行一步的措施是在放开之前，把旨在保障政权体系的有关法律推向社会。光绪三十四年二月初九日，朝廷颁布了"结社集会律"35 条；八月十四日，又正式下发谕旨，严厉取缔政治结社。一时，"不得言立宪及开国会之事"的字条，张挂在都市商埠的茶楼酒肆之中。

藐视社会大众的法律，必然被社会大众所藐视。

已经借助于谘议局聚集起社会力量和思想力量的"立宪派"，根本没有顾及朝廷的禁律。1909 年 10 月，各省谘议局开张后的第一步关键举措，就不仅仅是议决本省有关事宜，而是力谋组成一个全国性组织，发起推动清王朝立即实行立宪政治的政治大请愿。交通便利的十六省谘议局的议长们，在声气相通的联络过程中，很快形成"万声一语"的共识，"合谋上书，请速开国会，建立责任内阁"①，相约以 12 月上旬为限，各推代表集于上海。

12 月上旬，寒潮冷风交迫的上海，被即将到来的政治热潮搅动得失去了往日的平静。十六省代表（直、奉、吉、黑、陕、晋、鲁、豫、鄂、赣、皖、浙、闽、粤、桂、苏）55 人肩负着一项神圣的使命，陆续抵达上海。

17 日，各省谘议局首次联合会议就在跑马厅的预备立宪公会事

---

① 谢彬：《民国政党史》，《辛亥革命》四，第 164 页。

务所召开了。一个多星期之内，代表们共召开了六次预备会议，在广泛讨论的基础上议决的主要事项为以下几点：

一、确定十一月十五日（阳历 12 月 27 日）为正式代表大会会期。

二、汇集各省请愿国会代表签名簿。

三、规定此次签名以各谘议局议员为限。

四、推举请愿书呈稿起草员。

五、公推直隶代表孙洪伊领衔递呈。

六、决定开大会数日即行就道进京请愿。

七、拟定进京代表团规约十三条，约束各代表进京后行动进退一致。①

如期开幕的各省谘议局联合会大会，一致通过了预备会的各项决议，并组成 33 人的赴京代表团，推选方还（苏省）、罗杰（湘省）、刘兴甲（奉省）、刘崇佑（闽省）4 人为干事。大会要求请愿代表立即分道北上，期于 11 月底齐集北京。

距清王朝关于结社集会禁律颁示仅一年，一个全国性的政治集会请愿活动就在谘议局的策动下开始了。

各省谘议局联合会的发起人，是晚清名闻天下的甲午科状元、苏省巨绅张謇。

在咸丰三年（1853）太平军攻占南京时出生的张謇，世居南通，代代务农。其父业田数十亩，虽雇一二佣工，但农忙之季父母亦得下田劳作。养有五子，家累颇重，衣食之外并无更多积蓄。

自幼喜好读书的张謇，聪明过人。据称 12 岁时，他的老师就预见了他的状元前程。一日，在蒙学馆前有一人骑白马而来，先生有意试试学生们的灵感，即出七字上联"人骑白马门前过"，命属对。张謇应声而言："我踏金鳌海上来。"心中大喜的先生便到处夸耀，说张

---

① 《宪政篇》，《东方杂志》宣统元年（1909）第 13 期。

謇有将来中状元的预兆。

27 岁考取优贡后的张謇，在科举路途上屡试不中，便投身在吴长庆的兵营里，做了那时文人通常都做过的"文案"。但是，心系科举功名的张謇，多次谢绝吴大人的专折特保，还是在 1894 年夺得了大魁天下的荣耀。

甲午战争后"国破山河在"的局面，使张謇这位新科状元不能安心于朝廷翰林的官位，便在"实业救国"抱负的激励下，应两江总督之约回乡办起了南通纱厂。而后，凭借"通官商之邮"的绅士身份在朝廷洋务官员们的提携下，在成就了南通实业集团的同时，也在全国实业界获得了不亚于科举状元的地位。

放弃京官位置的张謇，却无法放弃政治，无法放弃关系民族命运的"天下之忧"。光绪二十九年（1903），这位状元资本家从日本东游回来后的最大感受就是，非立宪不足以救中国；最大的醒悟就是，非人民一齐发动起来形成团结的力量不足以推进政府立宪。从此，心怀天下忧患的张謇就开始致力于"立宪"运动。

次年 4 月，他亲自主笔与四五个具有共同政治见解的朋友，为张之洞（湖广总督）和魏光焘（两江总督）草拟了《拟请立宪奏稿》，成为晚清绅、官两大集团联手向王朝吁请立宪的最积极的策士。

两个月后，张謇又与赵凤昌合刻了《日本宪法义解》一书，并送入内廷，成为宫内西太后动议立宪的主要参考文献。

1909 年被选为江苏省谘议局议长的张謇，自然而然地成为全国鼓吹立宪政治的民望之首。谘议局会议期间，张謇就在南京频繁地开展疏通官场的活动，最后与巡抚瑞澂达成的默契是：由中丞（瑞澂）联合督抚电请朝廷速组责任内阁，由苏省谘议局联合各省谘议局，呈请速开国会，对朝廷形成来自权力系统和绅民民意系统的双管齐下的压力。[①] 因而，由江苏省谘议局首先发起的各省谘议局联合会，真正

---

① 《张謇全集》第 6 卷，江苏古籍出版社 1994 年版，第 625 页。

的龙头就是张謇。

当然，已经积累了一定政治经验和足够人脉的张謇，深知政治较量中主谋与前卒出台表演的分寸，自己并没有公开出现在上京递书的代表团中。但是，在赴京请愿代表团组成后，为这些政治勇士饯行的张謇，撰写了《送十六省议员诣阙上书序》以示勉励。这篇声情并茂、文辞俱佳的文章，没有任何刺激当政者的文句和授人以柄的言辞，但却以"不得请而至于三，至于四，至于无尽"的坚韧不馁，表现了一个智者在专制权力下从事政治改革的成熟：

> 今世界列强亡人之国，托于文明之说，因时消息，攘人之疆域财政而尸其权，而并不为一切残杀横暴之劳扰，使亡国之民魂魄不惊而普服于其权威之下。至于民亡，而丘墟宗社之悲，且将无所于托……幸而先帝……一诏定国是，更立宪法，进我人民于参预政权之地，而士大夫习于礼教之风，但深明乎匹夫有责之言，而鉴于亡国无形之祸，秩然秉礼，输诚而请，得请则国家之福，不得请而至于三，至于四，至于无尽。诚不已，则请亦不已，未见朝廷之必忍负我人民也。即使诚终不达，不得请而至于不忍言之一日，亦是使天下后世，知此时代人民固无负于国家，而传此意于将来，或尚复有绝而复苏之一日。是则今日之请，迫于含创茹苦，就使得请，无所谓荣，得请且不足荣，则不得请之不得为辱，可以释然矣。[1]

基于长久谋算的张謇，为这次政治大请愿定下的基调是：持久战。

在进京请愿的漫漫路途中，时间的指针已无声地跨过了1909年。

迎面而来的1910年的岁首钟声，被淹没在来京请愿代表们急匆匆的脚步声中。

这是一个注定喧闹的年代。

---

[1] 张謇：《送十六省议员诣阙上书序》，《国风报》第1年第2期。

　　1月16日，齐集京城的33名代表，以孙洪伊领衔向都察院呈上了字斟句酌的"请愿书"。书曰：

　　　　时局阽危，非速开国会不足以救急……夫宪政之当行，国会之当立，朝野上下本无异词，洪伊等之欲言者，在于速开国会而已。

　　　　国会者，宪政机关之要部。有国会然后政府有催促之机，庶政始有更张之本。不然者，夫提挈纲领之所，畛域各分，十一部不相统一也；上下相诱，地方官无为执行也。

　　　　国会者，人民与闻政治之所也，必人民得有公举代表与闻政治之权，国家乃能加以增重负担，以纾国难之责。与其待之九年之后，涣散难与图功，何如行之九年之前，鼓舞而期自效……

　　　　有国会则对于全国为政府交通之邮，对于列强为政府文明之帜。上下相通，猜疑自泯；邦交既固，民气自和……若更徘徊，待之九年……外交必更疑危，民怨必更剧烈……此国会与外交一日而不可缓者也。①

　　情真意切的表述从内政、外交和皇权安危三个方面展开，最终归结为一个明确的宗旨："期以一年之内召开国会，则天下幸甚！"

　　"请愿书"交院后，代表们开始遍谒朝廷重臣，试图在王朝的权力中枢中寻求直接的支持力量。1月21日，与军机大臣奕劻、那桐、鹿传霖、戴鸿慈会见的结果竟然出乎意料的顺利，他们"均表赞成之意"。

　　1月27日，代表们在求见皇族中的王公大臣时稍有不顺，一向积极主张宪政的肃亲王善耆、镇国公载泽和贝子溥伦"均辞不见"。但使代表们略感释怀的是，贝勒载涛、毓朗不仅会见了他们，而且还表示"竭力相助"。

　　似乎比预期的顺利了许多。第一次国会请愿上书的初次行动，带

---

① 孙洪伊等：《国会代表请愿书》，《国风日报》第1年第1期。

给请愿代表们的好像是一种出师首捷的预感：五个军机大臣、六个部院及王公大臣中，只有三个反对。这些可以影响朝廷决策的大臣们的公开表态，当然令请愿代表们颇感欣喜。

然而，1月30日朝廷正式下发的谕旨，却与大臣们当面向请愿代表们的表态完全不同。这个事实上是由军机大臣们议定并拟就的谕旨，仅仅对请愿代表们的"爱国悃忱""深表嘉悦"，对于"速开国会"的要求则断然拒绝。朝廷的理由是：国民知识程度太低，速开议院恐反致纷扰不安，而为宪政前景之累，仍坚持九年期限。

惊愕与困惑过后，请愿代表团立即采取进一步的行动。2月初，在京的代表们组成"国会请愿同志会"，并以极快的速度在各省设立了支部，准备发动更大规模的立宪请愿。

1910年4—5月，北京的春季。

冬眠过后万物复苏的季节里，力量的蓄积和生命的萌动，都在春日的呼唤中激发出生命勃发之势。从全国各地赶来北京请愿立宪的团体代表，已不仅仅局限于谘议局的范围，而扩展到了整个社会：商会代表、南洋代表、华侨代表、教育会代表，甚至直省的旗籍代表。

6月16日，号称20余万人签名，由十个团体同时呈递的速开国会请愿书，第二次送上了都察院。

高居权力顶尖的载沣，从未见过如此声势和规模的绅民请愿。面对日多一日的入京代表，面对日趋激烈的呼吁立宪的绅民行动（2月份已有割臂缮写血书者），摄政王对于朝廷坚持的九年期立宪，也开始有所犹豫。危机当头，摄政王召来军机大臣，就国会应否速开问题提出垂询，但奕劻控制下的军机枢臣们"咸不置可否，莫敢赞一词"。①

第二次请愿的结果是得到一道"宣谕甚明，毋得再行渎请"的谕旨。

---

① "北京专电"，《中外日报》宣统二年三月十一日。

朝廷面对的政治压力，当然不仅仅是声势浩大的绅民请愿运动。还在第二次请愿活动的组织过程中，王朝政权倚为支柱的总督们就开始了相应的动作。

1910年6月，云贵总督李经羲(李鸿章之侄) 就向朝廷呈递奏折，要求立即设立责任内阁，同时设立"监督机关"以为对待。经由道、臬、藩司而官至巡抚、总督的李经羲，长期的地方官经历，使他对王朝中央责任不明遇事推诿的现状深感不满，期望值此政体改革之际，有所更张。但是，总督的进言同样没有得到朝廷的回复。三个月过去后，奏折泥牛入海般的命运引发李经羲采取更激烈的举动，从而使得举国上下的局限于绅民阶层的立宪大请愿，变成由绅民与督抚联手对付朝廷的活动。

1910年9月，刚刚进入仲秋。心甚不满的李总督再次向朝廷草拟了"筹商根本救治"的奏稿，并立即致电各省督抚呼吁联合陈请的一致行动。电称：

> 宪政九年之预定，十一部之同时进行，凡洞见维新之症结者，每深忧叹……近来旧政轮廓难存，新政支离日甚，其大病则在于无人，无人之病，则在于欲速而不怀根本。世风之靡，人心之幻，因而中之……如各疆臣趁此时机，皆能直陈无隐，并于维新根本，各项条陈……幡然一决，当或可期……大稿已成，即求密示。[1]

李电很快得到了地方督抚们的回应，到10月25日，各省督抚响应的电文就纷纷传向了朝廷的权力中枢。由东三省总督锡良领衔，计有18个总督、巡抚、将军、都统联名要求即时设立内阁、翌年召开国会的奏折，使王朝的专制权威和集权中央的进一步举措，遇到了来自地方最高权力集团的公然挑战。在既有利益权衡又有精心运筹的大员们的奏折中，朝廷所看到的最明显的事实是：除两江总督张人

---

① 《滇督李筹商根本救治办法电》，《国风日报》第1年（1910年）第26期。

骏外，全国一二品的地方省级大员们几乎都赞同"速行宪政"的政体改革。

在地方督抚大员互通声气的同时，请愿国会同志会组织的第三次国会大请愿活动也已展开。

这场按计划每个州县都有代表，每省签名达百万人以上的请愿，在资政院开院的 10 月份走向了高潮。与前两次不同，请愿活动不再限于天子脚下的北京城，而是在全国各大中城市形成遍地开花之势：

——10 月 6 日，直隶千人集会，公举代表在督署门前向总督陈夔龙请代递请愿书，总督拒而不见。

——10 月 30 日，河南绅民三千余人在游梁祠集会游行，最后在抚院门前举行示威，"抚门为塞雍，呼吁之声喧天震地"。

——10 月 30 日，福建九府二州及旅外华侨近四千人在府学明伦堂集会，吁请总督代递请愿书。

——同日，四川各界三万余人集会请愿。

……

被朝廷无视民意的态度激怒了的民众，开始改变了以前"恳请"的被动方式，转而以主动强硬的方式向朝廷和居于决策地位的军机大臣们表达自己的意志。

8 月 15 日，一向隐没于幕后的张謇亲自出场，通告各省谘议局：如不达迅速开国会之目的，即不承认朝廷的新租税，各局同时宣告解散。

朝廷与社会的对立，已经势所难免。

"血浓于沫，更浓于墨，故血之功效，犹胜于笔与舌。"意愿一旦变成民众的行为，政府无视和处置不当的结果，就会形成血的代价。血是新生的期望，血是愤怒的宣泄。大规模和平请愿的政治行为，在日趋对立的情绪中，表达意愿的行为和方式，势将超出组织者的控制能力，成为社会运动最为关注的焦点：

——10 月 7 日，在京的国会请愿代表 20 余人正待出发进行第三次上书请愿时，奉天来京的学生代表赵振京、牛广生等 17 人来见，痛陈国家瓜分在即，东三省将率先沦亡，非速开国会不能挽救民族之难，故此番请愿再不能如前之和平，非有激烈手段不足以警醒当局。学生与其亡国后死于异族之手，倒不如今日以死钱代表诸君行。言尚未毕，赵、牛各出利刃，欲剖腹绝命以明心迹。代表们虽经设法阻拦，赵、牛还是持刀割去左腿、右臂之肉，以肉血在请愿书上涂抹数遍后，高呼中国万岁，代表诸君万岁，才拭泪忍痛离开。①

——天津。聚集在督署门前的千余人，群向督署陈述恳求入奏，并通电学堂罢课请愿。愤极难捺的青年，断指喋血，以坚众志。②

——奉天。某日下午三时，30 多人至谘议局要求定期选代表进京叩阍速开国会。辽阳人金毓绂抽刀截指，以鲜血书写"至诚感人"四字；承德人李德权持刀割左股，以綮血书就"速开国会"四字。一时血溃议席，全场哗然。③

1910 年次第走向高涨的三次国会大请愿，是 20 世纪初中国人和平追求民主进程的检阅。一而再，再而三的上书请愿活动，以群体行为为特征，以"非暴力"为手段，以宪政议院为目标，持续不绝地表达了虽历经挫折而不气馁的宪政追求者的精神品格。然而，朝廷对于民心众愿的冷漠态度，却导致这场政治请愿运动由平和趋于愤激。

国会或议院，这个具有代议性质及立法权的制度，随着西方国家实力的强盛而成为中国人政治追求的目标。追求的执着中形成一个难以避免的错觉，即认为只要有了国会，人民即可通过自己的代议士（议员）来表达意见，行使权力，从而即可跻身于"民富国强"之林。"天下热心之士，方呼号奔走，再三为国会之请愿，以为国会早一日成立，则中国受无穷之利益，迟一日成立，则中国蒙巨大之损害。"④

---

① 《呜呼！血泪青年》，《民立报》宣统二年九月十二日。
② 见《梦蕉亭杂记》，《近代稗海》第一辑，第 409 页。
③ 《奉天人之国会热》，《时报》宣统二年十一月十四日。
④ 叶治钧：《发刊词》，《蜀报》第 1 期。

诚然，西方列强和后起的东洋日本，拥有资本的社会集团都在不同程度上利用国会申明和维护自己的利益，并取得过史所未有的效果。然而，这都是建立在资产阶级民主革命已取得相当进展或胜利基础上的国会。议会场上议员们的谈笑风生和潇洒自如的绅士做派，正是这种历史性进展和胜利成果的反映，而不是它的根源。没有在实际政治斗争中取得的优势，没有经济、社会、文化诸方面强大的实力和后盾，议会就不会拥有真正的权力。

但是，"表示此次将以血购国会，决不似以前之以文字购国会者之不足动我政府也"的国会迷恋者，却以极端的自残方式期以热血赢得这一权力形式。

在人类利益纷争和权力分割的漫长历史上，迸溅血肉的伤残和牺牲固然在所难免，但以自残方式获取利益和权力的成功事例却十分鲜见。自残的目的是什么？是对专制权力肆虐人性的警醒，还是对暴烈政治践踏人道的控诉？其实，权力本质上不是道义的产物。权力是力量的产物，权力是利益的产物。在力量的较量和利益分配中，任何自残的行为，都不可能导致追求者走向既定的目的。因而，自残本质上是懦者的表现，而不是战士的品格！

而且，人类文明发展的最终结果将表明，任何权力和利益的意义都不应该高于人的生命本身的价值。因而，生命之光的灿烂和生命之花的完美，注定不能通过自残的方式来实现。

一旦确立了如此理性的认识，当我们面对那种即使是为了崇高目标而进行的心灵和肉体上的人类自残行为时，就不会再以情绪化的赞叹来代替本应有的理性的哀叹！

让我们真正理解生命的意义！

在资政院以全体一致通过"速开国会案"的议案送上朝廷的龙案后，来自全国各省督抚要求立即组织责任内阁和速开国会的联电，也通过枢府转呈至摄政王载沣的手中。

以新春之际广州新军的武装起义为开端，继之以长沙抢米、莱阳抗捐的社会下层的反抗风潮，使王朝的政权在 1910 年随时都存在着倾覆的危险。相继而起的三次政治大请愿和督抚们的联合行动，又预示着王朝政权的社会基础部分和权力构成体系的分化。

于是，主管朝廷民政和警务的民政部尚书、清皇室的肃亲王善耆，其态度与第一次大请愿时的冷漠态度相比发生了根本变化。他及时向摄政王提出了自己的主张：

> 若不速开国会，民心忿极，大祸必发。屡次遏抑民气，倘有不虞，民政部实难担任责任。①

于是，难下决断的摄政王于 10 月 28 日将此全民关注的问题，以谕旨形式下交军机大臣，要会议政务处王公大臣共同阅看，并提出意见，预备召见。

11 月 1 日，晚 8 时，在朝廷决策之前，各省督抚又联衔电奏朝廷，要求同时设立国会和责任内阁：

> 认为时不我待，迟开不如早开国会，如若不然，迁延既久，恐再想开也将失去时机；并望朝廷改强制为引导，实有利大局。

三天后，摄政王紧急召见会议政务处诸大臣。最高级别的政务会议讨论的详情，没有留下任何可供分析的史料，只是在有关档案材料中有一个总结性的记载："详细垂询，详细讨论，意见大致相同。"②第二天，便由上谕把这次会议的最终结论公布于天下：

> 朝廷宵旰焦思，亟图挽救，惟有促行宪政，俾日进而有功，不待臣庶请求，亦已计及于此……
>
> 今者人民代表吁恳既出于至诚，内外臣工强半皆主张急进……（朝廷）应即俯顺臣民之请，用协好恶之公。
>
> 惟是召集议院以前，应行筹备各大端，事体重要，年所能事，着缩改于宣统五年，实行开设议院。头绪纷繁，计非

---

① "北京专电"，《时报》宣统二年十月六日。

② 1910 年 11 月上谕，《宣统二年十月冬季档簿》，宫中档案。

一二……①

"五年立宪"的退让之后，朝廷对臣民的宪政请愿关上了最后的大门："一经宣布，万不能再议更张……此后倘有无知愚氓，借词煽惑，或希图破坏，或逾越范围，均足扰害治安，必即按法惩办……"

为了营造出对朝廷"五年立宪"决策"万民共庆"的社会舆论，由官方出面组织的欢庆"五年立宪"的所谓"群众"集会，就有模有样地推向了街头：

——11月5日，京城东西长安街及正阳门外大街皆张灯悬旗，达旦未息。灯上统一书写的"庆祝国会"四字，表明官府在这次活动中的作用。

——11月6日，京师督学局发布一项特别命令，要求学生一律于7日下午七时起，各提红灯列队双行，以军乐前引，高唱爱国歌，三呼万岁，以示庆贺。②

——11月7日晚，各学堂齐集大清门开提灯会庆祝立宪，九十五个与会单位，按预定次序举行活动，"秩序良好"。

几番入京又几度遭挫的请愿代表，却是另一番心情。

11月4日，上谕颁布的当天晚上，会集在《国民日报》报馆的请愿代表们对朝廷搪塞舆论的决策"亦极愤怒"。经反复商讨，对朝廷已完全失望的请愿代表形成的秘密决议是：

同人各返本省，向谘议局报告清廷政治绝望，吾辈公决秘谋革命，并即告谘议局中之同志为革命干部人员，若日后遇有可发难之问题，则各省同志应即竭力响应，援助起义独立。③

同时，正式发布公告于天下，明言请愿立宪运动的失败：

昨奉上谕，已宣示臣民。千气百力，得国会期限缩短三年，心长力短，言之痛心……三年遥遥，夜长梦多，诸父老与有兴亡

---

① 见《宣统政纪》卷二八，第1页。
② 《北京人之狂热》，《民立报》宣统二年十月十三日。
③ 徐佛苏：《梁任公先生逸事》，转引自《梁任公年谱长编》上，第314—315页。

之责，有同忧之勤，其何以图之？①

无论是朝廷精心拟造的上谕，还是朝廷刻意准备好的军警，都根本无法平息已经深入人心的"宪政"追求。在一部分怀着一腔愤恨的请愿代表和谘议局议员们纷纷转向更为激烈的反清革命活动后，新一轮的请愿活动在另一部分代表们的策动下，也以更为激烈的方式行动起来。

王朝期待着化解满天风雨的局面没有也不可能出现。

1911年3月，福建谘议局致电湖北、直隶、江苏、河南各局，认为时局岌岌可危，建议提前召开谘议局联合会，商讨救亡之策。孙洪伊复致书各省议长，决不理会朝廷上谕，相约克期再次齐集北京。

短暂的沉默之后，各省谘议局联合会又一次发起针对朝廷的有组织行动。

4月26日，湖北21个团体会集了300多人为以议长汤化龙为首的赴京同志设宴饯行。公诸新闻的消息把这次送行聚会的悲壮激烈场面，和泪共愤地传向了社会：

> 国势阽危，外患频来，豆剖瓜分，已在眉睫。而腐败政府尚在梦中，专恃消极主义，大好河山断送若辈之手，种种丧权辱国，无不言之详熟……

> 此会名则为汤君化龙饯别，实则勉汤君化龙死殉。武汉各团当作后盾，如有不测，汉口全镇闭市，为汤君化龙开追悼大会，然后相继入都，接续拼之以死……说者伤心，闻者堕泪。②

——此时，距王朝命运的终结还有五个多月。执迷不悟的清王朝已经进入了倒计时阶段。

与亟亟于国会宪政的绅民心愿完全不同，朝廷权力中枢关注的问题只有一个：具体行政权力的划分。

---

① "中国时事汇录"，《东方杂志》宣统二年第11期。
② 《时报》1911年5月2日。

10月28日，当摄政王将谘议局和各省督抚的陈请发交讨论时，会议政务处的王公大臣奉旨后，根本就没有讨论绅民提出的速开国会问题，而是集中研究了庆亲王一直操心着的内阁问题。在11月3日的御前会议上，载泽、善耆和毓朗再次极力主张应先成立内阁：

　　时事危迫，国会不可不速开。然不先定国是，则政府与国民遇事争执不免纷扰，故必先设新内阁，及确定海陆军进行政策，再开国会，庶君权不致为民权所抑。——毓朗

　　现在国税地方税未分，遽开国会恐人民争执，且朝廷注重国防，人民注重实业。目下采访舆论已多主张裁减海陆军费，甚有停办海军者。故必先立新内阁明定国是，然后再开国会，方避一切纷扰。——载泽

在奕劻的坚持下，会议一边倒的情形使摄政王载沣也"极是二人议"，最后形成的决议是一致同意撤销军机处，立即改建内阁。然而，在军机—内阁改制的重大政制变动中，组织形式和制度本身的改革也不是讨论的中心，这些朝廷重臣心事重重的其实只是人事的安排。

载泽率先提出，新内阁问题必先定总理大臣、副总理大臣及外相职任，并推庆王为总理——这是会议政务处王公大臣开会时已酝酿过的问题。当然，官场上的真戏假唱和假戏真唱，是任何人事讨论会议上免不了的故事。面对"公推"的场面，奕劻自然要有一番客套，言不由衷地说：

　　臣老病体弱，精力不支。载公堪膺是任，当蒙监国认可。①

载沣对盘踞清廷枢要多年的奕劻也多有不满，借庆王虚假的谦让姿态提出用投票办法解决内阁总理人选问题。但载沣的提议被徐世昌、载泽等庆党否决，说："现选举法尚未规定，倘一经滥行，弊窦滋多。"

在朝廷中央经营多年的庆亲王，其个人势力已遍及朝廷内外，中

---

① 《御前议国会记》，《民立报》宣统二年十月初十日。

央和地方大员多其位置；与列强交涉数年，外交也多倚重。在牵一发
而动全身的庆王身上做些手脚，即使是位尊权重的摄政王，也不得不
掂量再三。

因此，一个以庆亲王为内阁总理大臣的王朝的内阁，就在御前会
议上产生了。

1911 年 5 月 8 日，清王朝在正式颁布《内阁官制》和《内阁办
事暂行章程》的同一天，公布了以庆亲王奕劻为内阁总理大臣，大学
士那桐、徐世昌为内阁协理大臣的朝廷内阁组成成员：

外务大臣　梁敦彦

民政大臣　善　耆

度支大臣　载　泽

学务大臣　唐景崇

陆军大臣　荫　昌

海军大臣　载　洵

司法大臣　绍　昌

农工商大臣　溥　伦

邮传大臣　盛宣怀

理藩大臣　寿　耆

13 名国务大臣中，满员 9 人（皇族 7 人），汉员 4 人。这个满人
占 70% 的内阁，一出台就在举国一片哗然中得到了"皇族内阁"的
恶称。

舆论和民意的再次被嘲弄，立即引起举国愤慨：

> 时论谓政府舍国会而先取内阁，不知国会未开以前，所谓责
> 任内阁者，果何所附丽。且督抚电奏，人民请愿，皆云责任内
> 阁，而诏中删去责任二字，不知无责任内阁，吾国之有久也，既
> 已久矣，何俟宣统三年而始成立，何俟再以诏书为之规定。①

---

① 黄鸿寿：《清史纪事本末》卷七七，上海书店出版社 1986 年版。

是的，内阁，就其制度的名称而言，曾在中国皇权制度下留下过历史的记载。明代以前，历朝设有宰相赞助皇帝管理庶政。1380 年（洪武十三年）朱元璋废中书省，设六部秉政；两年后又仿宋代大学士制度以备顾问，发展起了中国皇权制度下的内阁制。清承明制，通过对中央行政机构进行调整，设立了三殿（保和殿、文华殿、武英殿）、三阁（文渊阁、东阁、体仁阁）大学士（为正一品）的内阁制度。由皇帝特简的大学士，俗称首揆，职掌"佐天子，理机务，得不时召见"。这个实际是为皇帝办理例行公务的枢密机构，后来虽因军机处的出现而失去了原先的尊崇，但作为皇权下的一个机构，却没有被彻底废除。

以一个徒具虚名的内阁来应付 20 世纪初年热切于西方宪政的立宪党人的政治追求，朝廷的拙劣与愚笨便昭然于天下。

愤恨已极的各省谘议局议长、副议长领衔上奏，力陈由皇族为主组织内阁是不谙政体，不顺人情，大失人心的天下之恨事，要求立即废除，重组内阁。

在两次呈请留中不发的绝望中，这些钟情于宪政的"精英们"只能通过宣告全国书来表达自己的愤怒：

> 君主不负责任，皇族不掌政权，为君主立宪国唯一之原则……皇族组织内阁，则内阁不得动摇，是无内阁也；内阁仍可动摇，是无皇族也。①

然而，天真的宪政追求者们更应该懂得的是，皇族亲贵出任政府要职，不仅违反君主立宪原则，而且也违反了清朝祖制。清朝从雍正以来即定下了不准亲贵用事的规矩，历代相传，沿习成制。只是，一旦原则和祖制与权力利益发生冲突时，现实的选择只能是原则和祖制让位于权力利益，而不是相反。

自西太后援手恭亲王政变成功，奕䜣入值军机处开亲贵用事之端

---

① 《谘议局联合会告全国书》，《时报》辛亥六月七、八、九日。

后，亲贵领袖军机几乎无形中已成为另一种制度。奕䜣之后，礼亲王世铎入值；世铎之后，奕劻又继之。1901年后，在举国排满声声震耳的时代，慈禧遂确立亲贵主政之策，试图从权力结构上消弭清王朝面临的政治危机。于是，载振、载泽、善耆等一大批皇族亲贵纷纷出任尚书，又开亲贵出任部院尚书之先例。由西太后生前确定的皇族出掌政府实权的政治结构，作为皇族集权的根本之策，已成为王朝内阁建构的基本框架。

曾经背负着民望重托，怀揣着未来期望的各省谘议局的议长们，终于在"皇族内阁"的现实面前绝望了苦苦与争的立宪政治。离京之时，回响在耳际心怀的既不是初赴京城时的慷慨宣誓，也不是恳劝朝廷的拳拳之情，而是人们都熟知的元朝张养浩的一曲《潼关怀古》：

峰峦如聚，波涛如怒，山河表里潼关路。

望西都，意踌躇，伤心秦汉经行处，宫阙万间都做了土。

兴，百姓苦！亡，百姓苦！

第三篇　钓翁渔利

　　已然穷途末路的朝廷，在晚景凄惨之际，遍寻天下也不见堪称忠于王朝的大臣，却在遍地烽烟中出现了偷眼旁观等待天赐良机的渔利者——袁世凯。

十一　竖子亦成名

1859 年 9 月 16 日，河南项城，秋云清爽，天高地阔。

距县城东北十余里的张营，一座坚厚封闭的袁氏城堡中，袁保中的又一男婴降生了。呱呱婴啼之际，正值叔父袁甲三从剿捻前线送来出兵大捷、凯旋班师的消息。年近不惑的袁保中喜不自禁：

> 上天垂爱，叔父兄弟前线顺手，频频奏凯，我袁保中再度得子，家门有添丁之喜，真乃双喜临门。[①]

于是，一个"凯"字就成为新生婴儿的名字。按"保世克家，企文绍武"的族辈之序，他这一代属"世"辈。从此，袁氏族谱中出现了袁世凯的名字。

有捐纳同知身份的袁保中虽只是本县一个地方绅士，但其叔父袁甲三却官至总督，多次在皇帝的嘉奖中为家族赢得赫赫声名。同辈兄弟袁保恒、袁保庆也先后平步青云，出任内阁中书和道员。袁家"累世勋阀，三代煊赫"[②]的家世荣耀和经历，事实上为从小精熟官场之道的袁世凯提供了最早的启蒙教育。

不久，袁世凯过继给在外做官的袁保庆，尚未满 8 岁就随赴任候补知府的嗣父到了济南。此后，随着袁保庆官职的调迁和家族的要求，袁世凯从济南到扬州、从扬州到南京、从南京到北京，足迹踏遍南北的同时，也养成了放荡江湖的性格。

---

① 郭剑林：《瑰异总统袁世凯》，吉林文史出版社 1995 年版，第 6 页。
② 李宗一：《袁世凯传》，中华书局 1980 年版，第 6 页。

但是，少年浪迹的袁世凯却在不满 15 岁时，经历了家道骤衰的变故：1873 年 7 月，养父袁保庆突染霍乱病死于南京；一年后，生父袁保中也病死于乡下；四年后，抚养袁世凯的叔父、官至刑部侍郎的袁保恒又突然死于时疫。在年龄五十上下的父辈数人相继亡故的情况下，深信风水鬼神的袁世凯虽然费尽了焚香祷祝、求神祈鬼的心理之责，却也无法挽回袁氏家道由盛转衰的历史命运。

"四世同堂"的袁氏家族，在天意人事的作弄下，只得"将所有田土剖为十二股"，通过分家另灶各谋生计。自为一家之主的袁世凯，在分得一份比较丰厚的家产后，也开始为自己谋求未来的前程。

那个时代，科举功名是任何一个个人和家族谋求前途的首要选择。

生于官宦门庭的袁世凯，迈向仕途的第一步也是照习"八股"，期望在秀才、举人、进士的科举路途上，实现人生的价值。从 8 岁开始随父在济南拜举人王志清为第一位启蒙塾师，到 11 岁在扬州师从王伯恭先生学八股制艺，袁世凯一直打不起对八股时文的兴趣。平日里虽略涉经史，却也只求大意，为文谋篇，大都随心所欲，不成规矩。在袁世凯所作的一篇《普天之下，莫非王土，率土之滨，莫非王臣》的制文中，我们可以读到如下的文字：

> 东西二洋，欧亚二洲，只手擎之不为重，吾将举天下之士席卷囊括于座下，而不毛者犹将深入。尧舜假仁，汤武假义，此心薄之而不为。吾将强天下之人拜首稽手于阙下，有不从者杀无赦。①

赫然奇文中，除了建立在森森杀气之上的心高志大外，前后多不成句读，完全没有文章本身应有的规范和文气。

扬州。春光里的一日。生趣盎然，蝶飞蜂翔。

正值清明时节归里扫墓的王先生，临行给学生张鼎留下的作文题

---

① 沈云龙：《袁世凯史料汇刊续编》，（台湾）文海出版社 1966 年版，第 165 页。

是《故善战者服上刑》，要求数日后交卷。先生回馆后，面对张鼎的答卷，沉思良久，诧异不已。这篇立论乖谬的作文，起首破承二句却廉悍清矫，气势夺人，杀气逼面，向非张鼎风格。再三逼问之下，才知出于袁世凯捉刀之笔。两句为："以杀止杀，而杀杀人者，杀即止矣。"13个字中竟含有5个杀字。王先生心有所思，说："世凯，以你的心思，将来若得势，恐怕不是以杀伐定国，就是要以杀伐乱世了。"①

从小膂力过人，常常控马飞驰的袁世凯，无法把心绪收敛在八股时文上。1879年，20岁的袁世凯在两次乡试不中后，遂一把火烧掉了篓中几年来所集的诗稿文章，放言："男儿自有大业作为，乌能龌龊久事此。"②

拙于为文的袁世凯，从小随父出没于官场之中，见多识广的经历使他早早就精通了官场上的游戏规则。耳际脑海里，养父袁保庆的为官经验常常如影相随：

> 人言官场如戏场，然善于做戏者，于忠孝节义之事能做得情景毕见，使闻者动心，睹者流涕。官场若无此好角色，无此好做工，岂不为伶人所窃笑乎。③

1881年5月，已经22岁的袁世凯，在上海青楼度过一段与苏州名妓沈氏情好日密的落魄生活后，挥泪相别，决心投效军营谋取科举之外的功名利禄。

从上海来到登州，曾为袁世凯父执的淮军统领吴长庆收留了他，不久，以他曾捐过的"中书科中书"的名分委以一个帮办营务处的差事，从此开始了他赖以安身立命的军营生涯。

初来乍到的袁世凯，曾拜谋事于吴长庆幕府的江南才子张謇为

---

① 《袁世凯轶事》，（台湾）文海出版社（年份不详），第16页。
② 吴相湘：《"遁甲术专门"之袁世凯》，《民国百人传》第3册，（台湾）传记文学出版社1982年版，第329页。
③ 袁保庆：《自琐言》卷下，第13页。

师，希望于军务之余学诗习文。不料，这位中州秀才的文章"文字芜秽，不能成篇"，张謇既无从删改，袁世凯也颇以为苦。[①] 但是，文理不通的袁世凯却精熟于军中事务，常把吴长庆吩咐下来的日常军务办理得井井有条，甚至在非常之变中，能有当机决断的胆识。

——1882年，吴长庆军奉命入朝平息"壬午兵变"。作为先锋营的袁世凯初次办理前敌事务，先期渡海入朝。分队开进的淮军六营，因军纪混乱不堪，奸杀劫掠时时发生，袁世凯却乱中有度，恩威并用，竟然调度有方。几天后，吴统领方与张幕僚行馆谋划之际，袁世凯径直入营奏称："入朝之军有抢劫奸掠之事。"

吴未待说完即厉声道："何不严办？"

袁则应声而答："我当时已请出令箭，正法七人，现有七个首级在此呈验。"

袁世凯先斩后奏之举，顿时赢得吴大人的赞赏："不愧为将门之子。"

一首军中秀才所作的打油诗，伴随着袁世凯的名声而传遍军营：

本是中州歪秀才，中书借得不须猜。

如今大展经纶手，杀得七个人头来。[②]

——吴长庆部下某武弁殴伤韩人，袁世凯以军纪执法处之。吴则乞免其一死。袁佯作允诺，"以案上图书请吴阅，潜出斩之，入而请罪"。面对木已成舟的事实，吴统领也不由叹服："执法固应如是也。"遂恒诫其在营亲族，不得触犯军法。

——在朝兵士有数人强入民家吸食鸦片，袁访而斩之，并以头示众说："效尤者视此。"各营兵卒闻讯后大起喧哗，暗中纠合谋划，以烟瘾甚深不能服役为由，请求给资遣散。探得消息的袁世凯备刀索以

---

① 刘厚生：《张謇传记》，上海书店出版社1985年版，第6页。

② 袁捐中书科中书，并未报部。朝鲜乱后，北洋大臣保举袁以中书科中书，分省尽先补用，特奉旨照准。后吏部行文北洋大臣，谓历届捐案中，并无袁中书科中书之名。此事由袁托人向部补办弥缝了事。

待，至者即杀之，后来者皆畏死而散。

知此事由的吴大人也不免心中犯难，问袁世凯："果能一一执而杀之耶？"袁则十分镇静地说：

> 示威必不敢前，示怯必蜂拥至。若果全体俱来，将尽缚之，按名刑讯，认瘾者杀毋赦，不认者宽释之。仅杀一二人，余皆不敢认矣。[1]

额首称是的吴大人，不得不折服于这位初出茅庐者治军勒众的手段。

朝鲜之行，是袁世凯一世功名的起点。曾时常代替吴长庆出面，与日本、帝俄等国使节办理外交事务的袁世凯，凭此经历博得"非唯知兵，且谙外交"的名声。朝鲜之乱平定后，班师回国的吴长庆在向朝廷的请功表中，为袁世凯保了一个五品同知，并以管营务处之职留驻朝鲜。

战争或事变，向来是军人走向功成名就的阶梯。

1884年12月4日深夜，朝鲜亲日派主谋金玉均谎称清军作乱，哄骗国王李熙亲书手谕，请日本公使率军入宫保卫，并设防线以阻止清军。次日，袁世凯与主帅吴兆有、副帅张光前商议对策。二帅坚持说："没有北洋的将令，不敢轻动军队。"袁则说："渡海请命，怎能来得及？"要求立即出兵，保护朝鲜国王。但是，人微言轻的袁世凯，对于主帅的决策还不会有足够的影响。

仅隔一夜，朝鲜已是举国惶恐，正在集结中的几十万市民随时都有爆发更大动乱的社会能量。当宫中来报称，日本兵和朝鲜乱党阴谋把国王劫至日本，另立幼君，附日背华时，愤然而起的袁世凯与二位主副帅大人发生了激烈的争执。

袁："我辈统兵防朝，若失其君，又失其国，咎将焉归？且朝既附日，乱党必断我等归路，合兵阻我，何由回国？"

---

[1]　陈灜一：《睇向斋秘录》，《近代稗海》第十三辑，第559页。

吴、张："待告急于北洋，再定决策。"

袁愤然说："在朝办交涉，是我们的责任，如果因为肇衅获咎，我一人承担，决不连累你们。"①

结果，袁亲自率领1000多名清军攻入宫内，击退日军，恢复了朝鲜国王的政权。除了危急关头处事果断干练外，袁世凯把官场如戏场的父辈教诲也运用得娴熟自如。

12月15日，袁世凯撇开主帅越级给李鸿章写了一篇长达数千言的报告，在汇报镇压政变的过程中，不失时机地表达了自己的功绩与计谋。然而，刚刚直接接上李中堂这根通往权力上层的内线，来自日方和清廷内部指斥袁世凯"骄矜用兵""擅启边衅"的报告，就打到了朝廷的最高权力层。于是，一道谕旨下来，朝廷派出钦差吴大澂赴朝查办。

入朝后的吴大澂，作为宗主国的钦差如同皇上亲临，附属国国王必须亲自迎接看望。焦急等待的吴钦差不仅没有等来探望的国王，反而接获了朝鲜国王会见了日本大使井上馨的消息。在辱中带愤的吴大澂无计可施时，恰是被查办的对象袁世凯自请出面求见国王竭力争取，为吴钦差挽回了丢掉的脸面。

在国王会见的第二天，吴大澂以礼答拜国王。作为陪同成员的袁世凯，就在前往宫内的路途中，为这位专事查办袁世凯的朝廷钦差，精心设置了官场中的戏场：

吴钦差一路所见，尽是立于路旁两边的木牌，牌上书有袁世凯在朝的功德事迹。

疑窦顿生的吴大人，看一眼袁世凯，心中大惑不释。袁则大怒，令尽数拔去。

待他们返归途中，又见如此功德牌，且已有朝人跪护于牌旁。袁

① 见沈祖宪主编：《容庵弟子记》卷一，《袁世凯史料汇编》，（台湾）文海出版社1973年版，第10页。

154

遂指使手下策鞭驱之以去。"然驱之复来，势莫能止。"① 见此情境，吴钦差不由感叹万分。

岂知，成功地导演这场官场之戏的袁世凯，才只有 26 岁。

袁世凯本人出色的官场表演，再加上李鸿章的有意回护，"擅启边衅"的责任只是由李鸿章个人"行文戒饬"而罢。

不久，在李鸿章举荐下，清廷正式委任袁世凯为"驻扎朝鲜总理交涉通商事宜"的全权代表，并以知府分发，尽先即补，候补缺后以道员升用，加三品衔。

甲午战争后，游逛于京城的袁世凯因朝议不佳（认为中日之战皆由袁一人任意妄为所致），虽有温处道的实缺，却万难有赴任之望。

一日，恭亲王奕䜣问及李鸿章说："吾闻此次兵衅，悉由袁世凯鼓荡而成，信否？"

已在朝廷处于失势地步的李中堂却有意保全袁世凯的前程，对恭亲王说："事已过去，请王爷不必追究，横竖皆鸿章之过耳。"② 恭王闻此默然而罢。

此时，盘桓于京师嵩云草堂的袁世凯，却正在为自己的前程做着更长远的打算。

经历了在朝鲜宫内的兵事变乱后，袁世凯更加理解了兵权对于政权和人生价值的意义。而且，对于他这位既无科举功名金字招牌，又无家族赫赫战功荫庇的家道中衰子弟，想要出人头地也只有动动"行武"的路数。计上心来的做法是，他召集了旧时一帮幕友，静居于河南会馆依照日文兵书连译带编地"撰写"了《兵书》十二卷，期望进呈朝廷，受到高层权力的重视。

如何将自己的一番心思传递到权力中枢，是远比"撰写"兵书更为困难也更有价值的关键之举。在满朝文武大臣中，能够一言说动西

---

① 参见吴相湘：《"遁甲术专业"之袁世凯》，《民间百人传》第 3 册，《袁世凯轶事》等。
② 刘禺生：《世载堂杂忆》，（台湾）文海出版社 1972 年版，第 140 页。

太后谋决兵政大事者，也只有出身满洲正白旗的荣禄了。然而，仅凭一个道员头衔而尚无实职的袁世凯，要与手操军政大权的荣中堂套上关系，又谈何容易？

但是，权力作为一个相互依存牵连的网络体系，直接和间接的种种社会关系，都会在某个特定的条件下发挥出完全意料不到的作用。

在复杂的相互纠结的社会关系中，经袁世凯精心打探，终于摸到了通往高层权力的关系：八旗老辈中的豫师，最为荣禄所信任；而豫师又与曾为朝廷重臣的大学士阎敬铭最为相得；阎又是路润生的八股入室弟子，而路氏子弟有在淮安为官者；袁的妹夫张季谷正好就家居淮安。

于是，通过妹夫以卓礼厚币请动地方官路氏来京住在袁世凯的幕中，尊为上客；再由路氏引见阎敬铭，由阎而引见豫师，由豫而引见荣禄。等按照这迷宫般的官场路线走了一圈后，袁世凯就幸运地成了荣仲华（荣禄之字）的门生了。

在荣中堂的提携下，袁世凯在当朝声望正隆的大学士李鸿藻那里获得了极高评价：

> 家世将才，娴于兵略，如令特练一军，必能矫中国绿防各营之弊。①

遂力荐袁世凯编练新建陆军。

除了朝廷重臣的奥援，袁世凯还牵上了宫内西太后宠监李莲英的内线关系。一位从前在旅途中结识的阮忠枢，此时正在李莲英弟弟家处馆为师，袁世凯借此通过进奉这位西太后的总管太监，运动西太后很快批准了他关于督练新军的奏请。

在权力人生的道路上，向来只有权势依附的需求，而不会有真正的人情冷暖。甲午战争后，就在袁世凯急切奔走于权要阶层中时，那个最初保举和回护过袁世凯的李鸿章，在朝廷清议集矢之下被开去了

---

① 沈祖宪：《容庵弟子记》卷二，1913年排印版，第6页。

直督之任，以协办大学士的空衔居处在北京的贤良寺。

一日，久不谋面的袁世凯却来谒见郁郁失志的李中堂。袁进言说：

> 老师再造之勋，而现在朝廷待遇，如此凉薄，以首辅空名随班朝请，亦同旅寄……不如暂时告归，养望林下，俟一旦有事，闻鼓鼙而思将帅，不能不倚重老臣……

久经官场风浪的李中堂，立即意识到袁肩负着劝他远离权力中心的特殊使命。言尚未及，李就厉声叱斥道："罢！罢！慰亭，你来为翁叔平（即翁同龢，李鸿章的政敌——笔者注）作说客耶？"

轰走袁世凯后，余怒未消的李鸿章对身边的吴永说："袁世凯，尔识之否？这是真小人……"[1]

君子小人的道德判断，并不会影响袁世凯攀附权力阶梯的勇气和信心。他仍然信心十足地走向了新的任所——天津小站。

1895年12月21日，距天津东南70里的新农镇，又名小站，新建陆军督办袁世凯，在这里一心一意建造起他事业的新起点。

从山东、河南、安徽各州县和东北的锦州、新民招募来的2500多名农家子弟，与4700多人的淮军旧部，被新任督办迅速改编为不同于旧军的新建陆军。这套以德国陆军军制为模式的新军军制的基本框架为：

军队按兵种划分，有步、马、炮、工、辎各兵种；一军分两翼，每翼辖二三营不等；每营官兵1128人，等等。

在德国军官沙尔的指导下，一支严格按照德军操典进行训练的新式军队，就在名不见经传的袁世凯率领下逐步形成了，并正式揭开了清军编制近代化的序幕。

一向迷信于天命和鬼神的袁督办，却在新式军队的建设中更加迷

---

[1]　吴永：《庚子西狩丛谈》，吴相湘：《民国百人传》第3册，（台湾）传记文学出版社1971年版，第344页。

恋来自西洋的现代化的装备和力量，对于源自自家文化根基上的"法术""符咒"一类神秘力量——当时的朝廷大员中也有深信不疑者——却有着近乎残酷的对付手段。

在新建陆军过程中，天津不远处有一位自称为符咒大师者，据说一旦作法在身，即可避枪炮，成为枪弹不伤之神躯。无论官绅之中，还是军士上下，多有啧啧称奇者。

闻其大名后，袁世凯则欲聘其为新军教习，营中的一个军官程文炳说："此虽小有验，特儿戏事耳，恐不足以临大敌。"但袁却益坚其请。

神秘的大师来营后，袁世凯立即召集军中诸将，亲睹大师的符咒法力。大师立定后，袁命手下以手枪射击，竟然毫发无损。扬扬得意的大师夸口称，他的法术来自某仙佛所传。于是，军中惊以为神，袁则待为上宾。当然，心中窃喜的符咒大师不会想到，等待他的另一场实弹试验正在悄悄地进行着。

一日，接到袁世凯请柬的大小文武各官五十余人，纷纷赴会小站，要一睹法师作法。一切准备就绪后，有一客出面请大师立下手状："设或身死勿论，并觅保具结。"

然后，在一个演练操场上，袁命30名士兵持后膛枪齐瞄大师。随着一声令下，枪声爆响之后，大师身躯砰然倒地。看看惊愕变色的客人们，袁世凯平静地说："此诈耳，决无妨。"遂命人视验，回报称："目尚未闭，有笑容。"

袁则似笑非笑地对客人们说："何如？"然而，结果是，倒地的大师再也没有起来，再次检视的情况是：口角流血，胸有七洞。[①]

纷纷起身而去的客人们当然不知其中名堂：当时的满族权贵借神权以动观听，为迎合权贵旨意，袁才招此"符咒大师"。初试手枪时，袁特意嘱咐持枪心腹并不瞄向"大师"。但是，在广延宾客的大场面

[①] 刘禺生：《世载堂杂忆》，（台湾）文海出版社1972年版，第138页。

上，30 名持枪士兵中，却难保人人从命。

几近儿戏的一场试验，以"符咒大师"的生命为代价，为袁世凯新式武器装备起来的军队送上了一份血与愚的祭礼。

在近代化装备起来的七千新建陆军中，袁世凯着眼于军队扩充发展的长远利益，还组建了炮兵、步兵、骑兵、德文四所随营学堂（统称为"行营武备学堂"），成为初级军官的摇篮。除了武器的精良和一套严格的条规、章程(《简明军律二十条》《兵丁驻扎营内暂行章程》《操场暂行章程》和《行军暂行章程》等）管理体系外，袁世凯"一手拿着官和钱，一手拿着刀"的笼络人心的秘诀也成为这支军队令行禁止的内在因素。

——在袁幕府里做文案的阮忠枢，在天津妓院里结识了一位叫小玉的妓女。风尘岁月中，二人动了真情，阮幕僚便有意纳小玉为妾。但当面请示袁世凯时却遭到申斥，说这是有碍军誉的大事，万不能从。心灰意懒的阮忠枢也只得作罢。过了多天后，袁却邀请阮陪同去天津看一个朋友。当他们走进一座院门时，看到的竟是红烛高照，铺陈华丽，酒宴丰盛。待进至里屋，见一位新娘装扮的俏丽佳人款款而立。惊喜交加的阮忠枢才认出是小玉。原来这是袁世凯暗中妥为操持的成果。[1]

——某日，营盘里的一个小军官正在偷吸鸦片烟，吞云吐雾尚未够瘾，突然回身看到了前来巡查的袁督办，他来不及放下烟枪就翻身下跪求饶。铁着脸的袁世凯不由分说，抽刀就砍下了他的首级。[2]

恩威并用之下，这支 7000 人的新军在朝野上下很快赢得了隆隆声誉。

1897 年 7 月，在拜为恩师的荣禄的再次提携下，袁世凯以练军颇著成效受到朝廷奖赏：提升为直隶按察使，仍专责练兵。

---

[1] 袁静雪：《八十三天皇帝梦》，文史资料出版社 1983 年版，第 9 页。
[2] 袁静雪：《八十三天皇帝梦》，文史资料出版社 1983 年版，第 47 页。

袁世凯成就了新建陆军，同时新建陆军也成就了袁世凯本人。

一个按察使官衔，在一二品大员和王公贵族如云的京城里根本排不上靠前的名次；就是在品级不高却声望颇重的翰林、御史中，袁世凯的名字也还缺少些分量。但是，他毕竟拥有了7000人的新军。

于是，在1898年6月至9月间交织着既有新旧之争，也有帝后党争的政治较量中，"既同谋又首鼠两端"的袁世凯，一方面被维新的光绪皇帝特赏召见，另一方面又被西太后和荣禄等后党集团所关注。

利害权衡之下，袁世凯最终以出卖光绪皇帝的"百日维新"而获得了西太后的赏识。在皇太后颁给赏银四千两、准许他在西苑门内骑马以示优渥不久，袁世凯又官升两级，由一个直隶按察使超擢为工部左侍郎，所部武卫右军也扩充为一万余众。

心系于官场的人物，就像赌场上的赌客，决不会放过任何一次冒险的押注。在重重叠架的权力构成的罅隙中，任何一次手段和心机的运用，都有可能成为超越同僚甚至上峰，获得更高权位和权势的跳板。每一个攀上高位的成功的官僚背后，都会有无数个垫没在脚下的灵魂和生命的遗恨。

1899年7月，当崛起于田野乡村间的义和团把"扶清灭洋"的旗帜几乎插遍山东全境时，善于捕捉机遇的袁世凯立即上奏朝廷，提出了"慎选守令""讲求约章""分驻巡兵"等稳定山东局势的建议。在一副忧患于山东之乱的臣子之情下，言之凿凿的奏稿分明是在表述，唯我手操新军的袁世凯才能有效地平息山东的局面。

客观的机遇与主观的有备，同时掌握在袁世凯的双掌之中。不久，在荣禄的举荐下，朝廷于12月6日发布上谕：

派袁世凯署理山东巡抚（次年3月14日实授）。

出任封疆大吏的袁世凯，才刚满40岁。

十二　开府在北洋

　　1901 年 11 月 12 日，残雪犹存的官道上，一队从济南城开出的人马，正急匆匆地向北行进。众星捧月般护卫着的是两年前才出任山东巡抚，如今又接任直隶总督兼北洋大臣的袁世凯。进入不惑之年的袁世凯，与身旁并行的英文幕僚唐绍仪，一路谈笑风生，意气风发。

　　两年期间，当以农民为主体举着"扶清灭洋"旗帜的义和团烈火遍燃北方及京城之时，当以八国联军为主体的列强侵略军一路炮火轰击攻入北京之时，北京的朝廷却流亡于西安故都。在这外患内祸交接相连之际，许多朝廷大臣在变故中或者首级不保，或者落职罹罪，而袁世凯却在事变中不仅左右逢源，而且还将所带的武卫右军扩充了一倍之多。正是这两万精兵，成为两宫回銮时拱卫京师的必要保障，同时也成为他开府北洋的基本条件。

　　天意乎？人事乎？袁世凯追忆不息的思绪此时被他下属的一个文案所缠绕。

　　他叫徐抚辰，湖北人，是袁世凯抚台衙门里主办洋务事务的一个候补道职衔的文案。在袁世凯初抚鲁省时，朝廷里的王公亲贵们如端王载漪、徐桐、刚毅等人正力谋另立大阿哥，废除光绪皇帝；为抵制外人对此废立之谋的干预，朝廷遂令将各地义和拳招抚成团以御侮，并以诏旨下发各督抚，命奖赏拳民焚烧教堂。

　　接到诏旨后，袁世凯当即通行各属遵旨办理。闻知此事后，徐抚辰惊愕不已，立即到抚台衙门谏阻袁世凯，袁却未能听劝。遭拒绝的徐文案退出衙署，留下一封劝谏书，摒装而辞。这封关系袁世凯进退

功名的书信内容的大意为：

> 世界列强，英、俄、法、德、美、奥、意、比、日八国也，今以中国战败之后，无兵，无械，无饷，徒恃奸民邪教，手执大刀，杀洋人，焚教堂，围使馆，口念邪咒，不用枪弹，大刀一挥，洋人倒地，有此理乎？洋人能不联合兵队，以陷中国，决不坐视在中国之各国外人任团匪残杀而不问也。我公明知朝廷因戊戌政变外人保护康梁，反对大阿哥，触皇太后之怒，端亲王等乃以团匪进，不用枪炮，而用符咒，能制各国军械死命。大学士徐荫轩（桐）言，外国有你的格林炮，中国有我的红灯照，亦我公前日所闻也……我公能不遵行乱命，逐团匪于山东境界之外，将来外兵涌至，北京沦陷，皇太后、皇上出走，或有不幸，我公以反对义和团之故，犹可尽旋转乾坤之忠心。如随波逐流，我公一身功名消灭，且恐未能保其身家也……①

也许，比之于只知遵从谕旨的当局者迷的袁世凯而言，徐抚辰能更清醒于力量的对比和局势的逆转。跳出权力圈审视权力消长进退的人，往往有着预见时势变化的惊人的准确性。

读到这封申明利害的剀切谏书，袁世凯顿时惊出一身冷汗，急派手下快马追还前发檄文。一封谏书，清醒了袁世凯的政治头脑，他立即改变宗旨，采取了护洋人而剿团民的对策。

所幸，事变发生的历史结局，竟然完全被徐文案所言中，袁抚台不能不从心底叹服徐先生的远见卓识（对于尽言直谏的徐抚辰，因顾虑其知己所短，遂存疑忌，后未重用）。

没有徐抚辰大胆而及时的劝谏，就不会有今天赴任直督的袁世凯。

11 月 26 日，河北，高阳。

---

① 刘成禺：《侧面看袁世凯》，载《世载堂杂忆》，辽宁教育出版社 1997 年版，第113—114 页。

踏着风尘奔走的袁世凯一行，被携带着官印早已恭候于此的护理直隶总督周馥派来的使者迎接到行营里。

次日晨，袁世凯隆重地摆设香案，带领僚属随官们遥望两宫行在，恭行三跪九叩大礼，以谢皇恩浩荡。直隶总督兼北洋大臣的权力交接，就在这庄重肃穆的仪式中完成了。①

是的。风云际会，岁月非常。才十多年时间，袁世凯就从一个军营里的小差官，一路摇身变化而为五品同知，而为新军督办，而为直隶按察使，而为山东巡抚，而为直隶总督兼北洋大臣。

直隶总督兼北洋大臣一职，是天下督抚疆吏中的重中之重。这个拱卫京畿的封疆大员，向来属于既拥有统兵之才，又拥有经邦之略的朝廷股肱之臣。几年前还位于此任的李鸿章，曾是袁世凯十多年前就费尽心机去攀附逢迎的人物，而十多年后，这个砥柱朝廷的要位却落到了袁世凯手里。

历史造就着奇迹。

然而，刚刚到达保定的袁总督却突然停下快速奔进的脚步，望着伸手可及的天津不再前行一步。

天津，这座北方口岸重镇，已在将近半个世纪的中外贸易岁月里发育成一个现代化的都市。当中国朝廷在这座城池中的行政管理体系被八国联军的炮火摧垮后，一个由联军军人组成的"都统衙门"（全称是"暂时管理津郡城厢内外地方事务都统衙门"，英文名称是 The Tietsin Provisional Govenment）就成为天津唯一的行政管理机构了。在《辛丑条约》签订后，虽然八国联军撤离了天津，但这个"管辖自天津到大沽口海河两岸 20 华里之内地区诉讼、税收，并一切属于中国政府的动产"的"都统衙门"却依然存在。②

袁世凯被这个"衙门"激怒了。经验告诉他，只要这个洋人的

---

① 天津社会科学院编：《袁世凯奏议》上，天津古籍出版社 1987 年版，第 352 页。

② 天津市历史研究所编：《天津历史资料》（四），天津市历史研究所出版 1965 年版，第 90 页。

衙门哪怕是形式上的存在，都会使他这个总督衙门不成其为真正的衙门。他滞留于保定，并立即针对洋人们宣布："都统衙门一日不撤，八国联军军官一日不离开天津，我就一日不到天津办公。"

已经被任命为署理天津海关道的英文幕僚唐绍仪，是毕业于美国哥伦比亚大学的高才生，并且与英、美双方"交谊"甚好。因而，代表袁世凯前去与联军军官交涉的使命理所当然地落在了他的肩上。不负重托的唐绍仪，一方面以强硬的态度告知各国：倘此事不办，一切善后事宜将无从谈起；另一方面则通过英、美双方的外交途径进行必要的斡旋。

联军头目似乎没有过多地坚持，就同意了袁世凯的要求。

1902 年 8 月 15 日，天津。

著名的利顺德大饭店里，一个盛大的宴会上，中外双方关于天津"都统衙门"的正式移交仪式正在举行。

"都统衙门"委员会主任、英国步兵上校乌沙利文和修饰得十分精神的直隶总督袁世凯是这次交接活动的主角。作为"胜利者"代表的乌沙利文，亲手把所有的天津档案全数移交给中方代表，而心头总有一种说不出的不快。但作为失败者代表的袁世凯，却拥有一种胜利感——至少是赢得了他作为直隶总督必要的维持颜面的胜利。

袁世凯用双手接过了一个精致的红色封套，把一只脚抬起，冷静地把封套塞进他的军用长靴里。与此同时，一笔被联军挥霍所余的 185.2415 万两白银，也被迫移交。然后，充满自信的袁世凯向联军头目们举杯庆贺。①

同一日，直隶总督衙门从保定迁至天津。"都统衙门"的"所有一切地方事宜"也同时移交给中国官员办理。

当然，洋人有洋人的算盘。

根据《辛丑条约》规定，八国联军在交还天津后，中国政府不得

---

① 天津社会科学院历史所编：《八国联军在天津》，齐鲁书社 1980 年版，第 429 页。

在距天津租界20里以内驻扎军队。20里范围实际包括整个天津市区。不讲任何条件就接受袁世凯撤去"都统衙门"的建议，联军头目自信的基础也正是建立在这个条约的规定之上。

在移交的宴会上，德军少将罗赫什德特举着浅褐色的威士忌，不无惬意地劝慰情绪低落的同伴说：

> 别忘了，他的脖子上还有着一个套子呢。没有军队保障的政府会是什么样的政府？到时，他还得来找我们。我们的巡捕房正等着做总督署的保镖。先生们！天津永远是我们的！Cheers（干杯）！

其实，袁世凯比联军头目们更关注条约的该款规定。精明的袁世凯在权力上的心思，比之于洋人们的头脑有着更多的运筹。不一定精通条约文本和国际法规定的袁世凯，却养育着一批既精通外文，也熟悉条约和国际法规定的留学生出身的幕僚们，因而，在条约的空当处为自己权力运作动些必要的小聪明，也并非难事。

浅褐色威士忌带给德军少将的兴奋很快就消退了。

在袁世凯的总督署迁至天津的同时，由3000名新军士兵换上簇新警服组成的警察武装部队，就开进天津接管了市区的治安和保卫任务。这批原本就是经过严格训练的士兵，以警察名义分队驻守在天津市区、西沽、塘沽、山海关、秦皇岛等地，毫不费力地为总督署担负起原来属于军队的职责。

这支中国历史上首创的警察部队，按照国际成例不属于军队编制，因而也就不在条约对于驻军的限制之内。

面对改头换面的警察武装，目瞪口呆的德军少将只有自认棋输一着。

然而，这个被洋大人逼出来的"发明"，却超越了保卫总督衙门的意义，从更长远的利益上成就了袁世凯。

当一个完整的巡警网络在直隶地区形成规模后，这一与国际接轨的警察制度很快就纳入了王朝政体改革的体系之内。三年后（1905

年 10 月），在袁世凯建议和操持下，朝廷设立了巡警部，从尚书、侍郎到一千余名警察官兵，几乎都来自天津袁世凯的下属。第一代中国警察武装力量，完全被袁世凯所控制。

从此，北京城内达官贵人的言行，甚至宫内朝廷的举动和意向，通过警察系统的情报网络，都能及时地送达袁大人手中。

在运用权力和谋求权力的招数上，袁世凯的确有着过人的手段。他总是在最需要的关头，能够及时地最大限度地满足最高权力层的需求，从而在每一次权力重新划分和调整时，都能够获得意外的收获。

获取与投入的相关性不仅是影响商品市场交换的重要规则，同时也是影响权力市场交换的重要规则。所不同的只是，作为商品市场上投入的主要内容——以货币为形式的资本，一旦出现在权力市场的投入上，其所产生的影响就不仅仅是个人经济的赢绌，而是政权本身的生死存亡。但是，迷醉于金钱的当政者，却无法从根本上洞见由金钱堆起来的"忠诚"的本质，同样也就无法自觉地拒收这种"忠诚"。也许，这正是袁世凯的忠诚。

——八国联军挺进北京之后，逃亡的两宫刚刚落脚在太原，李鸿章就奉命到上海，开始努力与西方诸列强谋求议和。但是，在两宫危难关头袁世凯的努力却是：在自己掌管下的山东藩库凑集了 10 万两白银，截存安徽运解京饷银 11.6 万两，江苏解京银 5.05 万两，亲自派员解送给流亡的朝廷。[①]

——两宫驻跸西安后，袁世凯又筹备现银，分别贡献于西太后和军机处；随行的宫内太监们，也能经常得到来自袁抚台的现银进奉。

源源而来的丰厚供奉所带来的回报是：直隶总督兼北洋大臣。

在筹措钱财孝敬"老佛爷"西太后的需要上，袁世凯有着更多的智谋。当"回銮"的西太后面对被八国联军抢劫、破坏的宫廷陈设而急需款项支付时，皇太后想到的还是袁世凯。但是经济残败的直隶，

---

① 杜春和等编：《北洋军阀史料选辑》上，中国社会科学出版社 1981 年版，第 30 页。

一时无以措置如此巨额的款项，于是，袁世凯想到了官员们的私囊。

——在督署大厅里，袁世凯看看这些被召集而来的藩、臬、司道等官员们颇感迷惑的神色，缓缓而言。他说急等一笔钱用，要暂借他们的私人款项来垫办，以后再设法陆续归还。不明就里的官员们，既害怕"肉包子打狗"的黑吃黑结局，又惧怕借此落个"巨额财产"来源不明的贪贿把柄，因此他们几乎是不约而同地作出了同一种反应：除向制台大人哭穷诉苦外，便是对洋人的咒骂。①

在那种有个官印就能生出银子的世道里，大大小小的衙门原本就是大大小小的银库。只是，落入官员私人钱袋里的银子，本来就是太阳落山后的黑色交易，又怎么可能在众目睽睽下拱手让出？情知其理的袁世凯在如此散会后却不会如此作罢，接下来的动作，会使所有的官员品尝到真正有苦难言的滋味。

——表面上不动声色的袁世凯，暗中派人与天津的几大票号和钱庄（如钱长厚钱庄）取得了联系，把所有官员在钱庄、票号存放银钱的数额和利息共一百余万的内幕详情拿到了手。

——两天后，所有的官员再次被召集到督署衙门。面带微笑的袁世凯先是公布了调查所得的情况，然后话锋一转说：

> 这些票号的掌柜实在太可恶，他们竟敢冒用诸公的名义来招摇撞骗。为了惩戒他们，我已经把这些冒名顶替的存款暂时借用了。②

所有官员们多年来以各种手段聚敛起来的钱财，转眼之间就以袁世凯的名义贡献到西太后名下。面面相觑的众官群僚，还从来没有遇到过如此狠辣而狡猾的上司。

自从袁世凯开府北洋后，直隶总督衙门便成了宫内西太后许多赏赐开销的小金库。

---

① 袁静雪：《八十三天皇帝梦》，文史资料出版社1983年版，第11页。
② 袁静雪：《八十三天皇帝梦》，文史资料出版社1983年版，第11页。

接手直隶总督兼北洋大臣权力的同时，袁世凯幸运地接收了前任总督李鸿章经营多年的遗产：由截旷、扣编而积存的800余万两淮饷；各省汇归北洋的增派练兵经费千余万两；顺直善后捐余、永平七属盐捐；京汉铁路的运营利润；等等。这些经年不用报销、也不经中央户部之手的款项，为袁世凯自由打点支用提供了充足的来源和便利。"天津财币山积，任意开支，司农（即户部）不敢过问"[1]的总督府，俨然以"第二政府"的地位令人刮目相看。

属于袁氏亲信的负责颐和园水井监工的于守仁，在开工的次日遇到前来看井的西太后。慌忙下跪请安后，西太后兴致所来便吩咐随从说："赏他一封。"随从太监立即将一个黄封置于地上。等太后一干人走远，叩首于地的于守仁才起身检视：所谓黄封，就是银封，封长可三寸，长方形，黄绫纸壳糊制，内装十个圆形小银锭，每个一两，共十两。只是在黄封旁楷书工写的十个小字，清楚地表明了封银的来源："直隶总督袁世凯恭进"。[2]事后，于守仁将赏银之事告知袁世凯更高级的亲信——专事行贿宫中要人的杨士琦，才从杨的口中弄明白了袁总督打点内宫的用心。杨直言不讳：

> 此项用款皆李文忠（前任直隶总督李鸿章）所遗，备北洋正用，宫保（袁世凯已晋封太子少保衔，人尊称袁宫保）得借作宫廷应酬。从前如曾文正（曾国藩）、李文忠辈，对宫廷即不必如此。如宫保对宫廷不如此，即不能行，因为起家的资格不同，那手法也不能一样，这是无可如何的。[3]

这就是袁世凯之所以为袁世凯之处。这是一个从骨子里既看透了权力也看透了金钱，更看透了二者相互依存关系的官场人物的心语。

袁宫保的钱从总署源源不断地流入内宫，流向西太后，流向总管太监李莲英，流向内务府堂郎中白敦甫等所有能接近西太后的人的手

---

① 见郭剑林等：《瑰异总统袁世凯》，吉林文史出版社1995年版，第172页。
② 《北洋军阀史料选辑》上，第39页。
③ 《北洋军阀史料选辑》上，第39页。

中。权力最顶端的决策中心的一举一动和皇太后的心中所想、胸中所谋，也源源不断地从内宫倒腾给袁总督。

一旦政权与金钱达成了交易，那么，政权对于有价货币的回报，必然要付出更高昂代价。

官至极品的袁世凯，回首打量他青云直上的奇异历程时，坦露于人的秘诀是：世上只要有两件宝贝就没有什么办不到的事，一是刀子，一是银子。[1]除了精心于"能通神"的硬通货之外，袁世凯更多的力量投放在体现权力力量的"刀子"上。

1902年年初，当直隶总督署还在保定时，一个精心谋划的扩充北洋新军的计划，在袁世凯的主持下展开了：

——从顺直善后赈捐款项下提出100万两白银，作为募练新军的专项经费。制订《募练新军章程》十九条，并立即派出王士珍、王英楷赴正定、大名、冀州各属，会同地方官根据章程选募壮丁入伍。[2]

——仿德国军制，制订《北洋常备军营制饷章》，详细规定了常备兵、续备兵、后备兵的饷银待遇和发放办法。

——以"新练军"为基础，成立"北洋常备军"（简称北洋军）；设立北洋军政司（1904年改称督练公所），作为全省"军务总汇之所"，袁世凯自兼督办。军政司下设兵备、参谋、教练三处，以刘永庆、段祺瑞、冯国璋分任总办。[3]

"所谓自强者，非凑饷百十万，募兵数千人之谓也，必须放手经营，筹饷数千万，募兵数十万，然后可语自保。"[4]在与自己的政治密友徐世昌的私人通信中，袁世凯表露的"募兵数十万"的雄心壮志，似乎不会只是一个地方大吏基于自家地盘上社会治安的需要，而是有

---

[1] 《瑰异总统袁世凯》，第172页。

[2] 李宗一：《袁世凯传》，第99页。

[3] 李宗一：《袁世凯传》，第99页。

[4] 《袁世凯致徐世昌函》，光绪二十九年四月二十八日，载本书编委会：《北洋军阀史料 袁世凯传》，天津古籍出版社1996年版。

着更多对未来的考虑。但是，甭说近在天子脚下的直隶总督，就是远在天边的一个地方大员的如此大规模的扩军计划，也将是危及身家性命的冒险企图——任何一个中央政权，都不会对此熟视无睹。

然而，袁世凯似乎比朝廷想到的更多也更远。1903年年底，袁世凯向朝廷奏请在中央设立练兵处，并由庆亲王奕劻主持全国新军练兵事宜，自己甘当帮手。这个欲取先予的圈套，提出的堂皇理由使朝廷不能不允准所请。袁说：

> 此举一则由中央练兵，可打破省界限制，统筹全国；二则可将兵权交回皇族，皇上可从此不必再有尾大不掉之忧。①

面对袁世凯的"忠诚"，朝廷和皇族亲贵并没有太多地考虑就及时照准了袁的奏请。

只有久历官场、老于权术的军机大臣瞿鸿禨，一眼洞彻了袁世凯深藏于怀的图谋，远远地一旁冷眼静观。

12月4日，挂牌在北京锡拉胡同的练兵处正式成立。其构成人员果不出瞿大军机心中所料，名为朝廷中央的练兵处，其实就是袁世凯自家的北洋班底：除了被袁世凯的银子俘获了的总理练兵大臣奕劻（是个只管收银两、不管政务的主儿）外，会办大臣就是袁世凯本人；下设的提调和军政、军令、军学三司，分别由徐世昌、刘永庆、段祺瑞、王士珍分掌，都是出身于小站练兵时期的北洋袍泽。

朝廷的中央练兵处不仅为袁世凯带来了放手练兵的名分，而且还提供了经费上的便利：由各省汇解到北洋的900多万练兵费，被袁世凯优先挪用于北洋新军各镇。

于是，当1905年袁世凯亲自统领下的北洋新军六镇完全成军时，清王朝拟在全国编练36镇新军的计划还遥遥无期。而占全国新军几乎三分之一的北洋新军，就成为开府北洋的直隶总督袁世凯雄踞天下的硬"刀子"，最终形成了"光绪三十年间，朝有大政，每由军机处

---

① 参见李宗一：《袁世凯传》，中华书局1980年版，第101页。

问诸北洋，事权日重"①之局面。

"银子"和"刀子"的运作，靠的是人。在所有成功的政治家和政客们身边，都聚集着一批能够形成合力的智慧的群体。

尽管袁世凯本人有着一餐20枚鸡卵和一盘蒸羔的过人食量，尽管袁世凯"两目奕奕有神"，有着过人的精力；但仅仅靠他"歪秀才"的文化头脑和兵营里摸滚摔打的经验，又如何能在身系内政、外交之重，关涉政治、经济、文化之广的直隶总督兼北洋大臣任上沉稳不乱而章法有序？

除了"银子"和"刀子"的"硬件"之外，北洋幕府也构成了袁世凯运筹天下的系统"软件"。在中国的政治机制里，皇帝只管总督、巡抚等朝廷命官的任免，至于督抚官员身边出谋划策和具体操作权力的一干人员，则完全由着主官自由安排。在既无编制也无职位之限，同样也没有国家统一划定的工资待遇限定的条件下，便形成了主官与幕僚能够充分进行双向选择的自由空间。"合之则留，不合则去"；知无不言，言无不尽；一心事主，精心于事，就成了幕客们的职业守则。无论是基于"利"或"名"，还是基于其他的什么缘由，这种拥有一定自由度的行政组合模式，便不会产生内部的相互扯皮和踢皮球的"权力"游戏，也便有了完全以主官为中心的行政效率。②

云集在主官名下的各方幕僚，是一个专业化分工精细而又权责明确的集体：有专司刑名的师爷，也有专理钱粮的户幕；有舞文弄墨的文案，也有斡旋各方的"公关"；有出谋划策的军师，也有精熟外语外事的译员……他们按照各自的才识和技术水平，被主官分类组装在同一个衙门里。由幕僚组成的集体"班子"，就成为中国官僚政治机体得以运转的基本要件。

---

① 沈云龙：《张一麐与袁世凯》，《近代政治人物论丛》，（台湾）自由太平洋文化事业公司1965年版，第85页。

② 参见蔡申之：《清代州县故事》，沈云龙主编：《近代中国史料丛刊》第50辑，（台湾）文海出版社1970年版，第1页。

敢于拥财并视黄金如土块的袁世凯，却有着知人善任的精明。对于文人谋士煦煦和易，"虚怀下士"的态度，常常令士人们有"知遇"之感而乐于为之效命，"故各方人士奔走其门者，如过江之鲫。然所用无私人、族戚来就食者，悉以己奉食，给月廪，不假事权"。[1] 因而，由候补道陈昭常、蔡汇沧、阮忠枢，翰林于式枚、傅增湘，留学生金邦平、唐绍仪等20多人构成的北洋幕府，既有对旧式官场情状了然于胸的幕客，也有受过西学系统教育精熟宪政改革的新派参谋。以宾客身份出现在宾主（主官）面前的幕僚，少了几分属官的"媚"气，而多了几分宾朋的"义"气，因而常常能在直言和奋言之中，收获超越个人智力所限的智慧和能力。

1906年7月底，考察政治大臣刚刚回国之际，立宪政治一时成为舆论焦点。一日，袁世凯最得心应手的幕僚张一麐在督署与袁世凯也进行了一场关于立宪政体的辩论。

张说："各国潮流均趋重宪政，吾国若不改革，恐无以自列于国际地位；且满汉之见，深入人心，若实行内阁制度，皇帝退处于无权，可消隐患（此纯为袁的前途着想），但非有大力者主持，未易达到目的。"

袁却一反其意，说："中国人民教育未能普及，程度幼稚，若以专制治之，易于就范，立宪之后，权在人民，恐画虎不成，发生种种流弊。"

张则据理力辩："专制之不可久恃，民气之不可遏抑"，其结果是"反复辩论，竟不为所动"。

袁世凯最后对张说："至此尚有何词？"

张回答道："公既有成见，尚复何词？"遂悒悒而退。

不料，第二天袁世凯专门召见张一麐，要其立即草拟预备立宪的奏稿，以便上奏朝廷。仅一日之隔，"与昨日所言，似出两人"。张顿

---

[1] 《张一麐与袁世凯》，《近代政治人物论丛》，第85页。

时被袁世凯骤然翻改的态度弄得惊诧无措，遂对称：

> 昨日所陈，不过是救时之大略，至于其具体条目内容，则须与学习政治法律通晓西方宪政的专家详细研究。[①]

后来，由北洋大臣与考察政治诸大臣会衔奏请预备立宪的文稿，竟与张一麐和一帮留洋学生金邦平、黎渊等人所拟完全一样，"未易一字"。事后，张一麐才明白，主意已定的袁世凯在督署里与幕友之间激烈的争论，是"故为相反之论，以作行文之波澜耳!"

袁世凯不仅拥有送不完的银子，也不仅拥有赳赳武夫的北洋新军，他还拥有一个由多种学识才智组合起来的"智囊团"。于是，在袁总督治理下的直隶地区，很快就成为朝廷推行"新政"的示范区：

——1904年，直隶地区首次对官员的收入和廉政问题采取行政措施，对全省34个州县官员发放廉政津贴，并取缔了由来已久的各项陋规；同时，各衙门书吏、差役被大量削减。

——建立新的官吏考核制度和调查制度。这项制度规定：新任官员将受到已往政绩、公牍文字、律例成法、举止操守、口才辩答各个方面的严格考核。同时，通过政绩比较、舆论采访和下属、同级官的弹劾，形成了对各级官员监督制约的制度。

——1907年，在建立了全国最早的警察和警察学堂不久，全国首家高等裁判厅在天津设立——这一与"父母官"包揽审案的中国传统法律完全不同的现代法制机构的出现，意味着具有相对独立精神的审判制度与行政权力一定程度上的脱离。

——直隶工艺局，是当时唯一一家出色的官办实业机关。它所设立的工业学堂、各种制造厂、实习工厂、种植园、劝业会场、工商研究所和劝工陈列所，组成了中国历史上最早的"产学研"一条龙体系。

在劝工陈列所里陈列着从各省各地以及国外搜集来的最新工艺产品；从世界各地搜集来的工业书籍、标本、商品信息，一应俱全地向

---

① 《张一麐与袁世凯》，《近代政治人物论丛》，第88页。

世人展示着直隶省的非凡成就。

不到四年的时间里（1903—1907），直隶省150个府厅州县开办的工艺局、所就有85处，资本库平银达42万两。

——天津拥有全国影响最大的企业，仅启新洋灰公司就有资本100多万两，年产水泥20万桶，是当时中国最大的建材工业。

……

十三　政争军机处

皇权之下，百官之上，有一个政治运作的中枢：军机处。这个全称"办理军机事务处"的机构，始于雍正八年（1730），是清王朝政治权力运行实践中的独创。清朝承袭明制，原本掌管皇帝诏旨谕令之职的是所谓内阁，而军国大计之谋算决策，则由议政王大臣会议主持。用兵西北的雍正皇帝，生怕内阁中书未尽谨密，在拟旨缮谕的过程中将军机大事漏泄于外，遂临时设立一个"军需房"，在皇帝亲领下掌管军机事务。没想到，这个临时增设的办事机构，不仅快捷便易，而且省时省力，简直就相当于当今的秘书班底，既少了一些正式衙门的相互牵扯，又多了一分秉承意志的忠诚。于是，临时的"军机处"便发展成了位列六部和内阁之上的正式机构，成为代表皇帝处理军国政务的总汇之所。

特为皇权运作方便而设立的军机处，不像其他正规的衙门，除主官和僚属之外，还必须有大批办事的"吏员"，负责办理具体的事务。"义取慎密、有官而无吏"的军机处，它的全部工作都由军机大臣主持，由军机章京办理。

军机大臣俗称"大军机"，满、汉分置，数额四、六、八、十不等，从大学士、各部尚书、侍郎、总督奉特旨应召入值，都是身为一、二品官阶的大员。军机大臣们由皇帝指定亲王、大学士满、汉各一人为首领，被时人称为"揆首"或"领袖"。

军机章京俗称"小军机"，都是选自各衙门办事干练可靠，文字功夫较深的三、四品或五、六品的中下级官员。他们主要是承担抄抄

写写、跑前跑后，处理军机处日常事务的工作。分为满、汉两班各十六员的"小军机"们，通常分班轮值，两班各有一个几近谑称的比喻，一曰"走肉行尸"，一曰"醉生梦死"。每班以一人为领班，一人为帮班，俗称为达拉密、帮达拉密（满语领袖之谓），招呼"小军机"们每日里的上班下班，处置事务，其作用和称谓竟如现代星级酒店大堂上的"领班"。

料理军机的军机处，自有体现自身价值的规制和体统。

比如，军机处办公之地，在禁廷隆崇门内靠北，乾清门内外西侧，时人也叫枢垣、直庐或南屋。作为皇家机要之地，按规制就是王公也不得随便入内。每天上班时间，例由主管皇家"纪检"的都察院派出一名科道入堂监视，有犯者即时参奏严惩。光绪时代虽已撤出了稽查科道，但关防之严，已成规矩。各衙门首脑前往办事，非经传唤也不敢擅自入内。军机处值房台阶是这个不可随意踏入的禁地的边界，除军机之外，鲜有敢贸然踏入者。

1903 年，庆亲王奉命请西太后十分倚重的湖广总督张之洞到军机处商讨特科考试，张之洞站立阶下，任凭招呼也不再前行一步。瞿鸿禨猛然省悟到，世宗（雍正）皇帝曾有御笔榜示内阁：军机重地，有上台阶者处斩。[①] 在军机处每日里随便出入已成习惯的大小军机们，对此禁谕早已淡忘脑后，但张之洞却不敢淡忘。瞿鸿禨只好请庆亲王、王文韶、鹿传霖诸大军机都到阶下，与张议事。

再比如，军机在枢内办理的所有文件，概不得携归私邸，明谕昭昭，严守谨遵。

就是日常工作，也有不同于一般机构的规矩。由军机处发出的文件，一律加盖"办理军机处事务印记"的紫花大印；传述谕旨和机事

---

① 高树：《金銮琐记》，载荣孟源：《近代稗海》第一辑，四川人民出版社 1985 年版，第 59 页。

慎密者,一概用"廷寄",其首注明"军机大臣字寄某省某官",其末为"遵旨寄信前来"。"廷寄"一向由兵部加封驿递,以其紧要程度,在函外标明迟速,分为"马上飞递""日行三百里""六百里加紧"和"八百里加紧"。一般文件,则用"明发"或"交片"分发。

进入军机处办公的大小军机们,还必须学会一套特别专业的知识和术语,才能在公务活动中不至于错乱手脚。这是任何正规学校和课堂上都不曾有过的内容:

——处内当日所办一切事件,由值班章京写在记事簿上,谓"随手",明发交片记为○,廷寄记为△;缮写明发谕旨、廷寄交片,谓"现递";字数较长,由数人分段书写,谓"点扣";分书后合在一起糊粘接连,又叫"接扣"。

——领班复校后贮于一个特制的黄匣内,送交大臣审定无错讹,由内监呈进,谓"述旨";经皇上朱笔改定,则谓"过朱"。

——先期预拟文件,缮写封存备递,叫"伏地扣";恭遇巡幸赶在首站呈递者,又叫"下马扣"。[①]

这一套外人不甚明了的专业行话的训练,是军机处工作正常运转的系统软件,也是军机要地特殊地位的体现。

当官谋政者,很少有人不把进入军机处作为自己平生追求的目标。身为帝王者,也就把擢入军机者作为近亲大臣的标志。

出入军机处的人们,都能看到在军机直庐门面上,高悬着雍正皇帝手书的一方匾额:"一堂和气"。只是雍正的期望一直是期望中的失望,作为清王朝权力总汇的军机处,向来少有一堂和气的景象,总是王朝权力争夺、人事迁黜的风浪中心。枢垣扑朔迷离的人事更迭,也就成了王朝权力场上你争我夺政潮起伏的晴雨表。

光绪三十三年(1907)初春,北京城内新发行了一张名为《京报》的报纸。这张以大幅裁叠成小页的新闻报刊,便于车行浏览,形式颇

---

① 龙顾山人辑:《南屋述闻》,《近代稗海》第十一辑,第157页。

为新异。尤其引人关注的是，报纸的内容几乎都是独家新闻，而且矛头所指是权倾当朝的首席军机大臣庆亲王奕劻。先是披露奕劻在寿庆期间"广受贿赂"，愤愤然责问奕劻：

> 自当国数年，上答祖宗者何事？仰慰慈厪者何方？何以塞亿兆之望？何以执异己之口？[①]

继之又把段芝贵向庆王贡珍宝，为庆王之子载振献名伎的丑闻公诸报端。

在那个明面上以"道德文章"立身为宦的时代，《京报》的所作所为也算捅到了庆王的致命之处。人们颇有疑虑的是，在皇权专制时代，一家私人报纸何以竟有如此胆魄公开痛斥位如现代国家总理或首相的人物？一张刚刚开业的小报，何以有获得如此"绝密级别"新闻信息的途径？

只有熟知官场内情的人们了解个一鳞半爪，清楚《京报》的主持人汪康年是资深军机大臣瞿鸿禨的门生。报纸上的言论，不过是一场即将来临的权力争夺的潮汛。风潮源于军机大臣瞿鸿禨。

瞿鸿禨，湖南善化人。这位同治九年中举、次年联捷成进士，年仅21岁的青年，被当时名扬天下的大学士、晚清清流领袖李鸿藻推举为"天下才"。由此跳过龙门的瞿鸿禨在官场上一路顺风（史载，除文才德才之外，瞿的相貌特别像同治皇帝，由此颇得西太后恩遇），时至1901年即被擢入军机处，成为参与军机要务的枢臣大员。出身于耕读之家的瞿鸿禨，有着中国文人士大夫恤民忧国的一副心肠，也有传统道德文化养育出来的清廉品格。

为官之初，他就上书朝廷要求体恤百姓，整饬吏治。字里行间，忠君爱民之情跃然纸上：

> ……民于国家，精神元气也；州县于民，则肌肤之会，筋骸之束，以藏精神元气者也。今州县不谋教养，惟罔与残是务，伤

---

① 汪康年：《汪康年文集》上，浙江古籍出版社2011年版，第94页。

元气，贻隐患，非急图拊循以除病根不可。①

为官多年后，服丧回籍竟有资费不给的困顿，最后不得不出卖旧宅，换取有限的路费以便还朝就职（那时的官僚好像还没有发明到下属单位报销路费的道道）。

做官做到这种地步，似乎在任何朝代都是绝无仅有的"榜样"。榜样虽然可以成为人们教化子孙后代的例子，甚至也可以成为一个政权少有的用以劝谕世风的道德标本，却很难被以权力为人生的大大小小的"政治家"们所认同。

尽管民族的史册和文明的追求，把清廉和忠贞敬放在理想和道德祭坛最神圣的位置，但现实社会和世道却总是把她置于实在的利益和权力之下。于是，漫步在历史的长廊和巡视于古老文明的橱窗，我们常常对包公、林则徐、瞿鸿禨的人格官品生发出由衷的敬仰，为他们视民如子两袖清风的行为所感动落泪；于是，直面于现实的生活和身处在利害相关的世道里，我们又往往对如和珅、穆彰阿、袁世凯一类的品行产生内心的厌恶，为他们暗地里的手脚和阳光下的罪恶所愤慨。历史与现实，永久的文明与一时的政权，自觉和不自觉地完成着各自的追求。

于是，在敬仰我们古老而执着文明的同时，我们也深深地崇爱文明养育出的一代又一代"为天地立心，为生民立命，为往圣继绝学，为万世开太平"的士人品行。

在红包风行的衰世王朝的官场上，瞿氏的府邸也是另一番风景。他严禁"苞苴"，虽门生故旧也无敢求请所托。身为极品高干，却只有"一舆二仆"，"屏谢警卫，门无杂宾，萧然斗室，一如书生"。②生长在等级尊卑的岁月里，他却少了那份享受"省部级""厅局级"之类住与行待遇的心思。

---

① 闵尔昌撰：《碑传集补》卷二，1923年刊本。
② 闵尔昌撰：《碑传集补》卷二，1923年刊本。

比之于"三年清知府，十万雪花银"的众官群臣，瞿鸿禨的确为我们的民族历史树立了令人感怀落泪的人格形象。只是，当一个王朝或政权的腐败如高崖滚石般地加速度下滑时，卓尔不群的清廉注定被现政权和组成政权的群体所排斥。

当时，主持军机的首揆庆王奕劻，已被拥兵北洋坐镇直督的袁世凯贿买。庆、袁相结为党，势倾中外。心怀长远之图的袁世凯，也曾以同样手段拉拢地位仅次于庆王的军机大臣瞿鸿禨，派人先以"当修门生之敬"的名义送上令人眼馋的红包，后又"请为昆弟交"。① 两次被拒后的袁世凯，仍心有不甘，不明白是什么力量驱使着这位手头并不宽裕的军机，对钱财持有冷漠态度。于是，在瞿鸿禨的次子成婚庆典的大喜日子，袁大人又精心安排"北洋公所"——相当于现代地方政府的驻京办事处一类的机构，送上一份不薄的贺礼——八百两。想不到是，瞿大军机连这份面子也不给，有礼有节地加以婉谢了。

半生混迹官场的袁世凯第一次感到这个书生出身的大军机的"不识时务"，并真正意识到权力人生中也还有面对金钱心不动的"不同道者"。袁世凯顿有预感：权力本身也许并不可怕，真正可怕的是权力对钱财的抵拒，这将构成所有以钱财谋取权力，同时又以权力谋取钱财的官场人生循环的致命威胁。于是，袁放弃了对瞿鸿禨无效的贿赂对策，开始与庆王合谋，极力排瞿出局——让其离开军机处。

势单力薄的瞿鸿禨也开始了自己的反击。《京报》言论的出现，是他舆论先行导向天下的第一步。

就在北京城内的御史们凭借报纸内容，纷纷行动，精心准备弹劾庆王父子的奏章时，一个关键人物的出场，把这场"丁未政潮"推向了高峰。他的名字是：岑春煊。

岑春煊之父为岑毓英。太平天国时期，岑毓英以广西西林区区一

---

① 沈云龙：《谈袁世凯》，《现代政治人物述评》，（台湾）文海出版社 1966 年版，第 61 页。

秀才率领团练征讨回民起义起家，竟屡建战功，官至云贵总督。1861年出生于"高干"门户的岑春煊，从小即有父辈功名的荫庇，养成狂傲不羁、豪侠直言的性情。少年时代，他与出身名门贵胄的瑞澂、劳子乔合称为"京师三少"。

岑春煊原名春泽，别署炯堂老人。后来，一位阴阳家预断他的名字不吉，恐有不测之祸，遂更名春煊。

中举后的岑春煊，很快就跻身仕途，于30多岁的年纪就升任为布政使（副省级）。不过，使岑春煊真正名扬天下的机遇却在庚子之年。

庚子年间，被八国联军逼迫离宫的西太后携光绪皇帝仓皇出逃西安。在众多督抚大员观望不决之际，身为甘肃布政使的岑春煊率先打出"勤王"之旗，在昌平迎驾。狼狈出逃的西太后一行，见到岑春煊麾下的两千兵丁（虽毫无战斗力，却也可壮胆增势），顿时就有了患难见忠臣的帝王们常有的情感。接下来发生在太后身边的故事，也为岑春煊政治声望的上升创造了条件。

太后、皇上两宫西行，需要有人"督办前路粮台"，准备必需的皇家生活用品。这个差使最初落在怀来县令吴永肩上。自感"身无一文之饷，手无一旅之兵"的小知县，顿时有了将这个难差推给岑春煊的念头。通过内监李莲英的作用，吴永得以在皇太后居住的佛殿正廊（怀来县境）叩见陈请。

吴知县诚心陈述：

> 蒙恩派臣为行在前路粮台，本应竭犬马之劳，惟臣官仅知县，向各省藩司行文催饷，于体制多有不便……布发文告，亦多为难之处。现有甘肃藩司岑春煊……官职较崇，向各省行文催饷系属平行。可否仰恳明降谕旨，派岑春煊为督办粮台，臣请改作会办。①

---

① 《一士谭荟》，《近代稗海》第二辑，第448—449页。

正在吸水烟的西太后沉思良久，遂答曰："尔这主意很好，明晨即下旨意。"

吴永的动作引起了随驾军机大臣的不满。小小的县令不经大军机的允可，径直上奏，虽在非常时期，又有西太后的非常开恩，但终究于军机的颜面有碍。军机大臣王文韶随后就呵斥道：

尔保岑三（在岑家兄弟中岑春煊排行为三）为督办，亦须向我等商量，乃径自陈奏耶！此人苗性尚未退净（岑春煊的母亲是苗族——笔者注），如何能干此正事？[1]

开罪于军机们的吴永虽有圣恩沐浴，终于未能升迁大任。但勇于任事的岑春煊，却在督办粮台任上敢作敢为，"时望甚隆"，颇得西太后的眷顾。很快升任总督的岑春煊，在大刀阔斧的动作中，又加封为太子太保，与袁世凯南北相呼应，并称晚清两宫保。

虽与瞿鸿禨的个人修养品格不同，出身阔少的岑春煊在对待钱财问题上的结果却与瞿军机十分相似。

在总督两广任上，早已商品化同时也腐败化了的广州米商出手不凡，首次见面就在禀词中夹上四十万两的银票，意在向这位天朝大臣送上例行的贿赂。

在既是习惯也成风气的广州城，这是人人皆知的事情，号曰"公礼"。所谓"与人计事，以不收公礼为无诚意"。[2]偏偏岑总督将"公礼"仍当作私情，严肃地加以拒退。戚戚然也悚悚然的商人无计可施，静等着来自总督府的"官威"发怒。不久，粤商们才明白，这位不收"公礼"的总督，比之于那些尽情收受钱财的官员们，更加佑护商民。在岑奉调离粤之时，含泪相送的商民们大为感动，"知不收公礼而肯为民任事者尚有人也"。[3]

对商民有所呵护的岑春煊，对同行却不同道的官僚们少有好感。

---

[1] 《一士谭荟》，《近代稗海》第二辑，第448—449页。

[2] 《一士谭荟》，《近代稗海》第二辑，第447页。

[3] 《一士谭荟》，《近代稗海》第二辑，第448页。

一有机会，他就会或加斥革，或予弹劾，从不手软，也从不顾念什么官官相护的道理。于是，在小民们心有所快的同时，官员们敬畏异常，私下里送给他一个名实相符的绰号"官屠"，以与"民屠"袁世凯、"士屠"张之洞鼎立为晚清"三屠"。

以如此性情、经历和地位的岑春煊，遂成为孤处朝堂的瞿军机引以为援的对象。

1907 年（丁未年）3 月 3 日调任云贵总督的岑春煊，本有"无庸来京请训"的朝命（据说，岑之调任和坚拒其入京是"庆袁集团"所做的手脚），但在瞿鸿禨秘密牵引下，岑由上海动身，道出汉口，突然采取战略大转折，来个乘火车"迎折北上，坚请入对"的大举动。

岑春煊的意外入京觐见，使本来就紧张的枢廷气氛，陡然升高，几乎处于一触即爆的临界点。

岑春煊 4 月底抵京。

4 月 30 日，西太后携光绪皇帝召见了岑春煊。君臣相见，太息良久，不由勾起庚子年的患难之情。西太后颇为动情，指着光绪说：

> 我常同皇帝说，庚子年若无岑春煊，我母子焉有今日？

岑春煊在表达了"久违圣颜，恋阙情殷"的意思后，不失时机地提出"开去川督之任"转留京城效力的意思。西太后立即如其所请，说：

> 你的事好说，我总不亏负你！①

遂任命岑为邮传部尚书（部长）之职。

岑的留任北京标志着朝堂之上瞿岑结盟的完成——这是"庆袁集团"深以为忧的对手。

力量的调迁和战略部署已经完毕，甚至双方的力量和阵势也已清晰可辨。序幕既落，正剧开演。岑瞿集团与庆袁集团之间的一场短兵相接，随着岑的出台拉开了紧锣密鼓的场面。

---

① 《一士谭荟》，《近代稗海》第二辑，第 444 页。

在接连四次召见中，岑春煊对军机首领庆亲王开始频出大招。岑当堂陈奏：

> 近年亲贵弄权，贿赂公行，以致中外效尤，纪纲扫地，皆由庆亲王贪庸误国，引用非人。若不力图刷新政治，重整纪纲，臣恐人心离散之日，虽欲勉强维持，亦将回天无术矣。①

太后似另有所思，沉默不语。

情知二人已成水火之势的西太后，希望有所调和，故意问岑到京后曾否往谒奕劻。岑对称："未尝。"

太后却劝导说："庆公忠体国，办事实心，而时世之艰均甚于恭亲王时，汝应去见。"② 并进而开导说："尔等同受倚任，为朝廷办事，宜和衷共济，何不往谒一谈？"

岑则以退为进说："彼处例索门包，臣无钱备此。纵有钱，亦不能作如此用也。"③

调解不成的西太后只得"乱以他语"转开话题。

第一个回合未见奏效，瞿、岑便采取迂回策略，从庆、袁之党外围入手，矛头指向邮传部侍郎（副部长）朱宝奎。朱是庆、袁走卒，凭借夤缘庆邸谋到副部级职位。

在第四次召见时，岑春煊向太后力言朱宝奎恶行劣迹，并以"不能与此辈共事"为由，拒绝到部就职。

西太后犹豫良久，遂劝慰说：我并不是惜一朱宝奎，按理你应到部后具折参奏，才有罢免他的根据。岑春煊却毫不退让，坚称：

> 皇太后果以臣言为不诬，则今日面参即可作为根据也！

皇太后终于卖给这位曾经护驾有功的忠臣一个面子。次日，罢免朱侍郎的上谕就传遍朝堂。谕云：

---

① 岑春煊：《乐斋漫笔》，《近代稗海》第一辑，第100页。
② 陈旭簏主编：《辛亥革命前后 盛宣怀档案资料选辑之一》，上海人民出版社1979年版，第50页。
③ 《一士谭荟》，《近代稗海》第二辑，第447页。

据岑春煊面奏：邮传部左侍郎朱宝奎，声名狼藉，操守平常。朱宝奎着革职。①

在清朝官制中，侍郎与尚书为同官，并非属吏，以一未到任的尚书之言，竟将副部级的高官罢免，为清代历史上所仅有，也足见岑春煊在西太后心中眷遇之隆的特殊地位。

朱侍郎的罢免，只是双方交火的前哨战。军机大臣们一旦抡起手掌，拍倒在地的就绝非一区区副部级官员所能了事。5月7日，距朱侍郎去职仅三日，御史赵启霖揭露奕劻父子受贿卖官的奏章，就递到了西太后手中。

赵启霖是瞿鸿禨的同乡，《京报》主笔汪康年又系瞿的门生。报纸披露的内容和赵御史弹劾的事实，都集中于庆亲王一身。这一切，表明了两大军机权力对抗的正式亮招。

西太后再也不能无动于衷了。岑、瞿的屡屡出击，主管监察朝廷官员的御史的公开弹劾，说明双方已经拉开根本无法调和、也无法回避的架势。慈禧太后只得下令彻底查办，并派醇亲王载沣、大学士孙家鼐负责此事。

朝廷调查的结果，虽然没有动摇庆亲王首领军机的职位，却使其子载振丢掉了御前大臣、农工商部尚书的职务。

面对岑、瞿年盛气壮的公开进逼，庆、袁所使的手段，才真正体现了中国政治党同伐异的高超艺术。反击几乎在不动声色中进行。

庆、袁指使谋士杨士琦在军机处完整的档案中进行了精细的查阅，找到了戊戌年间瞿鸿禨密保康有为、梁启超的三份奏折和有关岑春煊举荐立宪党人张謇（是西太后怀恨在心的光绪老师翁同龢的门生）的证据。

比之于哪怕一丝一毫的所谓"政治立场"问题，任何巨大的贪污纳贿都算不得什么，这是中国传统政治运行中一个不可动摇的原则。

---

① 《一士谭荟》，《近代稗海》第二辑，第447—448页。

其实，在光绪皇帝主持变法的日子里，任何一个臣子都会在皇帝的指挥棒下有所动作。军机档案里的这类材料比比皆是，即使袁世凯、庆亲王也不会例外。只是，政客们的死档活用总能取得意外的收获。

攥着到手的"证据"，心中无比窃喜。庆亲王于5月28日入宫独对，同西太后进行了长时间的密谈。摆出"政治立场"的材料后，庆亲王说，瞿、岑此番动作，虽表面上以奴才及袁宫保为目标，但其久远之图则在借倒庆、袁以为戊戌变政翻案。奴才以为：

> 吾之区区权位尚不足惜，微末声名也不足珍，但瞿、岑逼宫归政之谋，不可不防。此家国大计，望皇太后明察。[1]

权力之争中，"政治立场"始终是置人于死地的命脉。慈禧太后不由联想到，几年前瞿鸿禨还请求开释党禁，宽待康、梁；疑虑之中，屁股已坐向庆、袁一方。

庆、袁采取的第二步行动是：逐岑出京，陷瞿于孤掌不支之势。

这一次，直接出阵的是袁世凯。在袁世凯与西太后的奏对中，我们看到的是远远高于岑春煊的官场上的老到和圆滑。

当时，广东地区革命党人频频起义，警讯不断，又恰逢钦州土豪刘思裕聚众劫掠。袁世凯先亟电粤督，令大张其词，急奏请兵；继则以此为由入见西太后，陈奏道：

> 周馥（时为粤督）臣姻家，知其人虽忠诚，而年已及耋，粤寇再起，而其地革命党尤烦，恐非馥才力所能制。此事虽然不属臣的职掌范围，但臣蒙圣恩过厚，心有所知，不敢不闻。

精明的袁宫保尽管并不明言粤督的人选，但有意突出地方不靖的特点，已把人选引向具有"敢作敢为"大刀阔斧性格特征的人选上——这也正是岑春煊的特点。果不其然，西太后首先想到的就是岑春煊。在嘉勉袁的爱国热忱后，太后说：

> 如言知兵及威望，固莫如岑春煊，而虑其不愿再任粤事（刚

---

[1] 见周育民：《从官制改革到丁未政潮》，《江海学刊》1988年第4期。

从粤督任上下来），奈何？

针对西太后征询犹豫的口气，袁的对答却暗伏杀机：

> 君命犹天命，臣子宁敢自择地？春煊渥蒙宠遇，尤不当如此。①

袁世凯一句"君命即天命"便揭出了"君臣之义"绝对的大道理。大道理永远要管着小道理，这既促成西太后调岑督粤的决心，又置岑于有进无退之路。违拒"天命"，是任何臣子都不敢想象的一种下场。

君臣对答的通篇，袁世凯非但没有贬损岑春煊的一字一词，反而是在有意推崇他的才能。妙不可言的是，恰恰就是在这有意无意的推拿捧举之间，把对手摔出了擂台中央。

5月29日，岑春煊在这基本上由权力筑起的北京城待了刚刚一个月，就接到了来自"天命"的懿旨：

> 两广总督周馥开缺，另候简用；岑春煊着补授两广总督，即日离京赴任。

6月15日离京的岑春煊，取道秦皇岛泛海南下。一路上，岑总督百感丛生，思绪万千。

岑春煊到达上海后便称病不出，一方面联络报界继续攻击庆、袁；另一方面静待观望希图有所转机。然而，局势骤变之快，完全出乎岑的意料之外，就在岑春煊栖留沪上的第二天，瞿鸿機被逐出军机处的电讯就传到了他的手中。这是庆、袁政治手段的又一杰作。

在瞿、岑与庆、袁两党相争之中，慈禧也有所思索。

奕劻之贪黩好货，其子之渔色无厌，慈禧也时有所闻。一日，瞿鸿機被单独召见，谈到奕劻时，西太后微露罢免之意。瞿却疏于防范，将此意思告知夫人。不知其中利害的瞿夫人，又传言出去。不久，奕劻要出军机的消息遂登载于英国《泰晤士报》和《京报》，风传一时，京城震动。

---

① 费行简：《慈禧传信录》，见《一士谭荟》，《近代稗海》第二辑，第445页。

袁世凯一方面立即指示英国公使出面，向西太后直接提出质询，形成外交压力；另一方面，则贿通御史迭上弹章，指斥瞿鸿禨"里通外国"，阴结报馆，结党为援——这顶"政治"大帽，足以扳倒任何对手。内外交攻之下，瞿大军机落了个"姑免深究，着开缺回籍"的下场。

称病沪上的岑春煊，对于粤督之任尚在迁延不决之中。瞿鸿禨被罢相还乡，则标志着瞿、岑联盟的彻底溃败。对于"庆袁集团"，孤身朝外的岑春煊已无还手之力。略事调整后，岑已准备赴粤就任。恰在此时，一纸上谕传到：

> 岑春煊前因患病奏请开缺，迭经赏假。现假期已满，尚未奏报启程，自系该督病尚未痊。两广地方紧要，员缺未便久悬。岑春煊着开缺调理，以示体恤。①

上谕所述的理由，再简单不过，完全体现的是皇太后为岑的健康着想的善良心愿，而导致岑落职的真正原因，却是复杂的政治谋算加先进的现代科技手段的结果。

——时任两江总督的端方，也是袁世凯的儿女亲家，当然也与岑春煊曾结为昆仲，称兄道弟之间，也免不了官场上相互所用的提携。这位出身贵胄的总督，对西洋事物有着非常兴趣，爱好所致，竟学得一手摄影的本事。为官之余，背着时髦的相机总能抢下许多高层内幕的新闻照片。为了官场上的权和利，端方运用自己掌握的技术，把岑春煊的照片和梁启超的照片合而为一，形成岑、梁并肩亲密的一幅相片。

袁世凯收到端方寄来的作品，欣喜若狂，遂将相片与"春煊近与梁启超接晤"的文字件，一并送与西太后。

——据史载，对着相片的西太后无比伤感，默默相对竟有一个时

---

① 见申君：《清末民初烟云录》，四川人民出版社1984年版，第33页；萧一山：《清代通史》第四卷下，第2458页。

辰之久。随后，慈禧长叹说：

> 春煊亦通党负我，天下事真弗可逆料矣！虽然，彼负我，我
> 不负彼！可准其退休。[1]

从此，作为寓公的岑春煊，在"东方第一大都"的上海，游宴度日。

被王朝政治和权力机制奸污了的忠贞和挚爱，伴随着岑春煊和如岑春煊们潸然而下的泪水，飘然而去。

风紧雨急的"丁未政潮"，对军机枢垣的人事格局进行了一番洗刷。面对政权核心的你争我夺，西太后也苦无良策。为了权力集团的缓冲，也为了政权的长远之图，慈禧还不能触动"庆袁党朋"，但她要有所防范。

第一步，她下令让醇亲王载沣进入军机，形成两亲王同列军机的罕见政局，并力图使载沣培养起足以抵衡庆、袁的势力。

第二步，军机政争平息后，慈禧将袁世凯、张之洞同时调入军机，在力图架空北洋大臣的基础上，尽力减小中央集权的阻力。

改组后的军机处的格局是：奕劻、载沣、世续、那桐、鹿传霖、张之洞、袁世凯。

短暂的平静之中，又酝酿着另一轮潮起潮落。

奉调入京的袁世凯于1907年9月4日被正式授予军机大臣兼外务部尚书。

与袁世凯相比，同时奉调入京的张之洞晚到了大约十日时光；但在殿堂上受西太后召见时间之长，却远远超过了袁世凯。君臣之间充满情怀的对答，也足以表明西太后此番调整军机处领导班子的所倚所重。

西太后不无感慨：

> 大远的道路，叫你跑来了，我也是没有办法了。今日你轧

---

[1] 《一士谭荟》，《近代稗海》第二辑，第446页。

我，明日我轧你；今日你出了一个主意，明日他又是一个主意，把我闹昏了。叫你来问一问，我好打定主意。

张之洞当然明了"丁未政潮"对于朝局的影响，也情知庆、袁之盟与瞿、岑之党政争的隐情。为了向太后表明心迹，也确实想为王朝江河日下的局势略尽一个忠臣的责任，张之洞的应对当是发自内心的真诚：

自古以来，大臣不和，最为大害。近日互相攻击，多是自私自利。臣此次到京，愿极力调和，总使内外臣工，消除意见。

接下来，君臣双方就留学生和立宪问题进行了敞开心怀的讨论和应对。西太后遂将话题引向朝廷人事问题：

问："现在用人很难，你看究竟能大用者有几人？"

对："此事仓猝间不敢妄对。"

问："徐世昌何如？近来参他的人很多。"

对："徐世昌未始不可用，总之太得意，阅历太浅。"

又问："岑春煊何如？"

对："岑春煊极有血性，办事勇敢，但稍嫌操切。然当今人才难得，投闲置散，亦殊可惜。"

又问："庆亲王何如？"

对："奕劻阅历甚深，当有余。"①

这位祖籍为山西洪洞县现籍直隶南皮县的张之洞，是典型的"学而优则仕"一类的佼佼者。他13岁中秀才，15岁中解元（头名举人），就已经是"一时才名噪都"的知名人物了。1862年会试落榜后，张之洞进入其族兄张之迈（时任河南巡抚）幕中，当一名类如现代文秘的"文案"。但这位才识志向不凡的小秘书，却做不惯官场上四平八稳的那种官话套话的奏折，常常把自己对时政的见解和主张写入奏

---

① 《八月初七日张之洞入京奏对大略》，丁未时务杂录，《时务汇录》（抄本），中国社会科学院近代史研究所图书馆藏档案乙F99。

稿。文笔雄健之外，还流溢着一个涉世不深却有真知灼见的年轻人对朝政的关切之情。

但久在官场的兄长却深知其中的轻重利害，官道上步步小心攀缘的"追权族"们，似乎都积累着同一种经验：不痛不痒的言论才能在确保一生平安的道路上，慢慢接近那个凡为官者都期望的目标；真话实说满是棱角的言辞却不仅常常弄掉自己的官位，甚至也会弄掉自己的性命。为兄的张巡抚认认真真看了小弟拟成的奏稿，打趣着这位书生气十足的"文案"说：

> 稿甚佳，留待老弟任封疆入告未晚。①

意想不到的是，次年张之洞的试卷也是因"不袭故套，指陈时政，直言无隐"而引起了阅卷大臣们的争议。几番置下拔上的动作后，还是在权力结构的最高层获得了不容置疑的结果，由两宫拔为一甲第三——探花。从此，西太后的知遇之恩就成为张之洞入仕为官后，常常萦怀于心的感念之情。

对于那个时代的读书人而言，学而入仕并入阁拜相是人生价值实现的最高目标，也是儒家文化中"内圣外王"精神的现实体现。以71岁的年纪跻身于军机大臣之位的张之洞，既受西太后格外恩遇，也就决心在有限的任期内，将朝廷的政治刷新一番。

历史无法改变，而且历史总会顽强地作用于现实，也作用于未来。

在北洋大臣和直督任上经营多年，袁世凯在京城早已形成了自己的网络体系。只身入京的张之洞犹如虎落平阳，不久就被"庆袁集团"束住了手脚。

史称，张之洞进京后先是住在距禁宫较远且条件不好的先哲祠。已进入古稀之年的张大人，于寒冬之季入朝实有不便。精于谋人的袁世凯出面，把自己在锡腊胡同的一所大院让给张大人居住。在张之洞

---

① 胡钧：《张文襄公年谱》卷一，北京天华印书馆1939年版，第10页。

固然得到了上朝近便之利，在袁世凯却获得监控张大人的方便。

一日，有外省官员来京面谒袁世凯，袁顺口问道："你曾问谒张中堂否？"

客人毫不隐讳地答："未见公，不敢往。"

袁点首说："信然！昨见门簿犹无汝名也。"①

天下士人和社会舆论，对于初入军机的张之洞确曾寄予厚望，"天下喁喁望治"的清流正士，总相信张大军机能够也会对庆、袁"浊流"政治有所节制。想不到的是，进入军机处的张大人竟也施展不开手脚，不久便形成"朝士登庙之路，不趋于张，则趋于袁"②的局面。

对于封疆大吏的张之洞，袁世凯或许还有所敬重；对于军机大臣的张之洞，袁却不以为然。

一日，在德国驻华公使面前，袁世凯坦然剖白出他对于张之洞的态度："张中堂是讲学问的，我是不讲学问，我是办事的。"言语之间，已把张之洞归入不堪与问天下大事的一介书生，轻蔑之中还略带一些挖苦的意味。

袁的幕僚们，将此得意之辞传给了张之洞的幕僚辜鸿铭，意在为主人同时也在为自己摆一摆今非昔比的架势。各为其主的辜鸿铭，自然也不肯示弱，立即将言在口边的话递了过去：

> 诚然，要看所办是何事。如老妈子倒马桶，固用不着学问，除倒马桶儿，我不知天下有何事是无学问的人可以办得好。③

撇开"文案"幕僚们的嘴上官司的输赢不说，张、袁在军机朝堂上也拉开了明争暗斗的阵势。对于出身翰林、自觉清高的张之洞，袁世凯有意要贬上一贬，说：

> 天下多不通之翰林，翰林而真能通者，我眼中只有三个半人。

---

① 见沈云龙：《近代史事与人物》，（台湾）文海出版社1973年版，第136页。

② 刘禺生：《世载堂杂忆》，第134页。

③ 辜鸿铭：《张文襄公幕府纪闻·倒马桶》，山西古籍出版社1995年版，第32页。

被袁排挤出"三个半"之列的张之洞当然心有不服，终于找准时机为袁安排了一个下不了台的场面。

一次同值枢廷，商讨某项军机，即须立即行稿。张之洞便当着众人推给了不精文墨的袁世凯。不便透卸的袁世凯顿觉茫然无措，良久未出一词。在张之洞"大作何时杀青?"的几番催促下，大汗淋淋的袁世凯才将拟稿呈上。接稿在手的张之洞略一过目，盯着袁说:"如今竟连半个通人都不见。"[1]说完，掷笔而起。

只是，不通文墨的袁世凯却比精于文墨的张之洞更懂得官场上的道道。对此，实际上一生恃才傲世学识宏富的张之洞，面对不甚读书的袁世凯，也不得不自叹弗如。

有一天，多年不见的幕友高友唐入京，在与张之洞颇为知心的交谈中，透露了社会大众的评论。

张问:"外间对余有何议论?"

高说:"人皆谓岑西林（岑春煊字西林——笔者注）不学无术，袁项城不学有术，老师则有学无术。"

张之洞无奈地笑笑:"项城不但有术，且多术矣。余则不但无术，且不能自谓有学，不过比较岑、袁多识几个字。"[2]

表面的谦虚之外，这番师生对答更多地表露了张、袁之间暗中较量和袁世凯处于上风的真情实况。

处于被动地位的张之洞，非但不能实现调和"内外臣工"的凤愿，反而受制于"庆袁集团"而无所作为。

专制条件下，最高权力层的变动必然要引发权力中枢的潮涨潮落。西太后的去世，为军机处带来了又一轮意料之中的政潮波动。

载沣监国伊始，案头上就递上了一份厚厚的弹劾奏章。这份来自都察院监察御史赵炳麟的弹章，锋芒直指袁世凯:

---

[1] 萧一山:《清代通史》第四卷下，第 2464 页。

[2] 刘禺生:《世载堂杂忆》，第 64 页。

> 袁世凯树党植私，挟制朝廷，方今主少国疑，似此包藏祸心，罔知大义者，久在枢垣，他日必生意外之变。

与御史们朝堂弹劾的奏章不同，流亡海外的康有为则发布檄文通电讨袁，大造舆论的同时，还正正经经搞了一份《上摄政王书》，书曰：

> 自逆臣袁世凯无端造出谋围颐和园一语，阴行离间，遂使两宫常有介介，而后此事变遂日出不穷。先帝所以备历艰险，以返今日，实惟此之故……夫造为谋颐和园之说者，不过曰谋使世凯为之而已。造为使世凯围园之说者，不过以世凯突然召见，突然超擢，情节可疑而已……世凯受先帝不次之恩，苟其稍有血气，则糜身碎骨，岂足言报，万不料其豺狼枭獍之性，竟忍于反噬君，而造成此弥天之祸也。

康有为将戊戌政变光绪皇帝被囚禁以至于郁闷而死的不赦之罪，一股脑算在了袁世凯账上，向摄政王呼吁，要"为先帝复大仇，为国民除大蠹"。[①]

……

朝内言官迭上弹章，海外舆论交相攻击，袁世凯似乎也预感到大局对他的不利。不过，对于老于世故的袁世凯而言，御史们的言论并不足畏，康有为的上书也不足虑，真正令他坐卧不安的倒是他曾经对待摄政王载沣的态度。

那是1906年11月间，一班王公大臣们在京城海淀风景宜人的朗润园研究君主立宪的政体改革。会间，围绕官制改革和军机处的去留问题，大起争端。

袁世凯坚持废掉军机处，设立责任内阁，意在推举庆亲王组阁。但一向不多言语的载沣却针锋相对，说：

> 让军机大臣卷铺盖回家？你还不如说让皇上都靠边站呢！这

---

① 刘凤翰：《袁世凯与戊戌政变》，（台湾）传记文学出版社1979年版，第183页。

样无君无祖的话，也只有你袁慰亭说得出来。

"此乃君主立宪国的法制，非在下信口妄议。"袁世凯也不肯示弱。

据说，大庭广众之下从未受过顶撞的载沣顿时恼怒异常，大喊一声："袁慰亭，我……"竟将腰间的手枪拔了出来。①

尽管众人相劝之下，争端未能酿成恶果，但袁世凯已深知他与载沣之间已形成永难弥补的裂痕。面对当今载沣已拥有一人之下万人之上的权势和地位，袁世凯顿觉如芒刺在背，彷徨无着。

但是，一向是风浪中心的军机处，并无异常。西太后归天之后，朝廷大政袁世凯虽不能再过多参与，但不冷不热的摄政王也无过分之举。而且，在宣统元年七月两宫大丧期间的恩赏中，袁世凯也与其他军机大臣一样，一体加赏了太子太保衔。

令世人迷惑不解的是，摄政王要诛杀袁世凯为其兄光绪帝报仇的流言遍传京城之际，来自官方正式途径的新闻却是：摄政王携同袁世凯会见了外国使臣。

其实，搬掉袁世凯，是西太后死后摄政王主政的首选之举。

与御史们弹章迭上的舆论准备不同，宫内的行动在悄无声息地筹措着。来自不同方面的传言甚多：

——有的说，光绪皇帝病危，自知不起，遂手书十年国辱，由二人所致，其一为袁世凯，其一则字体不清，无从辨识；有的说，临死时，光绪拉着载沣的手，叫他杀袁世凯。

——有的说，隆裕太后在整理光绪遗物时，发现砚台盒里有"杀袁世凯"四字御笔，便亲自交给载沣办理……②

传言当然构不成真正的历史，但来自不同方面的传言却以大众心理的特征，暗暗预示出一个共同的趋向：诛袁是先帝光绪的遗愿。

无论是为了光绪皇帝的遗恨，还是借光绪之名为了现政权本身的

① 见《北洋军阀史料选辑》上，中国社会科学出版社1980年版，第49页。
② 参见《晚清宫廷生活见闻》，文史资料出版社1982年版，第80页；胡思敬：《退庐全集·大盗窃国记》。

需求，源自不同方面的各种力量诉求的最终结果却要作用于袁世凯身上。这确是历史的必然，也是历史的真实。

载沣主政不久，肃亲王善耆、镇国公载泽就向摄政王献上了巩固政权的密策：

> 此时若不速作处置，则内外军政方面，皆是袁之党羽；从前袁所畏惧的是慈禧太后，太后一死，在袁心目中已无人可以钳制他了，异日势力养成，削除更为不易，且恐祸在不测。①

本来与摄政王有过过节的恭亲王溥伟，也亲自捧着道光皇帝御赐给祖先的白虹宝刀，慷慨激昂地表示，要用这柄御赐宝刀手刃袁世凯这个元凶大恶。

但是，处置一个位居极品的军机大臣，必须要通过军机大臣们的同意，上谕也须有军机大臣们的副署才能生效。再三思虑之下，隆裕皇太后和载沣先把首席军机大臣庆亲王请来，提出了杀袁的意思。谁知奕劻当即伏地不起，却又一言不发。情急之下的隆裕皇太后非常生气地问："汝何意？"

奕劻嗫嚅地说，此事当与张之洞相商。不想违背祖制的摄政王只好委派载泽寅夜走访老臣张之洞。

不料，张力以时局危疑、务宜镇静宽大为辞，提出了不同意见。张似乎扮演着一个宽仁厚道的长者，说：

> 王道坦坦，王道平平，愿摄政王熟思之，开缺回籍可也。②

放心不下的张之洞，第二天一大早就单独入见，向摄政王和隆裕太后反复陈述他的道理：

> 主上冲龄践祚，而皇太后启生杀黜陟之渐，此端一开，为患不细。吾非为袁计，为朝局计也。③

---

① 载涛：《载沣和袁世凯的矛盾》，《辛亥革命回忆录》（六），第324页。
② 刘禺生：《世载堂杂忆》，第134页。
③ 《张文襄公年谱》，见张国淦：《北洋军阀的起源》，《北洋军阀史料选辑》上册，第66页。

即使是专制时代，权力的运作也不会总是一种力量在发生作用。在不同力量的制衡下，在退退进进的权衡中，终于形成了一个各方力量都可接受的方案。

袁世凯从庆王府所得知的仅仅是一个"将不利于袁"的非常笼统的消息，具体的内容和结果，他还无从获悉。惶惶然无计可施的袁世凯，只有硬着头皮等待这一时刻的到来。

处在这样一个关头，任何以权力为人生的人们，都会在这个瞬间产生极端厌恶权力的念头。然而，被权力异化了的人们，却又常常在这一念之后，再次成为权力本身的奴隶。

权力世界中，不会养育出真正超然于权力的人。

1909 年 1 月 2 日，晨。

凛凛寒风，吹袭着早朝的袁世凯，使之不由得内心阵阵发冷。近日来，严办袁世凯的朝旨日内即下的风声奇紧，谣传各异。不知命在何时的袁世凯，终日沉默寡言，飘忽不定的眼神打量着朝上朝下的人们，总希图从王公大臣们的脸上探出个究竟。

载沣秉政以来，每日早晨必召集各军机大臣，共同商讨处理朝政。这天，当袁世凯刚走及殿廷时，便被当班太监拦阻：

> 请袁大军机可不必入内会议，今日摄政王怒形于色，闻严惩谕旨即下，恐于军机大不利，宜早筹自全之策。谕旨如何严峻，则非我辈所知。[1]

这位早已被袁世凯用金银买通的太监，非常及时地给袁传递了他急于知道却又恐于知道的消息。

失魂落魄的袁世凯，惶惶然亦茫茫然地赶回距东华门不远的本宅，把平日里供养的亲信、僚属和门客们找来商量应变对策。

袁先提出想躲进东交民巷的外国使馆，凭借自己多年与外人的交情，想来不至于找不到一个容身之所。

---

[1]　刘禺生：《世载堂杂忆》，第 134 页。

一个僚属分析说：军机非政治犯，恐怕外人无保护之例，似不妥。

谋士们方计无所出，袁世凯正踌躇何往，亲信随从张怀芝挺身而言："怀芝一人防护我公乘三等车，速往天津，依杨士骧，再作计较。"①

处此非常之时的袁世凯，神色黯然地在张怀芝的护卫下，简单装扮一番后潜出袁宅，由海岱门出去，登上了南下列车。

主仆二人并不敢到天津本站下车，而是当火车行抵距租界第二站时，由张怀芝给袁的亲信、时任直隶总督的杨士骧挂了个电话，告知北京情形危急，袁正在三等车内，准备到督署再作打算，要杨立即派人接迎。

来自另一头的电话却并不显得十分紧迫，说：

> 且停车上，万不可来见面。我已得京中电话，包管事不严重。急派心腹到车上，料理回京，如来督署，反生大变。

心中快快不快的袁世凯，正独自生着患难见人心的闷气，杨总督的亲信已经上车了。袁终于从杨士骧所差者的口中获得了确信：罪仅至开缺而已，无性命之虞。

杨士骧的意思很明确，袁必须立即回京，预备明晨入朝谢恩，否则，患莫大焉；并要求袁世凯和张怀芝紧闭包车房门，万不可令人窥见。至于暗中防护，杨均已布置停妥，不必有所顾虑。

声威赫赫的袁大军机不声不响出走后，宅中一派惊惧。四出寻找的家人们，当日便将袁不知去向的消息传遍京城，一时谣诼四起。直到颇感狼狈和困顿的袁世凯突然返回，才使万分紧张的局势略有舒缓。

得到袁世凯已回到府邸的确切消息后，主持军机大政的张之洞才透过一口气来，有所调侃地对左右说：

---

① 刘禺生：《世载堂杂忆》，第 134 页。

> 人谓袁世凯不学有术，予谓不独有术，且多术。但此次仓皇
> 出走，何处可匿？几不知何者为术矣。①

次日，入朝谢恩的袁世凯才最终听明白了那个不明不白的关于处
置他的上谕。谕曰：

> 内阁军机大臣外务部尚书袁世凯，夙承先朝屡加擢用。朕御
> 极复予懋赏，正以其才可用，俾效驰驱。不意袁世凯现患足疾，
> 步履维艰，难胜职任。袁世凯着即开缺回籍养疴，以示体恤之
> 至意。

1909 年 1 月 6 日，清冷无比的北京火车站。

袁世凯带着许多姨太太和一干亲信随从（更为重要的是还拎着一
部现代化的电台），也怀着难言的苦衷和遗憾，登上了返归家乡的火
车。前来送行的仅有学部侍郎严修和杨度等三四人，使空旷寂寥的站
台，又添一分凄迷和冷落。

因"病"革职的袁世凯离开北京不久，与其相关的一批人事变动
就开始了：邮传部尚书陈璧被革职；

徐世昌内调邮传部，东三省总督一职由锡良接任；

以贪污案查办黑龙江布政使倪嗣冲；

民政部侍郎赵秉钧被罢，载沣接手警政；

端方接任直隶总督；

唐绍仪被迫乞休；

梁士诒被免铁路局长；

江北提督王士珍"自请开缺"；

……

---

① 刘禺生：《世载堂杂忆》，第 135 页。

十四　垂钓洹上村

　　1909 年 1 月 6 日，愁云满面的袁世凯，形单影只地默默伫立在北京火车站的月台上。

　　从直隶总督兼北洋大臣任所调任军机大臣兼外务部尚书的袁世凯，在任一年又四个月后，突然被监国摄政王载沣一道上谕免去了所有权力，放归原籍以"调养足疾"。曾经在官场上奋马扬蹄一路春风得意，很快就到达一个为人臣者所能拥有的权力顶峰的袁世凯，怎么也想不到前来为他送行的只有宪政编查馆的杨度和学部侍郎严修等寥寥数人。

　　世态炎凉的伤感几乎使这位大清王朝的前军机大臣饱含酸楚的言语有些哽咽："二君厚爱我，良感，顾流言方兴，或且被祸，盍去休。"

　　十分看重私人情谊的严修则回答说："聚久别速，岂忍无言！"①

　　汽笛长鸣声中，启动的火车终于把袁世凯拉离了权力中心的北京，拉离了他人生追求的目的地。

　　颠簸晃动的南下列车，既不能抚慰袁世凯怅惘失意的心绪，也难以消弭他迷恋于权力的记忆。在漫漫路途中忽隐忽现于怀的，是一些远远近近的相关和不相关的人生经历：

　　记得在他就任直隶总督不久，大清王朝深宫内真正手握实权的女主人——西太后，不知为什么心血来潮，动了走出深宫乘坐现代化的

_____

① 　陈灏一：《新语林》，上海书店 1997 年版，第 7 页。

火车去奉天一巡的心思。当火车路过天津时，袁世凯接驾恭迎的场面和做派就显出了与寻常官员的不同之处。

当那辆车的车门正好停在一方黄色地毯前时，西太后竟出乎意料地走下了车，凛凛然接受了跪在地下的袁世凯所率官吏们的参拜。但是，请过圣安后，袁世凯手下的20多名军乐队轰然奏响了不同于传统丝弦鼓瑟的音乐，却是典型的铜管器具奏响的洋乐——当然不仅仅是"器"的音色不同，在这种盛大而庄严的场面，按照国际间的惯例应该奏响的是"国歌"。但是，在还没有谱写出大清朝国歌的此一时段，随着西太后一行缓缓而行的脚步，铜乐队奏出的却是《马赛里斯歌》——一支法兰西共和国的国歌。这场别出心裁的闹剧，西太后如果明晓其义，袁世凯的脑袋搬家将是注定的结局。只是，根本听不懂音乐的西太后和袁世凯，都是真心诚意地把它当作了表达忠心的颂歌。

在奏乐之后大臣们向西太后敬献珍宝的活动中，袁世凯所献之宝更是精绝无比。袁大人虽然弯下了身腰，眼神注视着地上，但从他神气踞傲的朗声奏称中，可以预料他必有惊人之举。他说：

奴才蓄有鹦鹉一对，乃是特地打发人从印度那里觅取来的，为的是要贡献给太后赏玩，以见奴才一片孝心。

当呈上宝物时，太后才看得清明，在一个精致的笼子里由镀金的短链拴着两只毛片分为红绿两色的美丽小鸟。并肩栖息在一株玉枝上的鹦鹉，初看并无什么特别之处，但三分钟后，其中的一只竟然用极其清爽的音调鸣叫："老佛爷吉祥如意！"正当人们惊喜不止时，另一只又脆声而言："老佛爷平安！"[1]

从此，每当这对可爱的鹦鹉甜甜叫起之时，西太后总是会首先想到袁世凯的"绝对"忠心或"忠心"绝对。

从此，袁世凯也深信不疑，他已努力成为西太后的宠臣。

---

[1]　德龄：《御香缥缈录》，云南人民出版社1980年版，第120页。

但是，权力结构中不会有永久的宠信。各种利益集团的相互制约和相互作用，常常在朝夕之间，就会把一个人的地位和他对朝廷忠与奸的评判，从根本上弄个颠倒错乱。时隔不久，袁世凯就感受了来自朝廷上下危及地位乃至性命的压力：

——1903 年，在他实际主持朝廷练兵处时，都察院监察御史王乃徵的弹章就把他比作元恶大憝，认为他"举劾天下之将弁，欲兵部不得持权，既历史所未有，亦五洲所不闻"，"所谓司马氏之心，路人皆知"。①

——1905 年河间秋操，有人在密折附片中奏劾袁世凯阅操用龙旗，实属僭越。

——1906 年 9 月的一天，正在与庆亲王奕劻共同主持朝廷官制改革的袁世凯，突然被西太后召进宫内，并把满朝文武弹劾袁世凯借官制改革"指鹿为马""有所图谋"的奏折出示在他的面前。被西太后一手扶起的袁世凯，心想这大概是圣眷天恩的特意关照，于是并没有过多思虑就对西太后说出了自己的主张：

> 部院弹章蜂起，人言耸动，安能成事？请严惩一二人，以息众嚣。

想不到的是，西太后厉言冷色地给他一句话：

> 汝兵柄在手，何不执言者而尽诛之？②

惊出一身冷汗的袁世凯突然间才明白，原来他一生拼足心力经营出来的权力成就，已构成一个王朝政权随时搬掉他的理由。

权力可以成就人生的辉煌，权力也可以铸就人生的悲剧。当他从权力的巅峰跌入人生的谷底时，抹不掉的却是留存在意识深层的早年记忆：

——在他未能显达之前，有一位算命先生给他批过生辰八字，玄

---

① 《北洋军阀史料选辑》上，第 42 页。
② 胡思敬：《大盗窃国记》，《退庐全集》，沈云龙主编：《近代中国史料丛刊》第 45 辑，（台湾）文海出版社 1988 年版，第 1355 页。

言秘语的一番解说后，为他所下的结论是：一生贵不可言。

——来自家族的引为自豪的传言是：项城袁氏祖坟风水特佳，山脉形势一边若龙，一边似凤，据说主袁家有帝王之气。

然而，当袁世凯回归滋养自己血脉的祖籍乡土时，涌动于怀的却是虎落平阳的一腔遗恨。

……

袁世凯没有返回项城。在河南卫辉暂住五个月后，他住进了自己新造的一个小天地——洹上村。

位于河南彰德北门外的洹上村，原是天津著名盐商何炳莹的一座别墅。款款流经宅前的一条源出林县隆虑山的洹水河（又名安阳河），在悄无声息的执着奔流中，把沉重的历史融进了岁月的长河。据说两千多年前，那个四处游说的战国策士苏秦，在对赵肃侯明言天下大计时，就提出过"令天下之将相，相会于洹水之上"的主意。

一时将相已成尘，万古洹水却长流！

只是读书不多的袁世凯之所以选中洹上村作为自己落魄人生的归宿，倒不是因为它厚重的历史喻意，而是因了它"前临洹水，右拥太行"的自然风情。这座朗敞宏阔的院落，以它独有的水光山色和楼台花榭，为官场失意的袁世凯带来了一丝心境上的慰藉。

精心修整和扩充后的洹上村袁家住宅，具有独特的园林之美：亭台楼阁，错落有致，山石叠翠，曲径幽栏；洹水穿墙而入，凿地成池，小桥流水，四季叮咚；桃红梨白，名花异草，斗趣竞芳；池中莲蓬摇影，鱼蟹成群……袁世凯送给它一个心志澹然的雅名——养寿园。

这里又像是一个独立的生存环境：开辟的各种菜园、瓜园、果木园、桑园等经济园林，饲养的猪、羊、鸡、鸭等家禽，足可供园中消费；池中养育的各色荷、菱、鱼、虾，又是袁氏一家足不出园的天然"海鲜"市场。在"群房"里还雇请了一批"蚕娘"和"纺纱娘"，专司养蚕和缫丝、纺织的营生……

这里也是一个等级的社会：除了身份尊卑明确的姨太太和长幼有序的儿孙们，还有服侍主人的庞大的佣人队伍，还有随同佣人生活在寨子边沿"群房"里的家眷们。位于不同身份和角色的各色人等之上的袁世凯，是这个与外界相对隔离开来的世界里的最高主子，他与附属于他的人们共同形成一个相对封闭的"社会"。

当然，在高大的院墙四周耸立着的令人敬畏的几座青色的炮楼和全副武装的两营护卫马队，又使它更像旷野上突兀而起的一座城堡。

在这里，袁世凯开始了他完全不同以往的新生活：

——清晨。早早起床的袁世凯，踏着清露晨曦与其兄袁世廉扶杖漫步在宁静的林丛里，算是宣告了又一天生活的开始。接下来必做的养性修身的功课，不是与兄弟们的下棋聊天，就是与文人墨客的诗酒酬唱。

——午后。他会头戴斗笠身披蓑衣，摇着一叶扁舟荡波于池水之中，或静静地坐在渔舟上屏息垂钓。

——月夜。或与家人、亲友亭前赏月，林下观星；或与至交楼中品茗，坐吟风雪，这是他一天生活完结时更为轻松的题目。

兴致所来，他会把河南坠子和"柳子戏"的艺人们叫来，在园中开台演唱；逢节庆佳日，也常常请来京城里的京剧名角如谭鑫培、王瑶卿、王惠芳、杨小楼等人唱唱"堂会"。①

以"野老"自居的袁世凯，以自己的方式——或者把戴笠披蓑垂钓的照片公诸《东方杂志》，或者把园中的楼台亭榭命名为"乐静楼""谦益堂""澄淡榭"之类——向世人其实主要是向朝廷宣告，他已绝意于仕途而醉心于山水风月的"隐士"生涯。

以"野老"自居的袁世凯，毕竟有着几十年拼搏官场的经历，毕竟在用尽心机谋算的权力世界里铸就了自己的"天性"。因而，骤然解职回归原籍，表面上在自家园林里过休闲生活，又如何能按捺得了

———————
① 《八十三天皇帝梦》，文史资料出版社1983年版，第14页。

时时冲撞于怀的心志和愤恨?!

一个雾月云浮的夜晚。举头看月的袁世凯以题为《晚阴看月》的五言诗,抒发着郁积于怀的情绪:

> 棹艇捞明月,逃蟾沉水底。
>
> 搔头欲问天,月隐烟云里。①

一个春色初至的早晨。登上养寿园乐静楼的袁世凯,望着目尽处影影绰绰烟雨迷茫的太行山和眼前飘游的烟云,不由怦然心动:

> 楼小能容膝,檐高老树齐。
>
> 开轩平北斗,翻觉太行低。②

在他与来访友人们附庸风雅的《圭塘唱和诗集》中,作为自己心影记录的《渔舟写真二首》,活脱脱地表露了一个随时待机而起者的心机:

> 身世萧然百不愁,烟蓑雨笠一渔舟。
>
> 钓丝终日牵红蓼,好友同盟只白鸥。
>
> 投饵我非关得失,吞钩鱼却有恩仇。
>
> 回头多少中原事,老子掀须一笑休。
>
> 百年心事总悠悠,壮志当时苦未酬。
>
> 野老胸中负兵甲,钓翁眼底小王侯。
>
> 思量天下无磐石,叹息神州持缺瓯。
>
> 散发天涯从此去,烟蓑雨笠一渔舟。③

是的,拥有几十年政海经历,并在权倾天下的直隶总督和军机大臣任上经营数年的袁世凯,并不仅仅是一个仅凭一纸命令就能被完全剥夺掉权势的书生官。且不说他信奉"只记利害,不计是非"的人生原则,依照"用朝廷的钱,买朝廷的官,做自己的事"的方针,蓄养

---

① 《八十三天皇帝梦》,文史资料出版社 1983 年版,第 15 页。

② 《八十三天皇帝梦》,文史资料出版社 1983 年版,第 15 页。

③ 《八十三天皇帝梦》,文史资料出版社 1983 年版,第 16 页。

了一股忠心于袁宫保的个人势力；也不说他精心布置，已养成"爪牙布于肘腋，腹心置于朝列，党援置于枢要，欲举吏、户、兵、工四部一人总摄"① 的局势，单就他身命所系的北洋新军而言，就是朝廷也难以轻易剪除的足可成为袁世凯再度"回头中原"的资本。

在袁世凯实际操持的朝廷"练兵处"的作用下，清王朝试图编练36镇新军的计划迄未完成，直到武昌起义前，也只编练成陆军14镇、18个混成协和一个禁卫军，而袁世凯的北洋六镇则率先成军。

在全国24.1万人的新军总数中，北洋六镇达7.6万人，加之出身于北洋系统的军官所控制的各省新军，总数可达14.5万人，占清王朝新军总数的60%之多。

除了训练有素、装备精良之外，相较于互不统属的各省新军而言，北洋新军却是一个具有统一领导中心的军事集团。②

当然，连任北洋四五年、督抚卿贰半出其门的潜势力，也是袁世凯退归林下而犹存"百年心思"的底气。事实上，洹上村不是一个宁静的园林，在它山水林泉掩映下的是一个遥控十万精兵的北洋集团的新的政治中心。

不仅袁世凯自己在农工商部任参丞的儿子袁克定与进入军机处的徐世昌保持直接的接触，并在北洋将领与洹上村之间形成情报往来的联系；也不仅袁世凯与常驻北京的英国公使朱尔典随时交换必要的政治信息；更不寻常的是在距袁世凯住处不远的一个不显眼的房间里，有一个与北京政要和北洋将领们随时可以沟通的现代化的通信网——电报房。

这个中国历史上最早出现的私人电台每天既频频接收着来自各方面的电讯，也及时发出洹上村主人的秘密指令和意图。这个伸向朝廷权力系统的触角，在感知着朝廷政局走向的每一个哪怕极其微小的变

---

① 刘锦藻撰：《清朝续文献通考》卷二一九，浙江古籍出版社1988年版，第9659—9660页。

② 《北洋军阀史料选辑》上，第68—70页。

化的同时，随时都在做着"开轩平北斗"的战略准备。

事实上，还在袁世凯罢职伊始，遍布各个权力层面的北洋势力就为袁世凯的东山再起开始了不间断的，当然也是不择手段的努力。

暗中做的手脚是：党徒们广为散布消息，说是排袁即是排汉，袁去则民乱四起，希图借助煽惑视听形成乱势，以为袁世凯起用之第一步。①

明面上的做法是：于1910年在英国的《泰晤士报》公开发表意见，直接提请朝廷召回袁世凯，声言只有袁才是能够力挽时局的唯一人物。

在清王朝复杂的权力布局中，袁世凯曾经是一颗关乎全局的棋子。在众多百般诌媚西太后的文臣武将中，袁的手段和心机使他一再成为超乎其上的独特角色。

被世人关注的袁世凯，有着超越正常政治规则的行为。正是这个被声称为力挽清王朝"时局唯一人物"的袁世凯，早在1908年时就通过直隶总督杨士骧的秘密使者，向留住南京的革命党人领袖黄兴送上了关系自己未来利害的"投桃"之信。这封保留在《黄兴集》里的袁世凯来信的大意是：

> 兄弟此行受直督杨大人所差，以转达袁宫保对黄先生的意思。宫保知先生致力于革命，甚为海内外所瞩望，也知先生将来必成气候。宫保愿与先生及革命党人联合，把清室推翻，复我故国……②

就在1910年唐绍仪以应付外交困境为由，通过外交途径努力于袁世凯的重新起用之际，袁世凯就已派人找到孙中山，试探联手反清之举。③

---

① 江春霖：《梅阳江侍郎奏议》卷二，1927年，第31页。
② 刘泱泱编：《黄兴集》，湖南人民出版社2008年版，第374页。
③ 廖一中：《辛亥前袁世凯向黄兴和孙中山的输诚》，《贵阳社会科学》1994年第1期。

这就是袁世凯的"天性"，这就是袁世凯的手段。

永远在各种力量之间最大限度地寻求有利于自己权力重组的平衡，最大限度地造成自己一定时期主要对手的孤立，是袁世凯权术运用的最大特征。

这既不是一味的信仰追求，也不是什么立场驱动的结果。

不像在理学氛围里由一介书生成长为中兴名臣的曾国藩，能够在立言、立德、立功的生前身后的道德戒律中，以忍辱负重的精神塑制出一个旧时代的臣子忠于朝廷的人格榜样；也不像既敢于面对西学又饱食正统儒学的"儒臣"张之洞，能够在维系王朝文化命脉的道统遭遇灭顶之难时，仅仅以属于自己心底的那份理念，表达出一个文化忧患者的执着。没有受过任何完整系统文化（无论是旧学还是新学）教养的袁世凯，在少了这份文化遗产重负的同时，也就少了文化规范的制约，因而，也就在"不学"的状态下，练就并强化了"术"的功能。

在学贵求真、术重实用的分野下，尽管"不学有术"的袁世凯把权术、治术运用到了极致，却不会有通常属于"学人"出身的官员们的"理"的束缚或"礼"的制约。袁世凯行为取向的唯一标准，就是自身权力或权势的获取。

表面上在洹上村闲庭信步的袁世凯，无头苍蝇般四处碰撞着各种有可能使自己重获权力的出路。然而，求请于清王朝的呼声未见回音，向革命党人的投石问路却也严遭拒绝。

就在袁世凯彷徨无措计无所出之时，洹上村迎来了立宪党人的使者。

1911 年 6 月 7 日，虽然已是仲夏暴热的天气，一向十分厌热的袁世凯却异乎寻常地感到了来自心底的清爽。他已得到了一个令他"赋闲"以来最感快慰的消息：全国立宪党人的首要人物张謇，今天将专程前来拜会并与他谈论有关中国前程的重大政治问题。

袁世凯深知，正当举国上下的立宪党人借助舆论和社会动员手段，在"速开国会"的重大"国是"问题上，举行了三次全国性的政治大请愿却流于失败之际，正当立宪党人在"皇族内阁"问题上几乎要与朝廷公开决裂的关头，这次会晤将具有非凡的意义。

张謇，也是他曾经交往颇多却又曾经决裂的旧交。这段个人相交历史上的复杂纠葛除了政见的不同之外，也还掺杂了许多个人秉性和品格上的因素。

早在袁世凯投军于吴长庆营中时，作为吴手下幕僚兼家庭教师的张謇，就曾被袁世凯拜为老师。虽然"学识"根底极浅的袁世凯不堪造就退出了张门，专事营中军务，但由此形成的师生名分却成为二人最初的关系。

随着袁世凯官场上地位一路的变化和显贵，在他与张謇的书信往还中，对张的称谓也发生了变化。最早称张为"吾师"或"夫子"，继而变称为"老翁"，后来则干脆直呼为"季兄"。

谁知脱不了书卷气的张謇，偏偏对这位显达的曾经的"学生"由此产生了恶感，在一封书信中以诘难和讥讽的口吻说：

> 公之地位愈高，对某之称谓亦愈卑。师降为老，老易为兄，不知兄又将变为何？

> 謇今昔犹是一人耳，而老师兄生，某翁某兄之称，愈变愈奇，不解其故，此又可笑也。①

这封绝交书从此了断了二人的私情旧谊，不仅再无谋面之缘，也无从书信往还。

当然，比之于纯属个人面子上的光彩而言，民族国家命运的前程所关将超越任何一种"意气"之争，从而成为决定人们相互关系的重要因素。进入 20 世纪初年后，从日本考察归来的张謇，已经充分认识到"立宪政体"是挽救国家民族危亡的根本之图；而"立宪政治"的成功与否，朝内握有重权的袁世凯也将具有举足轻重的作用。于

---

① 　参见沈云龙：《谈袁世凯》，《现代政治人物述评》，（台湾）文海出版社 1971 年版，第 45 页；陈灏一：《睇向斋秘录》，《近代稗海》第十三辑，第 559 页。

是，这位从骨子眼里对袁世凯个人品格成见甚深的"学界"权威和"绅界"领袖，还是主动给身为直隶总督兼北洋大臣的旧相识去了一封意在修好"前嫌"的书信：

> 阁下今揽天下之重兵，肩天下之重任矣！宜与国家有生死休戚之谊，顾亦知国家之危，非夫甲午庚子之所得而比乎。不变政体，虽枝枝节节以谋补救之无益耳。
>
> 日本伊相、板垣共造宪法，成就巍然，尊主庇民之绩特命好耳。论阁下之才，岂在彼诸人之下耶？即下走自问，志气亦(未)必在诸人下也。
>
> 公之功烈，昭然如揭日月而行。吴武壮有知，必为凌云一笑。而南坛汉城之间，下走昔日之窥公，固不足尽公之量也。①

尽管为了政治上的某种长久利益的考虑，张謇的信中不免有并非出于本心的溢美之词，但即使如此，已经权势显赫的袁世凯似乎并不十分在意张謇这封故意讨好的信函。

后来，张謇借去天津购置机器之机，在三度求见下虽然也见到了袁世凯，但这位袁宫保不冷不热的态度，终究不可能使二人有更多和更深的接触。

其实，无论是出于商业利益上的利润需求，还是基于政治利害上的情势需要，作为社会的人或集团，都不可能既固执于永久的朋友，又拘泥于永远的敌人。时间和利益的需求，都会随时成为人类之间这类相互关系的调整器。

被困于洹上村的袁世凯有这种需要，屡遭挫折的立宪党人也有这种需要。

在直隶谘议局决定举行呈请改组"皇族内阁"的动议后，代表全国立宪党人的刘厚生、雷奋、孟森等人就专赴南通请张謇同至北京。

---

① 见［日］内藤顺太郎著，张振秋译：《袁世凯》，广益书局1914年版，第103—104页；刘厚生：《张謇传记》，上海书店1985年版，第178—182页。

见面后，代表们所做的一项重要工作就是劝说张謇在路经彰德时下车访袁，以交换对将来时局的变化和采取的相应对策的看法。但是，与袁世凯芥蒂甚深的张謇却并不情愿。由于时间紧迫，没有更多讨论的机会，雷奋遂决定在途中再议此事。

在由上海赴汉口的水上行程中，漫长的旅途为他们的充分讨论和辩驳提供了机会。富于雄辩之才的雷奋说：

> 形势的发展表明清政权断无不倒之理，但将来或可酿成全国混战、人民涂炭、不可收拾的局面。故此，切勿因你身为清朝状元，恪守什么君臣大义而躲避现实。须知皇帝与国家比较，则国家重于皇帝。且袁为北洋首领，在未来之变中，当据举足轻重之地位。

整整用了两个黄昏的时间，张謇才在数人剀切劝告和利害权衡之下，同意以大局为重，亲赴彰德与袁世凯一晤。[1]

下午七时，已经西下的阳光仍然照射的彰德车站热气逼人。

在缓缓而停的火车上，首先映入张謇眼帘的是袁世凯派来的副官一行和一抬耀眼的绿呢小轿。下车后，从持着袁世凯名帖迓迓迎上来的副官充满渴望的眼神中，张謇读懂了袁世凯对这次会晤的心情和态度，从而，一开始就残存于心的那份说不清是尴尬还是不安的心情，很快就被一种成功的情绪所驱除。

前呼后拥的小轿没有多久就把张謇抬进了洹上村"养寿园"主人的客厅里。

张謇与袁世凯，一位是对清王朝的"立宪政治"已经绝望了的全国立宪党人的政治领袖，一位是被清王朝罢黜在家却仍能遥控北洋新军的军事强人。在清王朝仅仅还有四个月寿命之际，两人围绕王朝命运的会晤所谈的内容，当然是一个极端的秘密。两人会谈所及，当时既不可能披露于世，事后也未见公之于众，只是在张謇所作的日记

---

[1]　刘厚生：《张謇传记》，上海书店出版社1985年版，第180页。

中，可以揣测到其中的一鳞半爪。

——这次两人从未有过的长谈，是在从未有过的十分融洽的气氛中进行的，从傍晚一直延至午夜三时，两人均感"洽谈甚欢""犹嫌不足"。张謇似乎一反以前对袁的看法，"觉其意度视二十八年前大进，远在碌碌诸公之上""犹令人心目一开"。

——会谈的内容为"道故论时"。道故自不必说，两人20多年交往中的恩怨纠葛，是这次会晤的基本前提和切入正题的必要铺垫。"论时"的内容虽然无从知晓，但轰动于天下的立宪请愿、"皇族内阁"、王朝的前程和袁世凯本人的前程等，注定是这次会晤的实际内容。①

……

八个小时的会谈，直到凌晨三时才在意犹未尽中结束。当张謇告辞步出养寿园大门时，袁世凯以一副从未有过的诚恳态度说：

> 有朝一日，蒙皇上天恩，命世凯出山，我一切当遵从民意（而不说皇上旨意——笔者注），也就是您的意旨而行，但我要求您，必须在各个方面，把我的诚意告诉他们，并且要求您同我合作。②

同车三人一觉醒来时，兴奋异常的张謇含笑告知：

> 慰亭毕竟不错，不枉老夫此行也。③

当然，天真的立宪党人不会懂得，静待于洹上村的袁世凯，所言所行仅仅在于选择有利于自己重新出山的时机，而不会为热衷于政体改革的立宪党人带来任何希望。

他是一个十分老到的权力垂钓者。

彰德车站。晓色微茫。

---

① 参见刘厚生：《张謇传记》，第181—182页；《张謇辛亥日记（节录）笔注》等。
② 《张謇传记》，第180—182页。
③ 《张謇传记》，第180—182页。

第四篇　浴火重生

以"路潮"为引信，中华民族千百年来积聚的华夏炎黄之魂，在包蕴了"革命"这一现实内容后，借由荆楚大地的隆隆炮声，迸发出使王朝崩溃的开天辟地之力。

十五　川省铁路潮

　　铁路属于西方人的专利。但被西洋人发明并修建得很完美的铁路，毕竟也经历了漫长的时间和智慧的共同培育。

　　据说，早在希腊和埃及时代就有了轨路模型。不过那时的所谓"铁路"其实就像人类最早进入的工具时代——石器时代一样，大自然恩赐于人类的天然顽石，也就是"铁路"的天然材料。

　　——把坚硬的石头锻凿成辙，置车其上，用骡马拖曳，便是人类最初的轨道。由于车轮与路面摩擦的"绝大损伤"，人们才在路面上铺设"轨条"，既可使车轮易就范围，又可减少其磨损之力。

　　——时至 1660 年（顺治十七年），英国的纽卡司坦矿才开始易石轨为木轨，50 多年后，才进化到在木轨上加钉铁钉以减小木质轨道损坏的程度。

　　——直到 1767 年（乾隆三十二年），在产业革命进程中经济和技术高度膨胀起来的英国，开始在矿区里试制出钢铁轨条以代替石、木路轨时，名副其实的"铁路"才以划时代的意义出现在人类交通发展的历史上。[①]

　　——19 世纪初，当现代火车机车之父斯蒂芬逊发明了蒸汽机车后不久，载重 500 万磅、每小时 35 英里的以"乐克德"（Rocket，即快如火箭之意）命名的机车在铁轨上的运行，使得人类相互联系和互

---

① 曾鲲化：《中国铁路史》，（台湾）文海出版社 1973 年版，第 2—3 页。

通有无的需求正式进入了现代铁路交通时代。①

1864年（同治三年），从印度来华的斯蒂芬逊力倡在上海修筑一条铁路，可与伦敦西北铁路公司东西媲美，这是最早在中国修建铁路的动议，但这项动议在整个上海社会却没有获得响应。想不到，在上海没有获准修建的铁路，第二年竟奇迹般地出现在北京的天子脚下：

翌年7月，英国商人杜兰德竟然在京城宣武门外平地上造出了一里多长的铁路。机车试行中，惊骇的国人们实在弄不明白没有骡马拖拉的铁车，有什么神鬼力量之助能如此决捷运行？② 人心惶惶中，朝廷大臣也视此为"怪异"，遂下令由步军统领衙门拆毁，以平息涌动在市民（其实是臣民）心中的惊恐与不安。

在中国世世代代马行车滚、肩扛背负的黄土道路上，突然出现一个轰鸣作响、风驰电掣的庞然大物，在人们心理上所引起的震动，绝不亚于当年英国兵轮抵达白河口时的效应。没有必要的时间上的确认和心理上的准备，现代文明的交通工具不会轻易被人们所接纳。

十年之后，同治十三年（1874）英国人在上海开办的怡和洋行在上海道的默许下（没有地方当局的准许，铁路这类大工程不可能在悄无声息中突然出现），开始修筑一条15公里长的淞沪铁路。在次年二月十四日举行的通车仪式上，四方云集而来的乡村百姓竟达数千人之多。涌动的人群中传言说，此物既伤天时，也损地利，于风水有害。人言啧啧之下，上海道台深恐酿成"乱事"，逐要求公司暂时中止行车，以待他请示朝廷训令后再说。

1876年10月某日，获准运行的火车被男女老幼九百多人拦阻，他们凭着自己生活中积累的"人多力量大"的经验，手拉臂挽力图拽住"此物"，想不到，"后觉机器力大不能敌，遂各释手"。③

但艰难运行的火车，因第二年撞毙一名士兵，遂被官方和民间视

---

① 王荣堂：《世界近代史》，辽宁人民出版社1984年版，第111页。
② 曾鲲化：《中国铁路史》，第26页。
③ 参见《昨天——中英鸦片战争纪实》，人民文学出版社1992年版，第478页。

为"灾祸"。在"汹汹民情"中，淞沪铁路被南洋大臣沈葆桢严令停驶，并由中方以 24.5 万两白银购回。

光绪三年九月十五日（1877 年 10 月 21 日），正午十二时。作为英方公司在中国土地上的铁路公司的最后一次行车，公司特意准备了专车供清朝有关官吏视察全线，并借此让"天朝"大员们真正领略一次现代交通文明的风光。但"天朝"大员们却不敢领这份盛情，宁肯坐在轿夫们手扶肩扛的轿子里沿着铁路线走一遭，也决不肯迈上这舒适快捷的火车。

"天朝"自有"天朝"的气度。

在这场文明与愚昧、白银与车路的交易中，泄气的英国人尽管失去了铁路，却还得到了 20 多万两白银。高傲的"天朝"却在付出银子的同时，又失去了现成的铁路——这段被视为"妖异"的铁路，被下令拆毁，以身首分离的命运将机车远远"水葬"在台湾海峡的打狗尾湖中，路轨却被就近抛进了滚滚长江之中。

为了臣民和臣民的子孙们对于这段埋葬"铁路"壮举的永久纪念，朝廷还在上海端头的站址上修建了一座试图长久镇慑在现代"文明"铁路上的庙宇——"天妃宫"。

正是通过这建了拆、拆了建的历史的反复与"磨合"，在 1880 年，关于修不修铁路的高级官司才提交到朝廷的大堂上。福建巡抚丁日昌、直隶总督李鸿章、前直隶提督刘铭传向朝廷提出，修建铁路既利于商务，也便于用兵。但是，反对者振振有词的奏疏却充斥于朝：

> 铁路有三大弊：一是洋人可乘之自由往来，最为大患；二是修路会毁占田亩、房舍，滋扰民间；三是铁路兴而轮渡绝，断民之利。——侍读学士张家骧[1]

> 铁路有"不可行者八，无利者八，有害者九"……无款、无人、无法，既侵民地，又夺民利；高物价，累税厘；既失诱敌利

---

[1]　苑书义主编：《中国近代史新编》中册，人民出版社 1988 年版，第 102 页。

匪之防，又触山川鬼神之怒。——通政司参议刘锡鸿[①]

……

这场关于修不修铁路的旷日持久的朝廷官司，直到八年后才在李鸿章、张之洞等地方大员们的力争下有了一个最终结果：由朝廷颁示诏旨，"筑路之议遂定"。[②]

朝廷"恩准"了铁路在"天朝"版图上的出现，却没有财力和能力来建造自己的铁路。因而，盯住了中国铁路投资这块肥肉的西方财团，便将资本大量注入到通往"天朝"蕴量丰富的机体的动脉——铁路建筑上，同时也就把中国的路权牢牢握在手中，依着自家的方便和性子，膨胀着自己的躯体和欲望。自光绪二十二年（1896）至光绪三十年（1904）的九年之间，中国境内的铁路大都控制在西方列强手中：

英国：滇缅铁路，360 里；

日本：新奉铁路，120 里，安奉铁路，570 里；

德国：胶沂铁路，700 里，胶济铁路，878 里；

俄国：东清支路，1820 里，东清干路，2816 里；

法国：赤安铁路，180 里，滇越铁路，940 里，龙州铁路，122 里；

……

进入 20 世纪后，当"要想富，先修路"一类的意识开始被国人认可时，传自西方的近代"民族主义"也以最具时代特征的思潮，激起了新一代中国知识界和绅商界对于铁路利权的关注：

中国大陆铁路之敷设，久为欧美人视线所交集。其扩张路权，为唯一之主义，非仅望收铁道处资本金所生利益而已，盖瓜分切实之根据，不得不着手于铁路线之延长……无外国人之恒言分割支那大陆而盘据之，莫如夺其重要之铁路，则不必显居分割

---

① 《光绪七年正月十六日通正司参议刘锡鸿奏折》，《洋务运动》第 6 册，上海人民出版社 1961 年版，第 154 页。

② 曾鲲化：《中国铁路史》，第 50 页。

之名，而阴享分割之实。①

亡人国之法，计无巧妙于铁路者。②

从 1903 年开始，一场旨在收回已经丧失的铁路利权的"商办铁路"运动，就在高扬的民族主义旗帜下，发展成为举国上下全民族的一致行动：

1903 年年末，全国最早的商办铁路公司——广东潮汕铁路公司——由四品京堂衔的侨商张煜南集股创立，并立即承办潮汕铁路。

1904 年春，湖南绅商龙湛霖、王先谦呈请朝廷成立了湖南全省支路总公司；同年秋，江西全省铁路公司成立。

1905 年，滇蜀铁路总公司创办。

1906 年，川汉铁路有限公司成立。

……

几年之间，全国十多个省的铁路公司的设立，就成为新世纪中国民族主义背景下，抵制列强经济侵略的历史性成就。

然而，在极浓烈的民族主义背景下形成的商办铁路，却迎面遇到了来自朝廷的"铁路国有"令的剥夺。

宣统三年四月十一日（1911 年 5 月 9 日），"皇族内阁"宣告成立的第二天，由盛宣怀主持的朝廷邮传部，就以上谕形式推出了所谓"新内阁第一政策"——"铁道干路国有"，谕曰：

国家必待有纵横四境诸大干路，方足以资行政而握中央之枢纽。从前规划未善，并无一定办法，以致全国路政错乱纷歧，不分支干，不量民力，一纸呈请，辄行批准。商办数年以来，粤则收股乃半，造路无多，川则倒账甚巨，参追无着，鄂则开局多年，徒资坐耗。竭万民之脂膏，或以虚糜，或以侵蚀，旷时愈久，民困愈深，上下交受其害，贻误何堪设想。用特明白晓谕，

---

① 宓汝成：《中国近代铁路史资料》第 3 册，中华书局 1984 年版，第 983 页。

② 大悲：《呜呼！腾越铁路之命运》，《云南杂志选辑》，第 61 页。

昭示天下，干路均归国有，定为政策。①

朝廷规定，宣统三年以前，各省千方百计分设公司集股商办的所有干路，必须立即遵行此谕由朝廷收回。除了对各省商办铁路公司的一番训斥外，为了强调事实上已经失去权威的朝廷的权威，谕旨的最后还不忘加上一笔："如有不顾大局，故意扰乱路政，煽惑抵抗，即照违制论。"

"铁路国有"政策，虽然正式出台于宣统三年，实际早在五年前就由张之洞提出过。光绪三十二年，正是全国商办铁路高涨之时，身为湖广总督的张之洞就曾向朝廷提出建议说：

> 铁路本属政权所系，关系国本至重，所以不能永属民间，应设法收回，由朝廷直接控制。②

但是，拖延多年的这项建议，却在盛宣怀主持下，由御史石长信的一道《铁路亟宜明定干路支路办法》的奏折，最后获得了"皇族内阁"和朝廷的认可，以上谕形式颁示天下，昭告全国。

5月18日，上谕发表九天后，朝廷就任命端方为督办粤汉、川汉铁路大臣，具体办理从商办收归国有的各项事宜；两天后，即与四国银行团签订了《湖北湖南两省境内粤汉铁路、湖北省境内川汉铁路借款合同》。总额600万英镑的借款条件是：年息五厘，以两湖厘金盐税收入作担保，并由英、美、德国的总工程师主持工程，同时四国银行团享有该路的修筑权、继续投资的优先权等。

然而，上谕中"煽惑抵抗，即照违制论"的朝廷权威五天后就遇到了来自民众的挑战。

——1911年5月14日。群情激愤的一万多名绅民在长沙集会，坚请朝廷收回"国有谕令"，主张铁路完全商办，声称："如不得请，将来或外人或督办到湘强事修筑，立即集全力抵抗，无论酿成如何巨

---

① 《辛亥四川路事纪略》，《清代野史》第8辑，巴蜀书社1987年版，第25—26页。

② 曾鲲化：《中国铁路史》，第108页。

案，在所不顾。"①

——湖北谘议局当即召开数千人大会，抗议朝廷的"国有"之命。留日学生江元吉割肉血书："流血争路，路亡流血，路有国存，存路救国。"

由湘、鄂绅民发起的废约保路通电和示威请愿活动，很快在川省汇集成更为强大的保路风潮。

5月16日，川省铁路公司紧急召集第一次股东大会。进士出身的翰林院编修颜楷作为公推的会议主席，似乎对未来即将出现的局势有所预感，他深知自己的态度对于这次集会和未来行动所具有的影响。他极力压抑住奔涌的情绪，以尽可能平和的语气与极简练的话语发表了大会演说。演讲中，他不时看一下坐在一边的由宪台（总督）衙门派出的劝业道周善培，发现这位代表官府的特派员似乎没有特别不满的表情。

手执警棍在会场四周巡视的监督警员们也十分平静，面无表情地履行着例行的公务。

会议气氛平静得有些沉闷。突然，场下一人长叹一声说："四川亡矣！"言尚未已，掩面恸哭，一时会众哭声相和，呼号声震屋瓦。声泪俱下的场景感染会众，使监督会场的八名警员也尽弃手棍，"伏案而泣，历三十分不止"。②

面对号哭不已的与会绅董和绅商们，劝业道周善培起身相劝说："此事非仅哭可能了，诸君当另想办法。"

强忍悲愤的绅商们想到的唯一办法就是：立即具呈朝廷，说明川路租股及办理详情，并请总督王人文大人代奏。

揩干泪水的绅董、绅商们走出会场，开始向五里之遥的督署步行请愿。走在队伍前面的是一批须发皆白的老绅士，其中有80岁高龄

---

① 见章开沅、林增平等：《辛亥革命史》中册，人民出版社1981年版，第495页。

② 周善培：《辛亥四川事变之我》，沈云龙主编《近代中国史料丛刊续编》第26辑，（台湾）文海出版社1982年版，第68页。

的翰林院编修伍肇龄，紧随其后的是川省知名的绅士罗纶、刘声元、池汝谦、彭兰村、邓孝可等人。这是一支过于年迈却又充满时代朝气的特别请愿队伍：

> 缓缓走出的是一大群气派十足的绅士们。穿公服的确实不少，但也有只穿一双薄底青缎官靴，戴顶有品级顶子的红缨纬帽或玉草帽，而一裹圆的蓝绸长袍上，仅套了一件对门襟、大袖口的铁线马褂的……①

待走到督署衙门时，已感体力不支的这批上了年岁的川省宿老绅耆们，惊讶地发现，一向警卫森严的衙门敞开着大门，在大堂檐下还摆下了一张长案。事先已得到消息的总督王人文神情安然地立于长案之上，静等着前来陈情的绅商们。

虽然绅商们与总督王人文一向有着颇深的交谊，但面对总督大人的如此体恤群情之举，一种说不出的感动和希望的交织顿时充满胸怀。没有激愤的言辞，也没有昂扬的举动，前来请愿的绅士们不约而同地静静序立在大堂过檐下。

对于绅商们要求总督代奏朝廷收回"铁路国有"成命的请求，王人文根本没有任何犹豫就给予了明确的答复：

> 总督职在为民，民有隐，总督职当代请，请不得，去官，吾职也，亦吾乐也。②

王总督简约而沉深的表态，使数千名绅商们一扫郁积于怀的阴霾，感怀莫名地向总督大人深深揖拜而退。

由川督王人文代呈的川路公司的奏文通过现代通信网络的电报，很快就传递到王朝权力的顶端。川路公司的电稿并没有与朝廷"铁路国有"政策相对抗的意图，只是比较委婉地提出，川路租股涉及全省百姓的利益，理应有一个万全之策，切不可操之过急。电文如下：

---

① 《李劼人选集》第 2 部上册，四川人民出版社 1980 年版，第 41—42 页。

② 周善培：《辛亥四川事变之我》，第 68 页。

邮传部堂宪钧鉴：入股踊跃争先，得有今日。川路自蒙先朝谕允改为商办，民间异常感激；虽未告成，万端有绪。忽闻国有之命，众情惶恐，惶惧全功，深恐阻其急公之心。敢乞大部俯顺民情，大局幸甚！川路董事局叩。巧。

宣统三年四月十八日①

同时，深知川省民情绅意的王人文，唯恐由此触发变乱，为了川省的安稳和朝廷政权的安危，也向朝廷提议："铁路国有，川民请暂缓接收"，应顾及民意绅愿。

对于川绅的奏请和总督的建议，邮传部尚书盛宣怀和督办铁路大臣端方在6月2日的回电中，代表朝廷的立场说：

根据川省京官甘大璋等人此前呈递的奏章，知川路之款全靠租股，而且此举专虐农民小户，如此则非数十年不能凑成一股，照此下去，路永绝望，害难脱身。民财尽锱铢，局用如泥沙，出入款项既无细账审核，也无报告说明。路长款亏，后路未修，前路已坏，所谓川汉铁路动脉，将永无成期。②

接到来自朝廷的这份"歌电"，总督王人文颇觉犯难：电文明确地把主持川省铁路的绅商指斥为巧借铁路筹款、专事苛虐小民的劣绅。如果公布了这封深深刺伤川路公司绅商的电文，那么由此激起的事端将难以预料。为了稳妥起见，王大人思考再三，决定暂不公布"歌电"，同时再次致电朝廷告知川省情况：

川省绅民自奉铁路改为国有之命，纷纷函电请伤暂缓接收，并请缓刊膳黄，务请大部切勿草率行事。

但是，6月3日发交到总督衙门的谕旨，不仅再次指斥川路公司"亏倒巨款，殃民误国"，申明朝廷"特停租股以恤民艰，既经定为政策，决无反汗之理"；而且严厉地训斥了代为呈请的王人文："览奏殊

---

① 戴执礼编：《四川保路运动史料》，科学出版社1959年版，第126页。

② 宓汝成：《近代中国铁路史资料》下，第1243页。

为诧异……王人文着传旨严行申饬。"①

用心良苦的王人文无法也不敢长期遮掩皇皇上谕，拖了一周后，还是把"歌电"的内容向绅商们公布了。这份指斥川路绅董"殃民误国"的谕旨，虽然在绅商中激起了普遍的义愤，但川绅们似乎还是不愿意采取与朝廷相抵触的态度。

6月11日，在川绅们再次呈请朝廷的奏稿中，依然措辞平和，字里行间并没有执意抵制"国有"之策的意思，仍是期望在这牵动官民之间利益的铁路股款问题上，力求寻找到一个更为妥善的处置方案。这份充满绅士风度的呈请说：

> （川路）延袤三千里，估款七千万。川民财力本难胜此重负，只以前数年间，强邻窥伺，横肆要求，不可终日……人民知路权之不可失……（方才）热心提倡，奏请自办……然不借外债，不招洋股，不扰民间，得有此数，实为商办铁路之冠……伏读谕旨，以本路有亏倒情事，遂指为朘削膏脂，徒归中饱，殃民误国……更不知获罪之由。

> 饬将已收之款，妥筹办法。但从前已收已用股款，将来如何退还，尚未宣布。此次借款，如果抵押，将来是否仍须人民负担，亦未明白宣示。明达之士，固知朝廷必不如此失信小民，无如租股股东，大半出于编民农户，彼蚩蚩者，岂以为又成一种昭信股票之变相，万口一声，牢不可破（关键时刻，把无知小民推在前面，作为对付朝廷的筹码，原本就是绅士们常用的手段——引者注）……小民最恐本息俱无，款归无着……

针对邮传部对川路公司董事人员"侵吞股款"的指责，愤愤不平的绅董们也没敢过多表达自己的不满，仅仅是据事就实地辩解说：

> （所有路款）曾经邮部叠次奏派人员，逐年逐款，勾稽查算，

---

① 《清实录·宣统政纪》卷五四，第8页。

核验股款，委无弊端，分别咨报部院，广告民间。（而且）董事局成立以后，两次股东总会，所举查账人并已逐处清厘，据实报告在案。（况且）本路股东数千万人，断无听任侵蚀之理，经手者虽不告人，亦难逃人指责。

只是在奏稿之末才稍微用了一点过硬的口气，但也不过是根据朝廷颁布的有关章程，表明川人的如此之举也是有章可依的：

谘议局为舆论代表（此为朝廷明文所示），川路关系全省人民权利存废，照章应由局议，事事请托。现值预备立宪时代，朝廷施一政，发一令，尚无不采诸舆论，岂有事为全省权利所关，反置诸不议？①

比之于长沙一开始就轰轰烈烈的示威请愿，川路绅商们多了一份忍耐。他们最大的愿望就是，通过言辞恳切的奏请和舆论作用，在相互沟通基础上，为川汉铁路的权利所归和川民租股问题，达成官心与民心、还有绅心的共识。

在路潮涌动的四川当地，在总督王人文和绅民之间，倒是形成了官心、民心和绅心的上下一致。

尽管上有部臣的严厉申斥，下有绅民的坚执请求，夹在中间的川督王人文还是一心想做一个"上天言好事，下界报吉祥"的好官。面对群情已经开始昂扬的四川绅民，王大人也还是设法弥缝；在奏报朝廷的电稿中力尽一个既为百姓着想、又顾念朝廷的臣子的责任。

6月13日，王人文在致盛宣怀、端方电中表达了这番心情：

川绅现分现两派：甲纯主自主；乙则主归国有，而要求不以路作抵，不提存款，全还用款。初，甲势颇张，经人文再三警晓利害，顷幸明白，有力量者渐趋乙说。

人文之意，存款仅七百余万，似应仅给川人，俾彰朝廷信

① 诵清堂主人：《辛亥四川路事纪略》，1914刊本，第33—36页。

用，而救川民之穷。已用之款较多，除倒账外，则照度支部所议办法，全换给铁路股票，虽未必尽餍川人之望，然国家既仁至义尽，或足塞川人之口。

惟合同内传之全体注意之件，应请早日宣布。初一日会议，皆以合同勿论直接间接，但有拘束四川铁路财政之力，川人万不承认。两派一致，情词较议款尤激……唯恐措置失当，贻误大局。①

然而，川督这份难得的好心，却无法打动邮传部尚书的"盛"心。督部之间的电文之争，不仅没能在地方与中央之间取得任何相互谅解和协调，反而促使盛宣怀与端方下决心上奏朝廷，准备搬掉王人文另换川督。

对于川省绅商反复剖白心迹的电文奏稿，主政邮传部的盛宣怀不仅感到厌烦，而且也把他们衷曲委陈的态度当作软弱。这位从李鸿章幕府文案起身的经济官僚，自被举荐为轮船招商局会办开始，从中国电报局总办、华盛纺织厂督办到天津海关道、中国铁路总公司督办，一路风光体面地在"亦官亦商"的新道上坐到了朝廷阁部大臣的高位，除了对于"利"和"权"的精通之外，并没有把什么拥有"功名"身份的绅士和影响一方经济、社会的绅商们放在心上，也不会对于关涉民情人心的舆论有所顾忌。

朝廷就是朝廷。

铁路乃国是之本，主政大臣之权属又何待伏处边蜀的乡绅臣民们喋喋于此？盛宣怀再也不想在部院大臣和川绅之间的电文奏报往来上轻掉自己的身价了，干脆动用自己主管的行业垄断大权，正式下令："禁止邮电局代发关于路事之电。"②

第二天，川省绅商及谘议局有关铁路问题的通电，即一律被成都

① 见《愚斋存稿》卷下，上海人民出版社1980年版，第27—28页。
② 周善培：《辛亥四川事变之我》，第30页。

电局拒绝，并告知：奉邮部元电，不得收发关于铁路的电报。

切断川绅们通往北京和各地发表意见的通道后，盛宣怀立即制订出一个"收回干路详细办法"，对于绅商士民原先持有的铁路股票采取了三项措施：

一、粤路全属商股，发还六成现银，余四成给无利股票；

二、湘路商股约百万两，发还现款，其余米捐、盐捐租股给保利股票；

三、川汉彩票股和各项公捐股，则给无利股票，现存款七百余万照还；保利股票利息六厘，于五年后还本，利息则应在路成获利后于本路余利项下分十年摊还。①

但是，这次算是盛宣怀看走了眼。邮传部"三项办法"发表后，不仅全体股民对于"亦系人民血汗之资"的公股毫不给息的做法表示万众一心的愤激，而且一直忍隐不发的川绅也终于按捺不住久积心头的怨火，于是一场"文明"争路的活动便在绅民们的共同作用下，立即演进为激烈的"保路风潮"。

作为地方最高长官的王人文，虽然对盛宣怀如此对待绅民的做法极为不满，却仍在一厢情愿地试图作最后调和的努力。王总督不会心甘情愿地看到在自己统治的地面上，爆发一场官民对立的风潮。

6月15日，王人文向北京的最高当局发了一封几乎是乞求的电文：

> 北京内阁王爷中堂、度支部、邮传部、端大臣钧鉴：
>
> 　　辰霰电敬悉。公司开办八年，账卷山积，上年部派委员用股东会查账，皆历数月或经年之久。然皆满收满支……
>
> 　　禁止通电，虽为预防煽乱，而群情异常惶惑。可否饬知电局照常收发，但令对于铁路电报，务将发电人姓名、住址、根据，

---

① 曾鲲化：《中国铁路史》，第113页。

严行查问注册。设有煽乱情事，自有国法以绳其后。如此变通办法，庶弭隐患而安人心。是否之处，并候裁示！文肃叩。效。

宣统三年五月十九日①

距王人文发往北京的"效电"只隔了一天，川省的局势就出现了惊人的变故。

6月17日，成都各社会团体和川汉铁路股东们在铁路公司举行大会，"到会者二千余人，讨论合同对于国家与铁路存亡之关系"。群情激昂的各界绅民一开始就使会议的气氛变得激烈非常。

曾经出任过清朝度支部主事、现为川汉铁路公司主要负责人的邓孝可，一登台就发表了"带有批评带有反抗意味的报告"。

接下来走上讲坛的是罗纶——这位举人出身的四川谘议局的副议长，是川省政治场面上富有煽动性的人物。他登台后开口便是：

各位股东，我们四川的父老伯叔们！我们四川人的生命财产——拿给盛宣怀给我们卖了！卖给外国人去了！②

一字一吐的几句话还未了，便是强忍不住的号啕大哭。台上台下的号啕声、"反对卖国奴盛宣怀！反对卖国机关邮传部！"的口号声响彻全场，标志着四川保路运动由绅民向朝廷的请愿呼吁，发展到了官民对抗阶段。

当一个政权与自己的人民处于公然对立的状态时，历史事变就只能向着一个命定的结局走去：被鼓荡起来的载舟之水，必然要倾覆所载之舟。

其实，由人参与的历史过程不仅仅是历史事件在时间意义上的位移，而且也表现为历史事件内容的变动。

透过绅民与朝廷之间频繁往来的电报奏稿，我们能够确切了解到绅商们关注焦点的变化过程。在"借款合同"内容公布之前，四川绅

---

① 戴执礼编：《四川保路运动史料》，第170页。
② 郭沫若：《反正前后》，《辛亥革命》第4册，上海人民出版社1955年版，第450页。

商们关注的问题似乎只有两个：

——经济利益上。川路股东合购之股，统计不下数千万，如承认国有，则股本全数发还，完璧归赵。川人自有之财产，非自己处分不可。盛宣怀一律填给股票，并以"公股"作无息股票，于川人极为不公。

——政治权利上。铁路国有，如属国家行政，则应由资政院审议通过；如属地方权利，则应交谘议局议决。今政府号称"立宪"，岂宜置民权于不顾？谘议局为人民代表，倘章程无效，人民又安所托命？

然而，"借款合同"的内容公布后，人们才从屈辱无比的条款中，意识到盛宣怀是"甘卖我民有之铁道，而假名国有以为其护符"。于是，绅民们奋起所争者，就不再是局限于具体的股款之利和宪法权利问题，而开始以"民族生存权"作为斗争的最高旗帜。

> 夫川路之所以必争回商办者，非斤斤于国有、民有之界限也……故不惟不肯失于非我族类之外人，亦不敢付诸为虎作伥之政府。

> 不愿以性命相依之铁路，直接送诸政府，间接送诸外人……①

任何一个民族和国家，尤其是一个长久孤立生存的文明系统，当她在来自外域的另一个民族或文明的撞击下，突然意识到自身的生存危机，并力图以另一个危及自身的文明或民族的生存方式作为自己发展的参照系时，行动中激昂的民族情绪常常会淹没理性的冷静。必然付出的历史的代价，只能在一个特定的历史时段之后，才能真正成为我们民族走向世界的精神财富。

"路权所在，即国权所在"，当保路运动在维护"民族生存权"旗帜的引领下，发展为全民族的一场声势浩大的民族抗争斗争时，当官

---

① 戴执礼编：《四川保路运动史料》，第193页。

民之争的内容被导向"民族权益"这一关乎民族生存的根本问题时，无论清王朝所坚持推行的"铁路国有"政策有多少合理的因素和时势的必要，都会在强大的民族情感面前显得毫无意义。

> 吾人谁不恋故国？谁不爱身家？谁不惧为亡国奴？栋折榱崩，大厦待倾，天下兴亡，匹夫有责。牺牲身命乃国民应尽义务，参预政治乃国民应有之权利。权奸压力虽大，匹夫志气难夺；贼臣羽翼虽多，众人公怒难犯。①

任何一个政权，尤其是一个权威已经受到挑战的政权，如果它站在了"民族主义"的对面，它就必将被这股强大的怒潮所淹没。

清王朝对此毫无办法。

6月13日，在盛宣怀将与"四国银行团"20多天就签订的借款合同的详细内容传到川省后，已经对处理商股办法心存不满的四川绅商们，立即被这个"辱国丧权"的合同案，煽起了再也无法抑制的怒火。

十天前还在《蜀报》上撰文表达自己对于"铁路国有"政策十分赞赏的邓孝可，这次却以百倍的愤恨与才思，写出了声讨盛宣怀的"檄文"：

> 十七日得读盛此次借款原奏，始恍悟其奸。夜乃得读其借款合同。嗟乎！谁能梦到其奸欺如是哉！②

这篇匠心独运构思精妙的文字，一开始就把民族权利的大义置于首论，从而把先前以股款的私利纠葛为发端的绅民情绪，推向了一个具有坚强精神支柱的社会政治运动的方向上。

> 今直将路完全卖给外人外，更以两湖财政作抵。我自信四川非无人性，非属野蛮之血性男子，今可起矣！
>
> 嗟呼！吾谁欺，欺天乎！天何可欺者，彼卖国奴盛宣怀，惟

---

① 戴执礼编：《四川保路运动史料》，第196页。
② 戴执礼编：《四川保路运动史料》，第175页。

上欺我皇上，下欺我万姓耳！今且暂置其欺皇上、欺国人之罪，而先诛其掠夺四川人之罪。①

这篇以"卖国邮传部！卖国奴盛宣怀！"为标题的宣言般的文章，以极其淋漓尽致的笔法，把民众的所有愤怒和积怒都投向了盛宣怀。

天乎！世间之掠夺人者，未尝强失主为盗负债。有之，自盛宣怀始。盛之拟掠夺吾川，先举债而后掠夺，掠夺后复强我更认新债。此无论朝廷煌煌日以立宪号于人民，即吾国四千年无论如何时代，东西两半球无论如何野蛮，亦无如盛宣怀此举之毒手辣心、横蛮黑暗之甚……

天乎！此而欲川人忍受，除吾川一万万人死尽，妇孺尽绝，鸡犬无存或可耳！否则胡能忍者！有生物以来无此情，有世界以来无此理，有日月以来无此黑暗，有人类以来无此野蛮，而今乃有盛宣怀如此横蛮以压迫我四川之人……

天乎！人世间乌有横蛮如此者哉！既收我路，便须还款。人情天理，势所必然。此谕旨所以有不使人民丝毫损害之天语也。乃卖国奴盛宣怀竟欺蔑我皇上，背叛我谕旨……卖国奴乎！盛宣怀乎……②

对于盛宣怀而言，这是充满了义愤的檄文，对于川省民众而言，这又是饱含激情的动员令。每一个拥有民族情感的国人和拥有社会良知的世人，面对如此激越的社会动员和富于挑战意味的宣言，都不会无动于衷。"嗟呼盛尚书！川人诛不尽，尔亦徒劳矣！"这篇文字所真正期望着的，是一个不同于绅商们曾经努力过的电文和奏稿陈情的活动，是一个显示实力的行动：

内抗政府，外联华侨。债票不售，合同自废。即我四省人

---

① 戴执礼编：《四川保路运动史料》，第183页。
② 戴执礼编：《四川保路运动史料》，第196页。

民，我全国人民一线生机也。我四省父老、子弟、兄弟、伯长、甥舅，盛宣怀已尽置吾等于死地，吾死中求生，惟奋！奋！！奋！！！①

一旦获得高尚的社会道义和神圣的民族情感作为精神支柱，社会动员就会出现惊人的规模和速度。显示川民实力的行动，很快就开始了。

6月17日，赤日无光，高天垂云。成都各社会团体纷纷集中在铁路公司开会，在哭声震天的气氛中，在场的川省实力绅商们立即议决成立一个专门领导"保路运动"的组织机构——四川保路同志会，并在各州县成立保路同志分会。

代表保路同志会基本立场的《保路同志会宣言》，虽然没有邓孝可个人声讨盛宣怀的文章愤激，但它却从清王朝的钦定宪法和法规方面入手，找到了合法也合理的斗争依据。

——现在国会正在召集，而新内阁第一政策，即蔑视先朝钦颁的法律如弃髦。根据"资政院章程"第十四条第三款规定，明载议决公债之权属该院，为何铁路之债不经其议决？"谘议局章程"第二十一条第一款，明载决议本省权利存废之权，收回铁路，权利重大，为何不予以决议？

——各省商办铁路，明依朝廷"商法""公司律"规定，并呈请先朝批准，为何不经其股东讨论？

——检查信件，本属君上紧急戒严大权，铁路收回，民产攸关，彼此电商，本属人情之常，邮传部有何权力能停阻人民发电？

······

因而，保路同志会当"依据宪法数十条文，以苏吾国而活吾民也，则惟据死力争"。②

---

① 戴执礼编：《四川保路运动史料》，第175页。

② 戴执礼编：《四川保路运动史料》，第183页。

王人文也出席了川省保路同志会的成立大会。从一开始就与绅商们保持一致立场的总督，在朝廷屡次申斥中，仍然没有放弃自己的意见。面对声泪俱下的绅民，面对已经充分组织起来和自觉参与进来的全川民众，王总督深知一个为官者的身后之事：无论事变的最终结局如何，王朝都会以他作为唯一的责任承担者首先开刀。所不同的只是，如果朝廷赢得了历史，他丧失掉的是官职加道德名声；如果民众赢得了历史，那么他在失去官职的同时，却可拥有久远的道德和名声。

王人文无可选择。

时势清楚地表明，他已没有必要同时也没有时间，在朝廷和绅民之间继续扮演一个调和者的角色了。莅临大会的总督明确站了出来，以足以感动川人的至诚向大会宣称："诸君热心爱国，吾何惜一官？誓与川人相终始。"[1]

终于，在川省督的默许支持下，由各地绅士和绅商们快速组织起来的、形成四川全省网络的保路领导机构成立后，运动的规模和广度就达到了一个空前的程度："不数日为署名入会者，已逾十万人。"[2]

会后回署的王人文，开始为四川绅民、也是为自己官宦生涯的终结，作出最后一步的努力。他要精心准备一份有足够分量的弹劾盛宣怀的奏章。

留心打量一下阔大的宪台衙署，曾经围着自己身前案后的一大帮僚属们，真正能够与自己交得上心的知己几乎没有。在政治人生的圈子里，远近亲疏的关系和悲愁喜怒的颜面，一以权力得失和权势进退为转移。尽管总督大印还未交出，情知王人文已然失势的署中僚属们，大都远远地回避着这位昔日里争相趋奉犹恐不及的总督大人。只有原是劝业道现为提法司的周善培，无论私情还是公谊，才是唯一一

---

① 《铁路国有案》，《清代野史》第8辑，第10页。

② 《铁路国有案》，《清代野史》第8辑，第6页。

个可以敞开心怀交谈的至交。

于是，王人文将起草奏章的任务交给了周善培。

用尽心机和才智的奏折脱手后，周善培心情沉重地来到督署，面呈给王人文。王十分仔细地审阅良久，说："极好！"周却戚然道：

言而听，诚朝廷之福，四川之幸；言不听，必有谴，轻亦革职，重且不可测，公幸熟虑之。

手抚奏稿的王人文仰天愀然，然后缓缓地说：

吾以一进士，不三十年，擢居此任，朝廷待我厚矣。不幸而值国家存亡之问题，吾敢计祸福，默不言耶？[1]

三天后，这份由周拟就的未改一字的弹章，正式发向了北京。题为"王采帅奏参盛宣怀疏"的弹章的形式和内容如下：

奏为铁路借款合同于路权、国权，丧失太大，内乱外患，事机已迫，签字大臣欺君误国，请速治罪，然后提出修改，以救危亡，恭折密陈，仰祈圣鉴事：

及昨承准邮传部咨寄合同底稿，反复寻绎，不觉战栗。臣之初心，以为此次借款可以救亡图强者，不意合同乃举吾之国权、路权一畀之四国，而内乱外患不可思议之大祸，亦将缘此合同（据合同第九款，第十七、十八款规定）……然则款虽我以抵押借入，彼四国者，固犹认为彼之款，非我之款也，路虽我以抵押款自修，彼四国者，亦竟以为借彼之款，即彼之路也……

最可骇怕者，则第二款小注云……（依此）则谓此乃划分地域，十余年惨不忍闻所招瓜分之谣传，于此始合力以实践。稍有识者读此合同，无不痛哭流涕……

盛欺我皇上之在冲龄，欺我监国摄政王之初为国际条约……该尚书亦知合同一定，天下必群起相攻，因委其过于既死之张之洞，又知合同既定，圣哲亦无从措手，又委其责于将来之督办大

---

[1] 周善培：《辛亥四川事变之我》，第20页。

臣，其用心之奸，必为圣明所鉴……①

对朝廷犹存一线希望的王大人翘首所盼的是，由朝廷出面"设法转圜，将权利减至最低限度"。但是，"圣明所鉴"的结果却是，王人文除"受严旨申斥"外，革职进京并"见经西安"，由陕西巡抚奉旨看管拿问。

王人文去了。

他带着一个朝廷忠臣的一腔遗恨，带着一个总督大员对川省绅民们深深的愧疚和无奈，去接受朝廷"不测"深浅的治罪。

所幸，被革职拿问的王人文，到西安后还未来得及押送北京，响应武昌起义的陕西新军，就将共和的旗帜挂在了巡抚衙门上。

王人文成为清王朝宣布治罪却无法治罪的最后一位总督。

接任川督的赵尔丰，在朝廷的一再催促下，已经踏入了距成都不远的地界。

绅商们不仅拥有维护民族权利的神圣的精神力量的支撑，而且也从朝廷新颁宪法的条款里，找到了"合法"的依据——这是足以推动这场运动走向全民性抗争，也走向与朝廷合法对抗的重要前提。

斗争在组织状态下有条不紊地展开，并以它所创造的各种斗争形式，把保路运动推向了空前的广度和深度。

——6月下旬，一份面向平民百姓的《保路同志会白话告白》，张贴在成都和各地醒目的街头巷口，并以特有的理智和清醒，传达出绅士们的意向：

"这回借款修路，是政府错听了盛宣怀的话。送掉了湘、鄂、川省铁路，罪在盛宣怀一人，与我皇上无干，与四川及他省官吏无干，与洋人无干（采取了最大限度孤立敌人的策略——引者注）。我热心爱国的国民，要学立宪国人的法子监督政府（已不再称"臣民"，并学会运用现代政治术语），死力要求他破约、保路：不要有野蛮抗官

① 周善培：《辛亥四川事变之我》，第10—20页。

府、打教堂的无理的暴动，把热心用错了！

"我同胞！我会众！语云：'智深勇沉'；非深不成大智，非沉不为大勇。我们这点热血，真是救国的良药。一个人只有这一点，用错了岂不可惜！"①

——7月初，四川保路同志会发表《致各州县人民团体请求协助讲演人员书》，要求各地给予持有同志会委任状的讲演员以充分的支持和指导；并颁布"讲演及组织同志协会办法"和"讲演要旨"，形成对分布各地的同志会员的统一指导。

不久，在《告川中妇女书》的动员下，一个特别的群体"四川女子同志会"宣告成立。

——7月中，保路同志会开会之际，《蜀报》总编朱云石提出更为激烈的办法，即组织国民军以暴力对抗；以血书布告全省，并推举刘声元为代表，直接赴京联络川省京官与邮传部交涉。

——四川议员萧湘、李文熙与湖北、湖南议员进行联络，提出组织省内京官成立铁路联合会，统一保路运动的步调。同时，留日学生纷纷集会抗议，致书朝廷斥言盛宣怀"蔽上罔下，为虎作伥，力主路存与存，路亡与亡"。②

——京城御史赵熙、欧家廉，上书严劾盛宣怀罪状二十余条；湖北京官、广东京官纷纷上书朝廷，联名弹劾盛宣怀。

七月一日（8月24日），在风紧雨急的保路运动已经由四川辐射到邻边各省、波及全国的关键时机，全体股东大会再次召开。会议一致认为：

> 川人并未反抗国有，股东会为法律所认可。盛宣怀夺路劫款，行同盗贼，反诬我股东以恶名。如此，是政府已不认川民，不认川督，不认先皇谕旨。我们实在是呼吁无门，唯有消极对

---

① 戴执礼编：《四川保路运动史料》，第 191—192 页。
② 《铁路国有案》，《清代野史》第 8 辑，第 2 页。

付，以求最后之胜利。

鉴于持续几个月的绅商士民和总督王人文的请愿电争均告无效，绅商们决定采取更为激烈的手段，将被动的斗争转入主动的斗争。大会议定：

一、全蜀所有股东，不完捐税，不纳丁粮；无论政府如何滥借外债，川民一概不予担负。

二、商人停止贸易，实行罢市；学生一律停课，学堂一律关闭，实行总罢课、总罢学。

保路同志会领导人想不到的是，大会决议尚未正式发布，成都全城却已经开始了停课、罢市。

商民、市民和绅士们一律头顶光绪皇帝的牌位，形成南至邛雅、西迄绵州、北及顺庆、东抵荣隆的由人和人的情感构成的生命的海洋。随着生命波涛的起伏，远远传向四邻的号泣声，交织成惊天地泣鬼神的壮阔图卷。

通过电报通信，清王朝完全了解四川急剧变化的局势。

已经在京城多日的四川争路代表刘声元，两次到摄政王府请递"请严治盛宣怀罪，以谢天下"的吁请书，均被门卫所拒。刘只好采取非常之策，在摄政王上下朝必经之处的地安门外长跪恭候，通过拦舆呈递，将吁请书送到了摄政王手上。

举国皆怨的民心官心，以弹章奏稿和报刊舆论的形式，将天下之恨最终集矢在一个目标上——盛宣怀。

朝廷开始有了原本早就应该具有的一种悔意。作为内阁总理大臣的奕劻明确表态，对于此事他不负责任，言外之意应由盛宣怀一人承担。内外压力之下，"盛宣怀试图有所让步"，"然已噬脐无及矣"。①

是的，晚了！

朝廷和盛宣怀，同样都失去了历史的机遇。

---

① 《铁路国有案》，《清代野史》第8辑，第15页。

十六　成都惊血案

四川总督赵尔丰终于赶在川汉铁路公司特别股东开会前，到达了成都。

出身于汉军正蓝旗的赵总督，对于四川的省情和民事并不陌生。他一路官运亨通的经历，几乎都与四川这块丰润的土地和七千万民众密切相关。

1903 年他随川督锡良入川，出任永宁道，在镇压当地的会党起义后，又调任建昌道；次年加封侍郎衔，充任川滇边务大臣，大刀阔斧地在川边实行"改土归流"的制度改革（即废除当地少数民族世袭的土司制度，改行临时任命的流官统治措施），先后设立了二道三府三十四县；1908 年后又出任驻藏大臣兼川滇边务大臣，成为清王朝镇守西南的亲信重臣。

保路风潮骤起后，四川危象毕现，人心惶恐不安。清王朝在所有朝廷大臣中，首先就想到了这位以强硬作风著称的边务大臣，一纸朝命发下，赵尔丰便匆匆交卸了边务大臣之任，日夜兼程地赶往成都接手四川总督之职。

奉命督川后，以军务起家的赵尔丰深知此行的艰难凶险，便在与王人文的信使往来中，态度谦恭地获取着就任时必要的情报，同时也据此酝酿着必要的措施。一位上台总督和一位下台总督之间的通信，似乎并没有官场上常见的那种心理上的别扭和尴尬，有的倒是罕见的政见谋划上的沟通和相互信任。

6 月 28 日，还在途中的赵总督便情谊浓浓地写给王人文一封意在致谢的回信：

采帅（王人文号采臣）仁兄大人阁下：

廿六日清溪道中接奉专示……得此如获南针，到省不至茫无头绪，感谢无已……此事盛之乖谬，固不待言，所异者盈廷不乏明哲之士，竟无一言，何也？公所陈者皆为国至计，岂仅为争路争款哉？乃不蒙见谅，阁部过矣。

然大臣谋国，正不必求谅于人，而不必谅于今者，必见谅于将来。第恐将来虽知谅之，而于事已无济……①

在随后几天的信函往来中，双方不仅就朝廷"一意专制"的做法达成了共识，而且在对待川绅的和平劝慰政策方面，也形成了一致意见。

快马加鞭的赵尔丰，是踏着王人文离去的风尘赶到成都的。

8月5日，顾不上一路劳顿的赵尔丰，急如星火地赶往川汉铁路公司，出席了正在召开的特别股东大会。受命于危难之秋的赵总督，即席发表了首次亮相的训词：

本督部堂相见以诚，折衷至善，但视权力之所能为，必无不为；职务之所当尽，必无不尽。是固本督部堂之所可自信，尤可与诸君共白者。深愿毋舍事实以求结果，本督部堂有厚望焉！②

作为总督，这番语气平和的训词，显然表明了他对于川省绅商士民争路的基本态度，至少可以说明，他与离任的王人文的态度，并无太大的出入。

在接下来紧张的几十天内，赵尔丰一方面向朝廷及盛宣怀不断报告情况，说明川民"对于国有问题，则尚无异议"，开会秩序"尚不紊乱"；另一方面，则为川汉铁路公司代递"仍归商办"的呈文，并向盛宣怀提出对四川路股处理办法应予通融。③

---

① 周善培：《辛亥四川事变之我》，第26页。
② 戴执礼编：《四川保路运动史料》，第248页。
③ 戴执礼编：《四川保路运动史料》，第261页。

但是，赵尔丰到任还不足 20 天，由成都绅民发起的罢市、罢课的激烈抗争斗争，就使这位新任总督力求保持平和的心态失去了平和。朝廷连电谕令中只有一个指示：要求赵尔丰对于罢市、罢课者实行"严厉弹压""毋任嚣张"。

面对朝旨，赵尔丰却深感无法措手。虽然全城罢市、罢课活动已经开始，但从发布在大街小巷的《四川保路同志会公启》来看，五条纪律（即"勿在街头群聚；勿暴动；不打教堂；不得侮辱官府；油、盐、柴、米、一切饮食，照常发卖"）从文字上明确表示出绅民们"文明争路"的宗旨，对此，实在缺少些以刀枪相见的证据和理由。

更使赵总督心中无底的是，属下虽有名义上的五军兵力，但兵制变动中亏额不少，两营仅抵从前一营半之用，而且因川中盗多匪众，各营又分驻外地，省城兵势甚单；况且"争路狂热，深入人心，从前兵警，时有哭泣者"。一旦用兵不当，以此寡兵孤军面对数千万愤激不已的川民，难保不会出现"殊不可测"的局面。[①] 赵尔丰深知自己已经处在进退失据的困境中。

8 月 26 日，临时搭起的大小不一的席棚，遍布在成都各个街道和商业中心，棚中高高供奉着的，是已经离世而去的光绪皇帝的牌位。牌位之下，是面含怒恨的来往跪拜不绝的绅民们。

席棚之外，街市上聚集在一起的人群，人人双手都捧着一块书有光绪皇帝名号的木牌，必要时常常把它高高举在头顶。在一个皇权时代，皇帝的灵牌虽然不能给人们带来什么福祉，却可以为自己对抗权力的行动，争得名义上的主动和道义上的合法。

在近代政治斗争的历史进程中，将大规模的群众运动保持在一个"和平手段"和"合法政治"的范围内，比之于简单的暴力冲突，要复杂许多。充分动员起来的民众，包含了许多利益和意志并不完全相同的阶层和集团，因而，在多种利益要求的作用下，情绪化了的群众

---

① 戴执礼编：《四川保路运动史料》，第 276 页。

运动，随时都可能在有意的引导和无意的暗示下，超越它预定的运行轨迹。任何大规模的群众运动，都必然充满了超越预设目标的各种变数。

单纯的揭竿而起和一味的暴力相对，并不是人类政治斗争最完美和最有效的手段，也注定不会成为人类政治进步和成熟的标志。人类社会是伴随着"和平"和"文明"（既包括它的目标，也包括它为之奋斗的手段和策略）走向成熟，走向未来的。

坚守"文明争路"的策略，至少为最初的社会动员，赢得了理智也争得了主动。

面对先帝亡灵所附的木牌，赵尔丰首先感到了被动。对此，他无权作出真正的反应，只能电请中央："怎么办？"

赵问：在强行拆棚和驱除绅民时，能否夺其所恃？可否将万岁牌焚化？

对此，朝廷一直没有正面回答。

焦灼万分的赵尔丰，只能在更加焦灼的等待中，寻找转圜之机。

次日，心神不宁的赵尔丰再次电示北京内阁，提出采取退让之策防止四川事态的进一步恶化。这封8月27日的"支电"提议：

一、此次罢市、罢课，人心坚固，可否顺从民意，将川路暂归商办，并将借款修路一事按绅民所提意见，交与资政院议决。如议院通过，绅民不能再有异词，否则，举凡一切赋税、杂捐，概不完纳。如果政府不予转圜，人民亦将坚持以待，官吏保持治安，人民亦不暴动；如要采取强迫手段，川民会以全省之力对待，其患无穷。

二、目前乱机已动，大局或危，但川省兵力单弱，不敷分布；而且兵警以川人为多，人心所向，不问可知，岂能尽恃？外省兵援，又非月余所达，缓不及济。

三、望能俯允民请，将此案转交议院，或可有所转机。目前

241

危险情状，有岌岌不可终日之势。①

面对朝廷坚持不让的态度和绅民坚持不懈的"和平"对抗，赵尔丰深知局势随时都可发生逆转。在自己反复电请陈述仍不见效的情势下，他提议以川省各方大员联署电请的方式，试图加重对朝廷的压力。

8月28日，由四川将军玉昆、署四川总督赵尔丰、副都统奎焕、署提督田振邦、署布政使尹良、提学使刘嘉琛、署提法使周善培、盐运使杨嘉绅、巡警道徐樾、劝业道胡嗣芬等几乎包括了省城所有高级官员的联名电文，完成了赵总督的提议。这封标明"歌电"的电文，除了更多的更诚恳的陈述文字外，其基本内容和前一天赵的"支电"完全一样，仍然提议将"借款修路"一案交与资政院和谘议局议决。②

一心想使"保路风潮"和平解决的赵尔丰难以预计的是，比王人文更加不幸的结局，已经向他悄悄地逼近了。

就在赵尔丰与川省高级官员发起联署致电，向朝廷提出对川省绅商"废约保路"的要求采取一定程度的退让政策时，一个密谋取而代之的倒赵活动也正在进行着——密谋的主角就是奉命督办川汉铁路的大臣端方。

这位生在满洲正白旗中的贵族公子，曾是名噪京师的"四大公子"之一。在官场出道后，他曾以自己学来的现代摄影技术，将岑春煊与梁启超的照片合洗在一起，为袁世凯和奕劻合力倒岑的"丁未政潮"出了大力；但他这项在高层官员中少有的技术，也给他带来了意想不到的麻烦。

那是1909年端方调升直隶总督后不久，春风得意的端方在光绪移灵时，利用自己的照相术在隆裕皇太后的行宫拍摄了不少照片。但这个"不检点"的行为，却被人捅到了朝廷权力的最高层，纷呈上奏

---

① 戴执礼编：《四川保路运动史料》，第278页。
② 戴执礼编：《四川保路运动史料》，第282页。

的弹章严厉指斥这位"贵少"总督犯了"大不敬"之罪。为了皇宫的尊严，刚刚升为直隶总督的端方，座位尚未坐热就被革职处分了。

因此，一直被挂起来的端方直到 1911 年，才通过各种手段借"铁路国有"之机弄了个督办川汉铁路大臣的差使。当然，曾经坐上总督肥差的端方，不会满足于这个临时出任的职务，一门心思在寻找机会再次回到封疆大吏的任所上。官场上的机会，往往就在对他人的图谋中创造出来。

8 月 28 日这天，奉命督办川汉铁路大臣的端方，已经把行辕扎在了武昌。看着愈演愈烈的川路风潮，端方发现了自己应该出手的机会。他立即向盛宣怀致电，认为赵性情庸懦，故意庇民，川事久无结果，实因赵尔丰所怂恿，要求朝廷特派重臣赴川查办。奏稿说：

> 近日季帅（赵尔丰号季和——引者注）两次电奏，均没有遭到朝廷严厉责备，以至川事甚难结束。四川罢市、罢课，如系匪徒鼓煽，照现行刑律，为首应立即处以绞刑，协从者也应绞监候，断不应听任其横行，不予查办。季帅掌兵执法，却不能保全治安，已有应得之咎。如系股东会所为，何不勒令解散，反屡屡电奖庇护，不知居心何在？季帅于此两者均无所逃罪。川省之事，更有督臣为之提倡，风潮何患不烈。[1]

> 此时季帅与王采臣（王人文号）已成沆瀣，应立予严谴。惟有特派重臣先往查办，到川妥为部署后再行发表，最为稳著之策……[2]

第二天，迫不及待的端方又向朝廷内阁电奏，重申派出重臣赴川查办赵尔丰的建议。

停在武昌待机不动的端方当然知道，如果朝廷应允他的主张，那么遥远的京城即使有足可膺任此职的重臣，对于危机四伏的四川而

---

[1]　陶菊隐：《北洋军阀统治时期史话》，生活·读书·新知三联书店 1959 年版，第 65 页。

[2]　戴执礼编：《四川保路运动史料》，第 284 页。

言，也不过是远水近渴之虑，而已经接近川省的他本人，才是可以立即赴任的唯一人选。

朝廷需要的是刻不容缓，端方需要的却是从容措置。

虽然有盛宣怀在朝内的多方奔走，朝廷对于端方的提议也未能立即应允。三天后，从摄政王处获得确切答复的盛宣怀，心怀遗憾地电告端方：

> 本日已有谕旨，派公迅速前往，大约这是总理、协理的主见。但此任仍专在路事一方着想，而对于地方一面，毫无事权，实不知如何着手？窃为公危。弟人微言轻，无可补救……公如果有所陈白，似宜直接电达内阁，以免迟误。①

第二天，朝廷正式电令端方仍以督办川汉铁路大臣身份迅速赴川，认真查办。但是，主意已定的端方，不会轻易从命，他必须在与朝廷的讨价还价中，抬高自己的价码。

这场臣子与朝廷的权力交易过程，可以说既简单又复杂：先是端方提出朝廷必须准其带兵入川，并得有调遣川军之权，方可接手；朝廷同意其建议后，端方又电示朝廷说，因自己与赵尔丰已成原、被告关系，断无用原告查被告之理，最好另派大臣为双方仲裁。然后，朝廷又严令端方必须迅速赴川，"不准藉词推诿"；端方又提出，请朝廷明确划定他与赵尔丰的事权关系……

无论如何，他不向前走了。逗留于武昌的端方，准备在朝廷与川民的对峙中，寻机谋取个人的前程和权力。

一心想把事态平息下去的赵尔丰，从自己的信息管道已经获知，即将赴川的端方和邮传部尚书盛宣怀已经联起手来，以"有意庇民"为借口谋取他刚得手的川督之位。肝火上冲的赵总督，为了急于平息拖延已久的事态，终于在理智的丧失中一手造成了事态的恶化。

8月24日罢市后，为了互通声气、联络感情、控制事态，官绅

---

① 戴执礼编：《四川保路运动史料》，第 296 页。

之间形成一个不成文的规矩：即每天早上八点，公司绅商及各司道官员都定时在市政使（主管一省民政的省级主要官吏）衙门会谈一次，由布政使（俗称藩台）尹良出面主持。

9月7日晨，官绅们在藩署等了很久，却未见尹良出面。少顷，传出话说，藩台大人身体不适，不能主持例会。约9时许，忽由上房仆人传告众官绅说："院上（即总督署——笔者注）有电话来，请各位绅士同司道即刻上院，阅看新到的邮传部电报。"①

心急如焚的官绅们料想，一定是阖省军督司道联衔电奏朝廷的请求有了结果，或许邮传部在众官绅的压力下有转圜之电发下。

怀有一线希望的众绅群僚们相率急切地赶到督署，却仍不见传话的尹良大人。在官厅静候了三个多小时，仍无音讯，遂有人请巡捕房转达众意，传回的话说：大帅有事，请诸位再稍等。

官厅里，站坐不安的官绅们，倦乏者有的开始假寐，饥乏者有的已去购食。几乎整整一个上午，众人都在心烦意乱而茫然无绪中等待着某一时刻的到来。

正午12时，令人意外的是，总督和布政使均未出面，而是巡捕来到众绅前，说大帅有请诸绅。

绅商们跟随巡捕刚从角门而入，院内急匆匆的脚步声就使厅堂里的司道官员们相顾错愕。又过了十多分钟，司道官员们被请到另一厅堂，不料，尹良却早已入座。尹大人打量着周遭环立的众官，面带惬意地宣告说：煽乱众绅已一律被扣捕。②

诱捕了保路同志会、谘议局和铁路公司的主要负责人蒲殿俊、罗纶、邓孝可、颜楷、张澜等人后，总督立即着人查封了保路同志会和铁路公司。与此同时，一张"署督部堂示"的告示也遍贴四方：

> 只拿首要，不问平民。首要诸人，业已就擒。即速开市，守

---

①　周善培：《正大波之误》，《辛亥四川事变之我》，第14页。

②　周善培：《正大波之误》，《辛亥四川事变之我》，第14页。

分营生。聚众入署，格杀勿论。①

但是，"格杀勿论"的部堂告示的作用十分有限。随着蒲、罗等保路同志会首要人物被捕消息的传播，成都全城的社会动员竟以惊人的速度展开：

——市民百姓扶老携幼，沿街比户，号泣呼冤；

——数万群众不约而同，手握香火，头顶光绪牌位，齐集督署门前，要求立即释放蒲、罗等代表。

汹汹人群的阵阵涌动和愤激呼喊的声声起落，在总督署前交织成随时都可一触即发的更大的变乱。

荷枪实弹的总督卫队与激昂的人群在衙署前紧张对峙，惶惶无计的赵尔丰在后堂也坐立不安。他焦灼的目光又一次落在昨天端方拍来的那封语气几近恫吓的电文上：

> 庚子裕禄督直省时，袒庇拳匪，不听吾速即拿办之言，遂致不保首领，罪之可谓至也。②

把形势和前程掂量了许久许久，赵尔丰才向统领田徵葵断然下令：立即驱散"乱民"。

一时间，在田统领指挥下，督署前枪声大作，请愿群众纷纷倒入血泊之中，"督署院坝，陈尸累累"。③随即，赵又下令督署马队出击，横冲直撞中被践踏毙命、伤残者不可计数。

"成都血案"惊骇全川！惊骇全国！！

在有限的历史记录中，被赵尔丰卫队的枪弹洞穿胸腔和被马队践踏而亡的百姓总共50余人。然而，这却是一个被时代和历史涂抹了的数字。

惨案过后，且不说赵尔丰设法遮掩确切的死亡人数，尽量减轻自己的现实责任和历史罪责；就是受害者的家属亲友们，也在有意逃避

---

① 戴执礼编：《四川保路运动史料》，第316页。
② 周善培：《辛亥四川事变之我》，第28页。
③ 戴执礼编：《四川保路运动史料》，第383页。

着这个历史惨案的真相。事后，属于慈善组织的慈善会和社会法团的商会，虽然曾公告为死者发放数额少得可怜的恤金，但"闻死者多人之亲族，因避祸不敢出头请领，亦有畏惧逃亡，不详其着落者，辛亥七月十五日殒伤之人，殆无从知其确数也"。①

亡者已去，生者犹惧。

50多名死亡者，被赵尔丰冠以了"匪徒乱党"的恶名，但从慈善机构登记的名册上，我们却可以对这些被权力者们既夺去其生命又试图夺去其名声的牺牲者们的真实情况，有一个再简单不过的了解：

年龄　最大者73岁，最小者才15岁；

职业　机匠、裁缝、放马、店铺徒工。

亡者都是一些以苦力和手艺谋生糊口的城市社会最底层的善良的劳动者，无业游民很少。

50多名死亡者的亡灵及其家属的心灵，最终被社会和慈善机构以六元银圆（部分家属又获得商会所发的二十元）为结局，表示了一个漠视生命的王朝对于生命的关怀。

站在枪口前的就是这些既没有身份，甚至也没有名姓的百姓。作为前驱先路的他们，尽管用生命和鲜血为事变的进程和历史的运动付出了一个生命体的一切，但他们却没有为历史和后世留下足可泣颂的姓名。

历史总是由太多太多无名者的躯体，为彪炳千秋的英雄们筑起了丰碑的基石。

"成都血案"之后，赵尔丰立即采取紧急措施：

一、发布戒严令，紧闭城门。

二、封锁交通邮电，切断成都与外界的联系。

三、电奏朝廷，诬称川人"气焰鸱张，遂图独立"，幸得弹压及时，方弭乱于始萌。并电请派兵入川为援。

---

① 《辛亥四川路事纪略》，《清代野史》第8辑，巴蜀书社1987年版，第47页。

四、致电各省将军、督抚，宣布川人起事，抗不遵命。

四天后，赵尔丰正式发表告示，向川人宣称：

> 为晓谕事。照处此次所拿的首要，并非为争路的事实，因他们借争路的名目，阴图不轨的事。若论争路的事，乃是我们四川的好百姓，迫于一次爱国的愚诚，本督部堂是极赞成的……若论此次所拿的事，是因他们这几个人要想做犯上作乱的事……

> 他们包藏祸心，偏要借着路事说那些好听的话，试问抗粮税，造枪炮，练兵勇这与铁路什么相干？明是要背叛朝廷……

> 本部堂爱民如子，疾恶如仇。从前护院的时候，并未有妄杀一人，想为尔四川百所共见。为此再行晓谕，凡尔士农工商人等，务须善体此意，不必妄生猜疑。切切特示！

> 宣统三年七月十九日①

但是，枪弹虽然驱散了围堵在衙门前的百姓，枪声却也宣告了和平请愿的终结。更多也更愤怒的人们，开始了不约而同的武装集结。

就在"成都血案"的当天，为了向全川人民揭露事件的真相，同盟会会员龙鸣剑缒城而出，赶往城南农事试验场，与同志数人裁制木片数百张，上书："赵尔丰先捕蒲、罗，后剿四川，各地同志，速起自保自救。"②

这些涂以桐油的"水电报"，投入锦江，借助上涨的江水顺流而下，以非常时期非凡的创造力，冲破了官方控制的电报通信网络，不几日即遍传西南。

9月8日，接到"水电报"传警的秦载赓立即在华阳率同志军千余人发布檄文起义，并向成都进攻。不到两日，四方应召者云集，"各属来会，未几众逾二十余万"。③分处各地的同志会得报后，相率

---

① 戴执礼编：《四川保路运动史料》，第317—319页。
② 邹鲁：《四川光复》，载中国近代史资料丛刊《辛亥革命》（六），上海人民出版社1957年版，第5页。
③ 《蜀中先烈备征录》卷二，第13页。

改为同志军以极快的速度向成都进发：

——新津侯保斋所率领的同志军与双流县的起义军会合后，挺进至成都南郊，在红牌楼与清军激战后，乘胜攻抵成都城下；

——吴庆熙率千余人的"四川同志军"，与清军激战于文家场一带；

——以张捷先等人为首的西路同志军，正由郫县分五路向成都进军；

……

仅仅两日之间，形势的剧变就足以使赵尔丰感到心胆俱寒：由愤激变为仇恨的四川人民组织起来的几十万同志军的武装包围，以及被各地群众砍断的电杆、截断的驿递文报，使坐镇成都的赵尔丰音讯不通、耳目失灵。

孤立的赵尔丰守着一座孤立的成都城。

一向主张和平解决争路风潮的赵尔丰，为何突然间转向采取极端的暴力手段来对付手无寸铁的绅民？

其实，以武力对付民众争路风潮，是朝廷坚持的一贯政策。路潮初起之际，盛宣怀在给湘抚的文电里就定下了"格杀勿论"的基调。但是，朝廷的政策被川督王人文搁在了一边，他力求在朝廷与绅民的对抗中，寻求一个比之于武力解决更加妥善的结局。向朝廷的苦苦陈情和对绅商们善良的劝慰，虽然表达了一个地方大吏既忠于朝廷又护惜子民的良苦用心，但却最终以"纵民酿祸"获罪罢官而去。

从六月初一日到任起就一直奉行"和平解决"川路政策的赵尔丰，不仅使主持路政的盛宣怀大为不满，而且也为志在必得川督之位的端方提供了排赵出局的口实。在盛、端联手挤对下，赵尔丰最终放弃了和平解决的努力，试图以暴力手段来力挽其督位之危。

在这场大规模的历史运动与官场权力交手的复杂过程中，时隐时现的尹良是一位关键性的人物。

身为川省布政使的尹良，作为督抚的左膀右臂，按理应为处境艰难的总督分担一些风险和责任。身处此位的藩台大人，在官道上有着属于自己的特别的便利：前有督抚对上的抵挡，永远不会为政治风浪承担朝廷的呵斥；后有司道属官办事，也不会为行政过失承担什么具体的责任；只是，少了风险的职位也就同时少了晋升的机遇。因而，做些暗中的手脚把站在前台的督抚推下台面，就是他权力人生中最大的渴望和机遇。

在王人文署理川督时，这个表面上恭顺的藩台大人，尽管阳光下与王大人共议同商大计，私下里却与朝廷邮传部尚书盛宣怀直陈"隐情"，汇报情况之外还忘不了提出与王总督见解不同的主张。在藩台与朝廷部臣频频往来的电报沟通中，总督王人文渐渐被冷在了一边，从五月二十一日起，朝廷的邮传部干脆就与总督署断绝了电文往来。①

赵尔丰督川后，这个进退有据的尹良仍然在与阁部保持密切联系中，把赵总督的一举一动，汇报了个清清楚楚。七月初五日（8 月 27 日），川省绅民罢市的第三天，尹良发给北京度支部的电文，就有板有眼地把这位新任上司卖了出去：

北京度支部公爷（载泽）钧鉴：

川省因路事罢市、罢课，并通传不纳丁粮，扣抵国家允付六厘股息，不纳新常捐输，不买田房，以困国库。万众附和，季帅劝解无效，防制无从……大局尤不堪设想……②

随后，尹良直接在发给端方的密电中，时不时地对赵总督处置川民争路的做法提出不同的见解，为盛、端合力挤赵的图谋及时提供必要的第一手资料。

当然，赵尔丰获知了尹良上呈的电文，并为此而愤愤不已。

想不到的是，"一则愤端方既责其姑息，一则忧大局之不可收拾，

---

① 周善培：《辛亥四川事变之我》，《王人文序》。
② 戴执礼编：《四川保路运动史料》，第 279 页。

一则发现尹致端方诬毁之电"①的赵尔丰，却又被谋多计足的尹良引向了骑虎难下的困境。

七月十五日，尹良为赵尔丰一手设计并导演了诱捕蒲、罗等绅商的恶作剧后，就远远躲开了总署衙门，静待一旁、冷眼观望着并随时推动赵尔丰走向可悲的下场。

事实上，就在拘捕蒲、罗的大动作刚一结束，尹良就电告端方说：季帅举动昏愦，操持过激，遂致急变。

尹良属于中国官场上的精灵。

他有着足够的聪明和过人的计谋，但他却不会在利民利国的大事上略尽一点为官者的责任。

在历史事变的转折之机，他能够以自己的方式，自觉或不自觉地成为事变骤发的关键因素，但他注定不可能成为历史事变的主角。

一个必然承负道德的评判，却不会对历史负责的小人。

面对"成都血案"激起的全川起义，面对四方云集的同志军武装，赵尔丰已经意识到他一手造成的历史恶果，必将以加倍的代价偿付。他开始了逃避罪责的努力。

在当天的"致内阁请代奏电"中，他采取了倒果为因的手法，为他血染督署的暴行寻找开脱。电称：

> 川人此次以路事鼓动人民，风靡全省，气焰鸱张，遂图独立。竟敢明目张胆，始则抗粮、抗捐，继则刊散四川自保传单，俨然共和政府之势，晓谕不听，解散不从，逆谋日炽……
>
> 连日探闻该逆等定于本月十六日取不聚众起事，先烧督署，旋即戕官据城，宣布独立……尔丰既得此信……一面将蒲殿俊、罗纶、邓孝可、颜楷等设法诱捕，一面出示解散，安抚居民。不意午刻，猝有匪徒数千，放火扰乱，凶扑督署，直逼辕门，并所伤哨弁数人。尔丰见事势已急，当即令兵队开枪，伤毙十数人，

---

① 周善培：《辛亥四川事变之我》，第24页。

始行败退。①

同时，赵又急电求援，请求端方带队火速入川。但是，赵尔丰却难以掩尽天下耳目，就在"成都血案"一周后，80多岁的川绅伍肇龄就向川省的军督司道主要官员递上了要求详查事实的呈文。这篇千数字的呈文就如下事实提出了疑问和责难：

一、本月十五日，铁路公司股东会正、副会长颜楷、张澜，谘议局正、副议长蒲殿俊、罗纶及铁路股东代表邓孝可等人，是奉督台之召入署后，才猝见所谓"首要就擒"之示。

二、一般人民对无端诱捕诸绅领袖，惶骇无比，遂捧先皇神牌，到辕门泣恳释放。不料，宪署开枪击毙多人。

三、人民不知被拿诸人，是何罪状？虽有示谕"诸人希图煽惑人心，潜谋不轨"，人民却但见示谕，未见确证。

四、谘议局议长为全省人民所公推，股东会长为全体代表所公举。各股东遵公司律集会，也为国家法律认定之人，即当受国家法律之保护。倘此被拿数人，不经审讯，不知何罪，疑误不解，变患迭生。②

同时，铁路股东会通过各种渠道和在京的川籍官员，重庆商民也通过致电各省谘议局，将"血案"的事实和由来昭告于天下：

……夫谋反叛逆，不操戈盾，仅以香牌从事，乃能伤毙弁兵？白日青天，睽睽万目，欲加之罪，何患无辞？然于十五之事，以致民匪混合，兵团相仇……现在城外人民，似不释剿洗之风，纷传四运，旬日以来，死者盖已数千。信谳未成，大局已溃，故股东等尤不得不冒死。③

见上谕知赵蒙蔽入奏……捕风捉影，重诬川人，希图自掩，

---

① 戴执礼编：《四川保路运动史料》，第315页。
② 戴执礼编：《四川保路运动史料》，第346页。
③ 《辛亥四川路事纪略》，《清代野史》第8辑，第22页。

倘蒙各省议局，同帅公议，维持大局，川人幸甚。①

除了同志军众志成城的进攻和绅商头面人物在朝野上下的纷呈陈述外，赵尔丰绝难想到，一向主张采取严厉措施平息争路风潮、多次申斥赵处置不力的端方，却一反故态，把"四川变乱"全归咎于赵尔丰的激烈手段。

端方致内阁的电文说：

> 刊散自保商榷书，谋于十六日聚众起事，此皆赵尔丰所据以拘捕首要，称为逆证者……但据我派出密探调查，多谓川中罢市、罢课，不戕官吏，不抢仓库，绝非逆党勾结为乱。人民赴辕也是请求释放蒲、罗诸人，并无越轨之事，统领田徵葵竟擅枪毙街正、商民数十人。次日，附近居民闻知，人人首裹白巾，冒雨奔赴城下求情，又被官兵开枪击毙者约数十人。
>
> 况自保商榷书，并无"独立"字样，亦无保路同志会及股东会图记，其中且有皇基万世等语。况其书并非蒲、罗等手作。又木牌、血书皆匪徒假托，非士人所为。②

突然改弦易辙，努力按照朝廷同样也是依照盛、端意图去讨好各方的赵尔丰，并没有料到，在事变发展的另一头，又被端方扎扎实实堵了个当头难回。

权力场面上的争斗是一种根本无规则可依循的竞争。端方既可以赵尔丰"袒护绅民"处置不力的事实找到挤赵出川的理由，也可以借"鲁莽行事""激变生乱"的结果拿到加罪于赵的借口。

多种途径递上和传到朝廷的信息，几乎都说明了一个问题：赵尔丰的奏报肯定与事实大有出入。开始对赵有所怀疑的朝廷，一方面撇开总督直接电令成都将军昆玉，要求详查川乱原因及当时起事情况；另一方面又谕令军咨府派出参谋官员，赴川直接查明真相。

---

① 《辛亥四川路事纪略》，《清代野史》第8辑，第24页。
② 《辛亥四川路事纪略》，《清代野史》第8辑，第71—72页。

对于川省岌岌可危的形势，目前的朝廷既对赵尔丰失去了信任，也对滞留武昌的端方不抱期望了。

多事之秋，权力中枢的要员们又突然想到了那个曾被庆、袁从官场上排挤出局的岑春煊。在摄政王主持的高层会议上，数来数去还是认为岑是赴川查办"事变"的最佳人选。

七月二十三日（9月15日），清朝廷正式发表谕令：

> 谕内阁：……开缺两广总督岑春煊，威望素著，前任四川总督……着即前往四川，会同赵尔丰办理剿抚事宜……①

在朝廷发表派岑赴川的电令后仅两天，重庆商会通过四川驻沪保路同志会的关系，就把陈述冤情的电文，直接送到了岑春煊的手中。这封发自9月17日的"径电"，将川人被杀惨状以最简洁的文字向即将赴川的岑大人作了说明：

> 川路肇衅，因望日（十五日）骤拿首事数人，万众随次先皇牌位，赴督辕邀恩，巡防军竟枪毙数十人，伤者尤众……赴救者络绎不绝，哀号之声，环震千里，民气如此，悲惨曷极。

> 岑帅奉命入川，群情欢跃。乞诸翁面呈惨状，恳设法急解川危，存亡呼吸，迟恐不能收拾。盼切！乞复！②

接读川绅电文后，岑也从中多少明白了赵尔丰滥杀无辜的事实。这位一向以弹劾高官、严惩恶吏闻名天下的岑春煊，决心再次以自己特有的作风重振声威于官场。因此，第二天（9月18日）岑就以负责的态度向川省人民致电，表明：

> 春煊一至，即当进吾父老子弟于庭，开诚布公，共筹所以维持挽救之策。父老子弟苟有不能自白于朝廷之苦衷，但属事理可行，无论若何艰巨，皆当委曲上陈，必得当而后已。③

----

① 《宣统政纪》卷五九，沈云龙主编：《近代中国史料丛刊三编》第18辑，（台湾）文海出版社1989年版，第1029页。

② 戴执礼编：《四川保路运动史料》，第362—363页。

③ 戴执礼编：《四川保路运动史料》，第364页。

　　岑春煊明确无误的态度和一贯的作风，顿使心空底虚的赵尔丰惊恐不已。赵当然知道，他一手制造的"成都血案"所依据的"图谋叛乱""意图独立"，都不过是欺蒙朝廷，为自己开脱罪责的无中生有之事；唯一可以落实查证的其实只有一封匿名的"自保商榷书"。然而，仅凭这封公开于成都全城的商榷书的内容，似乎坐实叛乱之罪的罪名也证据不足，它的内容不过是保路风潮中公开于各种报章的电文内容的汇集而已：

　　　　——中国现在时局，只得亡羊补牢，死中求生，万无侥幸挽救之理。凡扼要之军港、商埠、铁产、关税、边地、轮船、铁道、邮传与冶造军械，用人行政一切国本民命所关之大本，早为政府立约，擅给外人。

　　　　——及是时期，急就天然之利，辅以人事，一心一力，共图自保，竭尽赤诚，协助政府……（政府必）与人民共挽时局之危，厝皇基于万世之安。

　　　　——（自保条件，分列于后）保护官长，维持治安，一律开市、开课，经收租税（现在自保）；制造枪炮（以备外患），炼铁厂，硫酸工厂，酒精工厂，机械铁工厂……（将来自保）。①

　　即使把这件无名氏的"自保商榷书"全文交给朝廷，以"保护官长，维持治安""厝皇基于万世之安"的文句，也无法构成叛乱谋反的罪证。直到此时，赵尔丰才真正意识到他所面临的绝境，遂仰天长叹："平生未受人弄，乃为端四（端方——引者注）所弄，然我也糊涂，不能怨人。"②

　　赵尔丰胆寒万分，他知道那位对任何高官都不留情面的岑春煊，一旦入川查实"川案"后，其结局是什么。他设法阻止岑春煊赴川，匆匆忙忙地电告朝廷：

─────────

① 《辛亥四川路事纪略》，《清代野史》第8辑，第93—98页。

② 《辛亥四川事变之我》，第40页。

成都之围已解，川路风潮已经平息，人民各安其业，市面已恢复正常，大臣勿须再赴川。

岑春煊最终没有到达四川。

这并非由于赵的阻力，而是他坚持全还川民路股和不办首要的建议没能得到朝廷和邮传部的认可。于是，这位毫不退让又颇受川民厚爱的岑大人，同样停在武昌不走了。没有任何犹豫，他立即在武昌向朝廷发出了辞呈。

10月2日，在武昌起义的前一周之际，清王朝批准了岑的辞呈。

赵尔丰却醒得太晚了。他逃过了岑春煊的处罚，但他无法逃脱历史的惩罚。

不久，关于诛杀赵尔丰以平川民之怨，以息川省之潮的请求，就在朝廷上下形成了比较一致的呼声。11月，清王朝的大理院（最高审判机构）正式提请，把赵尔丰解京审讯。

当然，历史事变已经进展到人民的怒潮即将淹没整个王朝的情势，任何官方政权和位于权力结构中的个人的努力都已经毫无意义了。就在四川人民武装对付赵尔丰的斗争全面展开后，1911年10月10日武昌起义的枪声，宣告了一个王朝甚至一个历史时代的终结。

10月18日，武昌起义一周后，四川保路同志会就开始了对赵尔丰历史罪责的清算，向全川人民发表了声讨赵尔丰檄文：

朝廷立宪，普天同遵，食王爵禄而不遵王立宪，以戕朝廷赤子，即系叛臣，人人得而诛之者也。考查欧洲立宪各国政府，原无逮捕议员之理；议员且不可捕，况议长乎？……同志人等头顶先皇德宗牌位，跪辕恳释，更祈代奏，愿遵先皇德宗之谕，路归商办。不图尔丰炮毙恩恩之民，并碎先皇神位，以臣轰君，非叛逆而何？

由是川民始邀同志团丁来省乞救，该逆反以罪名栽诬，妄悬赏格，四出防兵，横施开花大炮，轰毙无数良民。搂民之财，奸民之女，更焚毁民房，不下百千万户，全蜀寒心，人人切齿……

嗯！我朝历二百余年，凡全国督抚，间有不臣不子者，至赵逆而已极。

且赵之与川民，仇不共天矣……凡被剿之家，恨不能寝其皮，食其肉；即未剿之家，亦恨不能剖其腹，剜其心。[①]

檄文以其犀利的文字和激越的情怀，宣判了一个与人民为仇的专制王朝官员的最终命运。

尽管在复杂多样的历史事变中，为了保全性命的赵尔丰与被释放的议长蒲殿俊等人合谋搞出了"宣布四川自治"的闹剧，但赵尔丰最终还是于12月22日落在了成都军政府手中。

玩火自焚的赵尔丰在这一历史剧变中，不仅看到了自己，同时也看到了他的王朝以及他的政治同僚和政治对手们共同的历史结局：

——武汉新军起义不久，即10月26日，资政院就奏陈弹劾盛宣怀"违法侵权，激生变乱"。据此，清王朝认为"邮传部大臣盛宣怀实为误国首恶"，遂谕令"着即行革职，永不叙用"。

——11月28日，遂了心愿的端方揣着朝廷任他为"署理四川总督"的电令，刚刚行抵川省的资州地界，所带的一协新军就正式宣告，要借他的人头向武昌革命军政府献功。直到此时才明白性命重于权势的端方，立即痛哭求饶，声称自己是陶姓汉族（端方号陶斋），但青年军人的军刀还是无情地剁下了他的脑袋。

12月22日，还有大约一周的时光，历史将宣告1911年（宣统三年）的终结。

这天，在成都所有的大街小巷，人们都能看到军政府张贴的关于"捕杀赵尔丰的通告"：

为通告事：

查逆贼赵尔丰前任永宁道时，惨杀无辜，怨声载道……（尔后）贿赂权贵，遂膺四川总督之任。虐政四布，民不聊生。

---

① 戴执礼编：《四川保路运动史料》，第443页。

今年五月，蜀人以争路之故，号泣请命，内而各省同胞，外而欧美诸国，莫不同声哀痛。乃尔丰毫无人理，冥不动心，且构成七月十五之狱，我同志会代表诸君，同时被逮，几罹虎口。

军民人等，皆谓尔丰一日不去，川人一日不安……尔丰于十一月初三日就擒，即时正法，传首示众……特此通告，以快人心。①

无情的历史审判，以它必然所至的时间和事件，为曾经的历史付出和牺牲，献上了它的祭礼。

① 戴执礼编：《四川保路运动史料》，第516页。

十七　首义武昌城

宣统三年闰六月初一日（1911 年 7 月 26 日），武汉《大江报》上一篇署名"奇谈"的《大乱者！救中国之妙药也》的时评文章，成为人们竞相传阅和争相议论的社会焦点。文曰：

> 中国情势，事事皆现死机，处处皆成死境。膏肓之疾，已不可为，然犹上下醉梦，不知死期之将至……此时非有极大之震动，激烈之改革，唤醒四万万人之沉梦，亡国奴之官衔，行见人人欢戴而不自知耳。和平改革既为事理所必无，次之则无规则之大乱，予人民以深创巨痛，使至于绝地，而顿易其亡之观念，是亦无可奈何之希望。故大乱者，实今日救中国之妙药也。[①]

在市民中引起震动的自称"奇谈"的评论，被军警人员送到了湖广总督瑞澂的案台上，瑞大人稍一过目立即批示：宗旨不纯，立意嚣张，淆乱政体，扰害治安，着即查封《大江报》。[②] 七天后的一个夜晚，武汉军警包围并封查了《大江报》报馆，逮捕了总编詹大悲和副总编辑何海鸣。

地方当局以极快的速度组织了审讯，但审讯却不像审讯，倒像是一场优劣显见的政治大辩论。

法官问：此稿从何而来，系何人所作？

詹答：此稿经我过目，不能问作稿之人……一切责任均归我负。

---

① 此文为黄侃在《大江报》总编詹大悲住处酒后所作，成文后黄即乘船离汉东下。

② 见《时报》辛亥年八月十四日、闰六月十二日。

法官又问：汝登此项时评是何意思？

詹对曰：国民长梦不醒，非大乱不足以惊觉，望治情殷，故出此忿激之语。

又问：汝所登之时评中有和平改革之无望一语，明明是淆乱政体，扰害治安。

又对曰：试问政府近年外交，均用和平手段，如片马永租外人，丧权辱国，莫此为甚，反美其名曰和平解决。又试问立宪之诏旨是和平而来？抑是因乱而来？①

法官无言以对。

"《大江报》案"以詹大悲被判一年半徒刑而结案。但是，法庭上的判决对于强大的社会舆论和民众意愿，却完全失去了法律本身所应该具有的权威意义：

——汉口各社会团体马上组织力量，代为辩护，将一切情形陈请于湖北谘议局，以昭公允；

——连日被查封了的报馆门口，堆满了人们致送的安慰条幅和哭吊的短文。

……

唯恐"大乱"的总督瑞澂，正在不自觉地拨动着"大乱"必至的历史机楔。

辛亥年七月二十二日（1911 年 9 月 14 日），武昌雄楚楼十号刘公住宅里，一批年轻的军官们正在以完全不同于《大江报》的方式，表达着同样的意愿。来自武汉三镇所有新军里的两大革命团体——文学社和共进会——的重要人物都出席了这次会议。

原出于同盟会的共进会，虽在组织上与文学社分立并存，但在"推翻清朝，服膺共和"的基本宗旨上，两个团体却别无二致。当1911 年的春天刚过，"乱机遍地"的形势清晰地摆在这些年轻的军人

———————————

① 见《时报》辛亥年八月十四日、闰六月十六日。

面前时，"合则力量聚而大，分则力量散而小"便成了两大团体领导者共同的认识。

这已是决定大清王朝历史命运的双方第三次联合会议了（1911年5月6日和6月14日，双方举行两次联合会议，讨论过联合的具体事宜）。在这次实质性的联合会议上，首由共进会领导人孙武报告形势。这位年仅31岁的青年言辞恳切地说：

> 湖北革命已有十余年历史，最近两三年间，由于文学社、共进会和衷共济，业已获得相当成绩，现因形势发展，军队同志屡促发动，吾人以湖北地为要冲，是生路也是死路，必须计策万全，不能轻于一掷。目前准备工作大致完成，尤其是必须经费，获得解决，一旦起事，自当通力合作。今日之会，为革命紧急关头，希望大家切实讨论。①

接下来的讨论既切实又真诚。

文学社的刘复基起身表态说：

> 过去为消极合作，现应积极合作，际此生死关头，所有文学社、共进会名义，应当暂行搁置，一律以革命党人身份，与清王朝拼死活。

双方这场开诚布公的会议所达成的基本共识是：

> 一、化除团体界限和放弃原团体中个人的名位，如共进会刘公的湖北大都督、文学社社长、副社长等，一切以起义大局为重。

> 二、责任可以分担，事权必须统一；推选一个统领起义大任的主帅，以便指挥一切。双方均同意向上海中部同盟会请黄兴、宋教仁或谭人凤前来主持大计。

> 三、共推杨玉如、居正二人赴沪迎接黄兴等人。

9月的武汉，已处于瞬息万变之机。待机而起的革命军人和一夕

---

① 贺觉非、冯天瑜：《辛亥武昌首义史》，湖北人民出版社1986年版，第160页。

数惊的清朝官员之间的敌视情绪，潜存着随时都可触发的时机。

箭在弦上的形势，由不得武汉革命党人有过多的等待。在前往上海请"帅"的居正等人走后不久，9月23日，两大团体的领导者们就又在雄楚楼10号召集了有关起义领导机构和人事安排的重要会议。第二天，由新军各标营革命代表参加的更大规模的会议在武昌胭脂巷召开，详细讨论了起义的具体计划。两次会议议决的主要事项是：

一、起义指挥机构：以蒋翊武为军事总指挥，管军令；孙武为军务部长，管军务；刘公为总理，管民事。重大事务，由三人共商处理。

军政府组成人员：总理刘公；军事指挥蒋翊武；参谋长孙武。下设军务部、参议部、内务部、外交部、理财部、调查部、交通部等，各设正长、副长以理其事。

二、起义计划：于汉口设立政治筹备处，赶制起义时应用的旗帜、印玺、文告等；军事指挥部设于武昌，拟定详细的起义计划；起义时间：暂定为八月十五日（即10月6日）。

三、起义部署：驻汉新军中的革命力量，分为八队，以放火为号分别于驻地起义；同时分头占领凤凰山炮台、楚望台军械库、总督署、蛇山、武胜关、龟山等要地。

一个已不是秘密的消息在武汉三镇迅速风传："八月十五杀鞑子"，革命党"中秋起事"。一个缺乏社会责任和良知的小报，甚至还公然将起义消息作为新闻刊登于报端。

9月28日，起义指挥部接到湖南革命党人焦达峰函告，称："准备不足，请暂缓十日。"指挥部遂将原定10月6日的起义后推到10月16日，期于鄂、湘同时并起。

湖广总督瑞澂虽然并不确知革命党人的详细计划，但他通过所控制的情报系统完全了解他所面临的危急形势。时至1911年秋天，湖北新军总共1.5万人中，真正的革命党人已发展到4000人；分布在各个新军营、队中的革命团体，虽经过几次摧挫，但名称不断变化的团体，却始终抱定一个反清宗旨，发挥着组织的作用。① 拥有现代化武器装备的新军，一旦掉转枪口，历史的改写就会在瞬间完成。

身处即将喷发的烈焰中心的瑞澂，深知其中厉害，他立即对驻汉新军采取了相应的应急措施，以换防为名将"不稳"的新军分调各处，其部署如下：

一、第八镇所属第二十九标第三营出防郧阳；第三十标第二营移防汉口；第三十一标全标由第十六协统领一部，第三十二标第一营随端方开赴四川；第二营驻宜昌；第三营驻恩施待命。

二、第八镇八标一营左右两队自南湖移驻城内督署附近；二营两队出防枣阳；三营开赴襄阳一带换防；第二十一混成协所属四十一标一营出防宜昌；二营两队驻沔阳，一队驻岳州。

三、第四十二标驻汉口、汉阳以迄京汉铁路线与黄河南岸为止。

新军的换防调动，采取的是打乱建制的混合调配，这一举措无疑破坏了军队中原有的革命组织系统，为起义计划的实施带来了困难。

革命党人也立即采取了相应的应急对策，在军队开拔之前决定：

目前准备工作尚不成熟，不能马上起义；各军中革命组织加强联系，一旦武昌起义，各部马上回鄂响应。除正常书信联络外，电报联络暗语为："母病故"，即起义成功；"母病危"，即成功有把握；"母病愈"，即起义失败。

军队的换防虽然分散了组织系统，却未能离散"反清革命"的人心。伏处各地的新军中的革命党人，仍然共同翘首盼望着一个时机的到来。

社会上风传的"八月十五"起事的消息，仍然如一团阴影笼罩在武汉城内的大小官员们的心头。一进入阴历八月，随着望月之夜的迫近，衙门里的官员们不见了往日那份节日的欢快，而是紧张地准备应

---

① 贺觉非、冯天瑜：《辛亥武昌首义史》，湖北人民出版社 1986 年版，第 114 页。

付一切可能出现的变故。湖北当局紧急召开文官知县以上，武官队官以上人员参加的防务会议，由军事参议官铁忠主持，作出了如下决定：

一、军队提前过中秋节，节日期间实行戒严，士兵一律不准外出；所有子弹一律收缴存库。

二、调右路巡防三营来省助防；令楚豫、楚谦、楚材、楚有等兵舰于夜间升火待命。

三、楚望台军械库加派官长监视。

四、城门加强警戒，士兵严格盘查出入行人；街上加派双岗，晚间增加巡逻；机关职员非必要不准请假。[①]

中秋之夜，桂花飘香，皎月流辉。

一个静谧异常的月夜。

10月9日，令人揪心的中秋节后第三天下午，革命党设在汉口俄租界宝善里机关部的一次意外爆炸，推进了预定的事变的历史进程。

当天下午，孙武等人正在宝善里机关部筹划起义前的准备工作，下午三时，有人不慎将纸烟火屑落入炸药中，霎时轰然炸响，浓烟滚滚。

意外的爆炸引起的后果不仅使革命党人制作的起义旗帜、袖章、名册、文告和盖印纸钞等证据落入清方军警手中，而且被捕者还供出了革命党人在武汉的各个主要机关。于是，当天夜里，武昌小朝街85号、雄楚楼10号、胭脂巷11号、巡道岭同兴学社、三道街数学研究所、巡司河陈子龙寓所和杨洪胜杂货店等机关，全部处于清方军警的包围之中。

同天下午，聚集在武昌小朝街85号的蒋翊武、刘复基、王宪章、

---

① 贺觉非、冯天瑜：《辛亥武昌首义史》，湖北人民出版社1986年版，第168—169页。

彭楚藩等人，正在研究起义的具体规划。当他们突然接到宝善里机关失事的消息时，当机立断决定赶在当局动手前，提前发动起义。蒋翊武以临时总司令的名义，于下午五时发布了起义命令：

命　令

八月十八日下午五点钟发于小朝街八十五号机关部

一、本军于今夜十二时举义，兴复汉族，驱除满虏。

二、本军无论战守，均宜恪遵纪律，不准扰害同胞及外人。

三、凡步、马、工、辎等军，闻中和门外炮声，即由各原驻地拔队，以左之命令进攻：

……

注意：本军均以白布系左膀为标识。

总司令　蒋翊武

20 份复写的命令，被专人分头送往各营。

深夜，蒋翊武、彭楚藩、刘复基等人焦急地等候在已经被清方军警掌握在手的小朝街 85 号机关部，静待南湖炮队起义号炮的轰响。然而，受命去南湖炮队传送命令的邓玉麟，却未能将这份关键的命令送到。小朝街指挥机关没有等来令人振奋的南湖炮声，却被急促而至的清军堵了个严严实实。除了侥幸逃脱的总司令蒋翊武外，彭楚藩、刘复基、杨宏胜等人均被逮捕。

又一次意外的事变，打乱了整个预定的计划。

——午夜十二时已过，仰望夜空的各营士兵们，没有等来令人神往的南湖炮声，只好在情况不明的焦躁中再次按下愤然而起的心绪。

——10 月 10 日凌晨，彭、刘、杨三烈士，被斩首于督署东辕门之外。立时，"暴云四起，浪卷沙涛，尘气满天，雾气遍地，前不见人，后不见路"[1]的罕见天象，把武汉三镇拖入凄迷阴霾的晨色之中。

——上午，军警四出，按照宝善里机关所获名册搜捕党人。仅仅

---

① 《武昌起义档案资料选编》上卷，湖北人民出版社 1981 年版，第 17 页。

一个上午, 武汉三镇革命党人的主要机关相继被抄, 被捕的党人已达32人。

中秋之夜和10月9日两次预定的起义时间已过; 负责起义的领导人不是被捕, 就是外逃; 组织起义的机关又悉被摧毁。面对如此意外的收获, 湖广总督瑞澂不免庆幸自己果断采取调防新军的高招。志得意满的瑞总督, 甚至来不及多等一日, 就向朝廷发去了告捷电报:

> 本月初旬, 即探闻有革命党匪多人, 潜匿武昌、汉口地方, 意图乘隙起事, 当即严饬军警密为防缉。虽时传有扑攻督署之谣, 瑞澂不动声色, 一意以镇定处之……

> 张彪、铁忠、王履康、齐耀珊各员, 以及各员弁警兵, 无不忠诚奋发, 迅赴事机, 俾得弭患于初萌, 定乱于俄顷……

> 现在武昌、汉口地方, 一律安谧, 商民并无惊扰。租界教堂, 均已严饬保护, 堪以上慰宸廑。[1]

然而, 距瑞澂向朝廷发出请功的电报仅仅四五个小时, 即当晚七时, 几乎同时突然爆响的枪声和照映天幕的火光, 就彻底宣告了瑞澂, 也宣告了大清王朝的覆灭。

既没有临时推举的领导, 也没有团体公认的领袖, 出乎瑞澂意料之外的武昌首义, 完全是青年士兵们自己创造的杰作。

——火光燃起于城外塘角。纵火为号, 是早已确定的发动起义的标志。驻守城外塘角的混成协辎重一营的一批革命党的士兵们, 自己商定于当晚起事。晚七时许, 士兵李鹏升、李树芬、蔡鹏来等人用洋油灯在马棚点燃了堆集的马草。

——枪声响起于城内紫阳桥南。头晚南湖枪声未响, 机关毁损殆尽, 驻扎在紫阳桥南的工程第八营的熊秉坤约集党人士兵, 决定当晚立即起义, 不可再行拖延。晚七时多, 查棚的排长陶启胜发现士兵金兆龙臂系白巾, 实弹以待, 遂上前夺枪, 情急之下, 士兵程定国举

---

① 《辛亥革命》(五), 第289页。

起枪托击伤陶的头部。陶启胜负伤奔逃，程定国、熊秉坤立即举枪射击。

火光与枪声——久已向往的起义信号，终于使年轻的士兵们急不可耐地腾跃而起，从各个营房里持枪呼啸冲出。没有发动起义的领袖，却有共同的口号：打旗人；没有统一的组织者，却有同一个行动目标：占领楚望台（军械库）。

火光与枪声的动员是迅速的：

——八时许，右旗第二十九标几十名士兵冲天放枪，打开军械库强取弹药，奔向楚望台。

——八时左右，右旗第三十标二营代表彭纪麟闻枪声后，大呼集合站队。随后一百四五十名士兵杀死在营部分旗兵后，即向楚望台集结。

——八时半，南湖炮八标已有准备的革命党士兵，见塘角火起，立即在操场发炮响应；三百余众士兵拖炮而出，向中和门进发。

半个多小时内，陆军测绘学堂响应，左旗第三十一标留守部响应，第四十一标响应，南湖第三十二标响应，南湖马八标响应……在火光和枪声中动员起来的起义新军，总数约有 4000 人。

直到冲出营门的各标、营士兵们会聚在楚望台，在略微平静一下极度紧张和兴奋的情绪后，才意识到一个统一的指挥者，对于各支队伍和起义成败的决定性意义。没有更多的权力和利益之争，正在楚望台值勤的左队队官吴兆麟，是这支临时集结起来的队伍中军阶最高的军官，他被推举为革命军临时总指挥。当夜十点半，吴以临时总指挥的身份下达了第一道命令：

命熊秉坤、马荣、邝杰各率兵分三路进攻总督署。

命程国贞指挥炮队，在中和门城楼及蛇山等制高点布设阵地，炮击督署及第八镇司令部。

命其余各部分别执行巡查、策应、防守任务和后备待命。

今夜口号：兴汉。①

总督署位居蛇山西南，与张彪的第八镇司令部前后相应。蛇山东南是新军城内各标营的驻地，与督署和镇署形成拱卫之势。武昌城内外新军兵力约20个营，共9000多人。除当晚陆续参加起义的约4000人外，守卫督署的清方兵力和分布城内的武装警察和宪兵营、旗兵营等，总数要超过5000人。

虽然作为军事最高指挥官的张彪，并不清楚起义新军的整体实力，但他在事变发生之初的部署，也还不失一个军人的果断。

晚七时许，在塘角马棚起火不久，张彪就接获了辎重第二十营和工程第八营举事的消息。他立即进行部署，命令：

一、第三十二标第一营，即向附近之马、炮各标，实施警戒与镇压。

二、以李襄阳率左路占领长街，对由武胜门入城及由阅马厂西进之革命军，实施防御；并以辎重第八营为主，占据王府口为前进阵地。

三、以白寿铭率右路占领安门正街，对城内及南湖方面各标、营，实施防御；并以消防、巡防各营为主，占领保安门为前进阵地。至保安门正街沿北叉路，均设伏击兵，阻滞由大街袭击督署的革命军。

四、警察之警戒区域：由蛇山以北及长街以东各街巷，迄阅马场、紫阳桥一带。②

夜十一时，调兵遣将的张彪刚刚部署就绪，兵分三路的革命军对督署的第二次进攻就开始了。

从楚望台集结后的革命军，分三路由王府口、水陆街、保安门平行向督署推进。一方面，城外起义的队伍还未能完全到达城内，而楚

---

① 参见熊秉坤：《辛亥首义工程营发难经过》，《辛亥首义回忆录》第1辑，第39页。
② 《开国战史》上，（台湾）正中书局1976年版，第201页。

望台军械库也需有相应的兵力守卫，因而革命党人用以主动进攻的兵力十分有限；另一方面，对于敌方布防情况没有探明，而且街巷纵横也不利于兵力的展开。平行推进的力量薄弱的革命军，除蔡济民所率一排少数兵力到达王府口，直逼督署背后外，其余队伍均被敌方强大的火力所封阻。

夜十二时，革命军发起了第二次进攻。虽然加入起义的炮兵在蛇山上布好了阵地，形成对敌居高临下炮火控制的优势，但由于步、炮协调不够，轰击目标难以辨认，第二次进攻也没有达到目的。

凌晨两点以后，经过火力配置和调整后的革命军发起第三次进攻。为了给炮兵指示明确的轰击目标，进至督署附近的步兵在居民的配合下，点燃了督署周围的住房。在炮兵有效的火力轰击下，三路进攻队伍发起最后的冲击，很快突破了清军的防线。

一夜激烈暴怒的枪炮声，迎着东方的曙色，渐次稀疏下来。

大清朝威慑一方的湖广总督衙门，成为开创新时代的年轻起义士兵们的第一个历史性的战利品。

仅仅一夜之间，瑞澂电奏朝廷的"弭患于初萌，定乱于俄顷"的自造神话，就不攻自破了。力量对比的瞬间转化，似乎并不决定于物质的或军事的力量较量，而主要取决于属于精神内容的人心向背。

尽管参加武昌首义的士兵有4000人左右，但与清王朝的全国25万新军相比，根本就不成对手；即使与张彪控制下的武昌城内5000余众的清军，其实力的对比之下似乎也应该有着一场旷日持久的战场胶着形势。迅速崩溃的王朝江山，不仅是王朝意料之外的结局，也是革命党人自己也不曾想到的结局。十多年后，被尊为近代中国民主革命之父的孙中山先生，在黄埔军校开学典礼训词中，对于武昌首义士兵们的实力状况和创造精神，曾经有过一个符合事实的评说：

> 当在武昌、汉口的革命党，总共还不足三百人……所有的枪，都没有子弹，临时到处搜索，只得了两盘子弹，一共不过五十粒。革命党分到了五十粒子弹，便在城内的工程营中

发难。①

事变之初，起义士兵们郑重其事地拈在手中的炸弹，多是由一块白布包着的"一个牛奶罐式样的东西"，这种"百分之九十九是伪装的"炸弹，"只是一个香烟（牛奶）罐子藏些沙泥而已"。可以略显一些威力的伪装炸弹，也只是白布包起来的大型灯泡，虽然"抛在地上，砰然一声，震动人们的耳膜"，②有模拟的炸弹音响效果，但毕竟没有真正炸弹的杀伤力。

但戏剧般的起义，却终于取得了戏剧般的历史成果。

也许，从清王朝那些大大小小的官吏们面对起义者并不强大的炮火时所采取的态度上，也能够多少说明一些导致王朝权力体系从根本上崩溃的原因。

在权力和利益面前，常常向王朝表现出足够忠诚的官员们，在王朝命运的生死存亡之际，唯一的信念只是保住自家的性命。

在武昌革命军第二次攻击的炮火中，曾经自诩为"不动声色""镇定处之"的总督瑞澂，偷偷凿开督署的后墙，率家小、护卫一溜烟儿躲进了停泊在江边的"楚豫"号军舰。几天来一直盘桓在军舰上的瑞大人，更多的心思也只是用在为自己开脱必要的责任上。在接连几封发给朝廷的电报中，瑞大人把自己放弃省城的责任推了个干净：

> 近因是张彪的统兵无能（他并不因为不久前为自己也为张彪请功的电报感到汗颜），抵抗不力；远因则是多年督鄂的张之洞练兵所用"均为匪人"。

在长江上游弋多日后，眼见恢复总督之位无望的瑞澂，把朝廷先是令其戴罪立功，后是严讯治罪的上谕③放到一边，轻轻松松地坐着军舰一路游到九江，最后回到上海当起了"寓公"。

鄂军提督、第八镇统制张彪，是武昌城内第一个、也是唯一一个

---

① 陆丹林：《革命史谭》，《近代稗海》第一辑，第625页。
② 陆丹林：《革命史谭》，《近代稗海》第一辑，第621页。
③ 见《辛亥革命》（五），第291页；《清末实录》，《满清稗史》第3册。

与革命军正面交过手的清朝官员。但在瑞大人逃走不久，张彪也收卷起细软之物，将家眷安置在汉口日租界后，自己也躲到了刘家庙车站。

布政使连甲在藩署稍作抵抗后，也于黎明时分弃衙而逃。先是躲进八省土膏捐局督办大臣柯逢时家中的连藩台深恐遭遇不测，最后也登上了"楚豫"号兵舰。

至 11 日上午，武汉三镇中的大小官员们如提学使、交涉使、盐法道、武昌知府、汉阳知府等人，都以各自不同的方式逃离了职守任所。

只有一个提法使马吉樟，是在从容中走出武昌城的。被夜间枪声惊起的马吉樟，据说开始还涌起一股"殉节"的神圣之情，但这一缕神情很快就被可贵的生命欲望冲得无影无踪了。

面对情况不明的形势，他作出的反应是派出下人，前往打探投降的办法。但是，下人没能带回如何投降的具体办法，一时没了主意的马吉樟，急中生智，干脆正其衣冠，危坐大堂之上，静等革命军来受降。只是，军务紧急中的革命党人还根本想不到他这位朝廷的中层官员，因而，一直等到中午，没有等来一个革命党。早已有些不耐烦的马的妻子从帘后传出话说："竟日无一革命党，独坐此何为也。"①

一妾闻声而出，把马吉樟扶到后堂，换上便服大摇大摆地走出了自己的衙门。

……

偌大的一个武汉，既有声名显赫的一二品大员，也有不入流的九品小吏，构成王朝政权体系的这些大大小小的成员们，在危及王朝江山社稷的事变中，鲜有以身殉"道"者。

这是一个无"道"可殉的王朝。

11 日上午，雄踞武昌城中心的蛇山之巅，黄鹤楼上，一面红底

---

① 《辛亥首义回忆录》第 4 辑，第 35 页。

十八星大旗迎风招展。

飘扬在蛇山之巅的十八星旗帜，是一个新政权的象征，但象征物背后权力组建的内容和过程，却比年轻士兵们扯旗造反的行为本身复杂了许多。

10月11日上午，枪声停息后，位于阅马场的谘议局就成为各方力量共商组建新政权的中心。出席会议的除了拥有首义胜利成果的起义者代表蔡济民、张振武、李作栋、吴醒汉等人外，还有被邀请的谘议局的正副议长、秘书长和部分议员们。蔡济民提出：

> 起义已初步成功，目前最要紧的是重新组织政府，不能这样群龙无首。必须马上通电全国，呼吁响应。安民告示更非马上发出不可。我们一定找一个德高望重、为全国所知的人，才能号召天下，免得别人说我们是"兵变闹事"。①

尽管革命党人领导的军队已控制了武昌全城，但起义前推定的有声望的领导人却都不在起义现场，真正发动起义的"各军领袖，以资望浅，谦让未遑"。②

有人推举议长汤化龙出任新政府的都督，但政治上十分老练的汤化龙，在革命前途未定之际，却有着自己的盘算，他说：

> 革命事业，鄙人素表赞成，但此时武昌发难，各省均不晓行。须先通电各省，请一致响应，以助大功告。此时正是军事时代，兄弟非军人，不知用兵。关于军事，请诸位筹划，兄弟无不尽力帮忙。③

虽然，政府领袖的具体人选未能遽然推定，然而，"军事"时期，非军人不足以担当政府之责，非资深阶高军官不足以号令天下，却成了政权组建会议上的共识。挑来选去，在湖北新军中地位官阶仅次于

---

① 贺觉非、冯天瑜：《辛亥武昌首义史》，湖北人民出版社1986年版，第215—216页。
② 张难先：《湖北革命知之录》，第266页。
③ 曹亚伯：《武昌革命真史》中册，第36页。

张彪的第二十一混成协统领黎元洪，便成了各方力量共同接受的最合适的都督人选。

这个毕业于北洋水师学堂的新式军人，是湖北黄陂人。甲午战争后，在鄂督张之洞的提携下，黎成为湖北新军创建的元老级军人，并于1906年出任协统，成为当地新军中的高级军官。在武昌起义的当天夜里，坐镇第四十一标三营的黎元洪，还亲自处决了革命军临时总指挥部派去该营联络起义的联络员，此后，眼见大势已去的黎统领便换了一身便装，躲进黄土坡他部下的一个参谋刘文吉家中。

午后一时四十分，被革命士兵从床下搜寻出来的黎元洪，在吴兆麟、邓玉麟等人的簇拥下，被带到了谘议局。

毫无思想准备的黎元洪，面对革命政权的最高权位，除了"莫害我！莫害我！"语无伦次的推辞之外，唯一的做法就是默不作声地袖手一旁，死也不肯在革命军的文告上签字署名。

但是，有胆量摧毁旧政权的枪杆子们，却不会顾及黎元洪的意愿。气愤不过的李翊东拿起笔来说："我代签了，看你还能否认不成！"[1] 于是，署有"黎"字的革命军政府第一张布告，即《中华民国军政府都督黎布告》，当天就贴遍了全城。

把不言不语的"木菩萨"般的黎都督安置在谘议局楼上的议长室后，起义者当晚作出了一个新生政权必须要作的几项重大决议：

一、依同盟会规定，建立中华民国军政府湖北都督府，设于谘议局；军政府下设参谋、军务、政务、外交四部。

二、称中国为中华民国。

三、改纪元，称黄帝纪元四千六百〇九年。

四、革命军旗为十八星旗。

五、都督暂用黎元洪名义布告地方，通电全国。

---

[1] 李翊东：《座谈辛亥首义》，《辛亥首义回忆录》第1辑，湖北人民出版社1979年版，第10页。

12 日晨六时，湖北革命军政府以都督黎元洪名义发表了《布告全国电》，将武昌起义的事实和意义公告于天下。电称：

粤维我祖轩辕，肇开疆土，奄有中夏。经历代戏圣哲贤豪之缔造，成兹文明古国。凡吾族今日所依止河山，所被服之礼教，所享受之文物，何一非我先人心血颈血之所留遗……世世相承，如一家然。父传之子，祖行之孙，断不容他族干其职姓。

何物胡清，敢乱天纪；挽弓介马，竟履神皋。夫胡清者，非他，黑水之旧部，女真之鞑种，犬羊成性，罔通人理……故入关之初，极肆凶威，以为恐吓之计。我十八省之父老兄弟诸姑姊妹，莫不遭逢淫杀，靡有孑遗……

今日者，海陆交通，外侮日急，我有家室，无不图存。彼以利害相反，不惜倒行逆施……且矜其宁送友邦弗与汉族之谬见，今日献一地，明日割一城，今日卖矿，明日卖路……夫政府本以保民，而反得其害，则奚用此政府为？……

本军政府用是首举义旗，万众一心，天人共愤，白麾所指，瓦裂山颓……是所深望于十八省父老兄弟，戮力共进，相与同仇，还我邦基，雪我国耻，永久建立共和政体，与世界列强并峙于太平洋之上，而享万国和平之福，又非但宏我汉京而已……①

有勇气代黎签字的革命党人，却没有勇气代表自己。对于历史事变复杂的因果关系有着深透见解的马克思，对于 19 世纪法国小农政治品格的描写，也完全符合 20 世纪之初中国起义者的心态：

他们不能代表自己，一定要别人来代表他们。②

12 日，随着汉阳、汉口先后独立光复的军事上的胜利，军政府权力组合的复杂形势，摆在了年轻的革命党人面前。

13 日，不仅一向忧郁寡欢的挂名都督黎元洪，向革命党人表现

---

① 曹亚伯：《武昌革命真史》中册，上海书店出版社 1982 年版，第 47—48 页。
② 《马克思恩格斯选集》第 1 卷，人民出版社 1973 年版，第 693 页。

出意外的主动，说："自此以后，我即为军政府之一人，不计成败利钝，与诸君共生死。"同时以汤化龙、胡瑞霖为首的立宪党人也开始做起了军政府权力重组的文章。用了两天的时间，汤化龙等人与黎元洪频频接触，就政权组合问题进行了精心的设计：

　　一、拟定《军政府暂行条例》，规定军政府下设军令、军务、参谋、政事四部，各部均受命于都督。

　　二、改变黎元洪的傀儡地位，为黎元洪的都督之职举行祭天大典。

17 日，象征着黎元洪正式就任都督的"祭天大典"，就由汤化龙等一帮精熟中国传统祭仪的"文化精英"们操持着，在湖北军政府前的阅马场隆重举行。

一个高大的祭坛耸立在阅马场中央，坛前烟火飘绕，坛上香案玄酒，供设着轩辕黄帝灵位。案上的祭品，是传统祀典中只有天子和诸侯才可以使用的"太牢"——一只小黄牛。赞礼官和读祝官，分立于香案左右；四周彩旗猎猎，三军肃立。

在军乐首章的乐曲声中，全身军服，腰悬军刀，腆着坛子般大肚子，留着两撇日本仁丹式胡子的黎元洪在众人的簇拥下，到台前下马，率领将校升坛。神色庄严的黎元洪一扫几天前的萎靡之气，昂然南向中立，在司礼官导引下，亲自上香、斟酒；然后，由党人公推的谭人凤授旗、授剑；由居正演说革命意义。这一套严格的程序过后，才开始了祭仪的中心内容：由黎元洪率将官们面向黄帝灵位，跪颂祝文。

这篇负荷着沉重的历史文化，同时又披染着世纪色彩的祝文，无论对于时人还是今人而言，都不是一个可以轻易略去的历史扉页。文曰：

　　维黄帝纪元四千六百零九年辛亥秋八月朔越二十有六日，代表鄂军都督黎元洪率同全军人等，谨以太牢玄酒之仪，恭奠于先黄帝在天之灵：

　　伏以黄帝开中华文明之国，演神明奕禩之祚，绵延至今，越

四千余岁，达四百兆人，圣神功德，丕著环球，崇报歆飨，理固宜然。不料满清异种，横侵政权，二百年来，惨无天日，我族痛心疾首，久思光复故物……兹幸义旗一举，不崇朝而克复全鄂，邻邑响应，不旬日而底定东南，众志一心，务以歼除异种恢复神州为目的。元洪德薄智浅，仰托先皇灵爽之凭，近赖同志进行之锐，誓必达到目的，循序布宪，足与环球各国并驾齐驱，使我五千年文明古国，于历史上发异常光彩。子子孙孙，永葆幸福。维我先黄帝实式鉴之。尚飨！①

借助于"祭天大典"的黎元洪和汤化龙，在获得精神力量的同时，要赢得的是现实的权力和利益：在他们拟定的组成军政府的四个部和主管民政的政事部的七个局的领导名单中，除了一个军务部部长孙武外，几乎全是黎元洪的部属和汤化龙的亲信，以生命为代价换取首义成功的革命党人，则被远远地排挤出权力中心。

从 13 日陆续返汉的资深革命党首领们，如詹大悲、蒋翊武、温楚珩等人，却失去了进入权力中心的机会。因此，在既不满黎、汤权力结构的军政府，又不便公开反对的矛盾心态下，他们又组成另一个政权——汉口军政分府。

就对于武昌起义作出的反应而言，朝廷的决策不谓不快。10 月12 日，朝廷调兵遣将的重要部署就已经完成了：

一、谕令将瑞澂革职，停止永平秋操，着军咨府、陆军部速派陆军第四镇、混成第三协、第十一协组成第一军，由陆军大臣荫昌督率南下，收复武汉。

二、谕令海军提督萨镇冰率领巡洋舰队及长江水师，以三艘巡洋舰、五艘炮艇、五艘鱼雷艇为主力溯流而上，进入武汉江面，协同陆军作战。

三、谕令河南巡抚宝棻就近调派第五十二标张锡元部前赴汉

---

① 杨玉如：《辛亥革命先著记》，第 106 页。

口，与张彪残部会合，先行控制形势。

四、命军咨府正使冯国璋为第二军军统，辖第五镇张永成部，第三镇混成第五协卢永祥部，第二十镇混成第三十九协伍祥祯部为预备队，随时听命调用。

五、命载涛为第三军军统，辖禁卫军及陆军第一镇，守卫京师。

但是，奉命出战的大臣和朝廷内阁大员们，即使在王朝性命攸关的当口，也还忘不了自家眼皮下面的小算盘。

13日下午一时许，奉命出战的荫昌率领全部幕僚由北京西站南下，禁卫军一标人马和军乐仪仗队举行了隆重的欢送式。军乐刚刚奏起，列车正待启动，值班站长忽报邮传部大臣盛宣怀往站恭送，并有要事与荫大臣面议。匆匆赶来的盛宣怀登车后，与荫昌略事寒暄，就打开了随带的汉阳地图，指明汉阳铁厂的方位，请荫昌进攻汉阳时，保全铁厂。

"如汉阳铁厂少受损失，"盛宣怀拍着胸膛说，"本大臣即赏银十万元。"

荫昌则心领神会。

列车启动后，退至站台的盛宣怀又一次向车窗高声提醒道："适所言，诸君勿忘。"荫昌则成竹在胸地说："君备款可耳。"[1]

两位大臣私下的交易，对于即将开始的战争似乎并无太大的影响，但这一信息被站台上的中外记者所获取，却误以为"荫昌南下，而军饷不足"。新闻记者善于捕捉内幕新闻的笔头，将此意外获取的新闻通电世界的结果，却直接导致了沪、津、京、粤大清银行挤兑的经济风潮。

即将来临的战争，把军政府内部权力和利益的纷争暂时推到一边，严峻的军事形势，向军政府提出了刻不容缓的要求。

---

① 丁士源：《梅楞章京笔记》，《近代稗海》第一辑，第458页。

武汉三镇真正属于军政府控制的新军总共才 4000 人，起义伊始，脚跟尚未立稳，"日夜疲劳，无片刻休息，区区数千人，即人人铁石，防御武汉犹虞不足"①，更无力对付即将来临的清军大规模的进攻。扩编军队，加强实力，就成为军政府工作的首要任务。

10 月 14 日，军务部以军政府都督的名义，发出了募兵告示。不到五天，就按计划募足了四个协的新兵，共两万余人。根据扩充后的兵力和军事防务，军政府将武汉三镇划分为四个防区：

第一区汉阳，由步队第一协吴兆麟负责。

第二区汉口，由步队第二协何锡蕃负责。

第三区，自武胜门外两望山至青山，由步队第三协成炳荣负责。

第四区武昌，由步队第四协张廷辅负责。

几天后，作为预备队的第五协和炮队两标、马队两标、敢死队二大队等也组建完毕。

时至 10 月 17 日，清军与武汉民军双方的主要兵力都已经完成了运动集结，在力量的分布和出击的机动力量上，都做好了战前必要的准备。决战的阵势已经摆好：

——荫昌的先头部队已经抵达扼控楚豫交界的咽喉武胜关；同时，清军的前锋第二镇二十二标和先期到达的河南混成协一部、张彪的残部等，已在汉口郊区的刘家庙车站会合，成为随时威逼汉口的清军前锋。

——民军第三标附马队第一营、炮队第一标第二营、辎重第一营已经先行渡江，与驻汉口的第一协二标林翼支部会合，随时准备出击，驱逐刘家庙盘踞之敌；第三协成炳荣率该协开赴青山一带布防，监视汉口之敌，并搜索下游一带，担任警戒。

当然，准备交战的双方之外，"第三种力量"在武汉江面上的出现，使本来就复杂的武汉形势更加复杂。旗帜各异、色彩分明的列强

---

① 曹亚伯：《武昌革命真史》中册，第 78 页。

兵舰分布在江面上，最多时竟达 20 艘：

英国八艘；

德国五艘；

美国三艘；

日本二艘；

俄国一艘；

奥匈帝国一艘。

游弋于江面上的列强军舰，对湖北军政府的军事决策形成了压力。

作为九省通衢的武汉，是通贯中外经济交通的水陆中枢，也是租界林立、领事群集的政治要冲。早在 12 日，即武昌起义的第三天，军政府就向各国驻汉口领事致送了照会，宣布中国革命的宗旨和它的外交立场：

为照会事：

……军政府复祖国之情切，愤满奴之无状，复命本都督起兵武昌，共图讨满，推倒满清政府，建立民国；同时对于友邦各国，益敦睦谊，以期维持世界之和平，增进人类之幸福。所有民军对外之行动，特先知照，免致误会。

一、所有清国前此与各国缔结之条约，皆继续有效。

二、赔款外债，照旧担任，仍由各省按期如数摊还。

三、居留军政府占领地域内之各国人民财产，均一律保护。

四、各国之既得权利，亦一体保护。

五、清政府与各国所立条约，所许之权利，所借之国债，其事件成立于本次知照后者，军政府概不承认。

六、各国如有接济清政府以可为战事之物品者，搜获一律没收。

七、各国如有助清政府与军政府为敌者，概以敌人视之。

以上七条，特行通告各友邦，俾知师以义动，并无丝毫排外之

性质……①

由胡瑛将一式五份的照会送到汉口各国领事后，除法、美两国领事前来军政府表示致意外，其余各国还均未明确表态。

因此，当来自湖南的谭人凤多次提议趁清军尚未站稳脚跟之际迅速发起进攻时，黎元洪对"领事团禁止在距租界十里内开战"顾忌甚深，不敢轻易行动。一直到 17 日上午，驻汉英、俄、法、德、日五国领事才共推英领事葛福特，将"严守中立"的布告送交军政府。葛领事说，驻汉各国领事对革命军举动文明，表示钦佩；在汉外侨，承予保护，极为感谢，故承认民军为交战团，各国将严守中立。

得到"严守中立"的领事公文（尽管这仅仅是一个例行的外交表态）后，黎元洪才最终下了向刘家庙清军进攻的决心。

发生于汉阳、汉口（古称夏口）的这场持续一个半月的时打时停的战争，史称"阳夏之战"。战争的序幕从 10 月 18 日正式拉开。

是日凌晨三时，在沉沉夜色的掩护下，民军姚金镛部和林翼支部自后城马路朝歆生路进发，主动向刘家庙发起攻击。接火之后，已抵刘家庙的北洋军"退回不肯援应"，只有张彪残部和河南混成协共 2000 余人应战民军。

初次交手的双方既不明了对方的身手，似乎也不清楚自身的手段，于是双方就在试打中体验了各自的力量和对手的功夫。战斗本身并不十分激烈，但新募集的民军大都没有经过战斗的基本训练，不要说每人限额发放的 60 粒子弹并不能真正发挥出火力的作用，甚至许多人都不懂得在对方火力射杀下利用地形掩蔽一下自己的躯体，因而战斗开始不久，民军"死伤甚众"。② 进进退退的战斗一直打到午后，都没有实质性的进展。

下午三时，民军再次发起进攻。由于清方海军炮舰的火力支援，

---

① 《武昌起义档案资料选编》下卷，湖北人民出版社 1983 年版，第 640 页。

② 曹亚伯：《武昌革命真史》中册，第 103 页。

民军力不能支，向后退却。但是，乘坐火车追击的清军，却遭到铁路工人的谋算：满载清军的列车沿着被扒毁的路轨翻下路基，埋伏在两旁稻田里的民军一齐出击，附近村民也"各持扁担器具，同来助战"。喊杀声中，清军溃退而去，民军和百姓乘势而追，天黑时分，进退双方各自在三道桥两端扎下了营盘。

次日清晨，民军步、炮、工、骑兵共 3000 余人，再次向刘家庙发起进攻。断断续续的战斗一直持续到下午三时左右，民军终于完成了此次战斗的主要任务：完全占领了刘家庙江岸车站。

高悬着民军旗帜的被缴获的火车头，载着胜利者的骄傲，在沿途手执红旗的市民们的狂欢声中，缓缓开进市区。

次日上午，战斗围绕着三道桥的争夺展开。从刘家庙到滠口铁路线，有一窄长隘路，四面湖水环围，中间有三座铁路桥把京汉铁路凌空托起。兵家必争之地的三道桥，就成为双方下一步军事行动的唯一目标。

从 20 日开始直到 25 日，双方在小规模的拉锯战中，时而你进我退，时而我进你退，基本上维持原有阵地，战场形势没有变化。

但是，战场的胶着状态从 27 日起发生了逆转。是日拂晓，开战以来从未主动出击的清军突然分三路发起进攻。清军凭借机关枪、管退炮和长江舰队火炮交织构成的火力优势，很快就压住了民军的还击。战斗持续到下午，伤亡过大的民军防线被突破，败退中，指挥官张景良（10 月 19 日接替何锡蕃为汉口前线指挥官）竟不知去向（事后得知已通敌）。刘家庙得而复失。

次日，失利的民军临时更易前线指挥，发起反击，试图夺回失地。虽然一度打退敌人，但终究没能压倒清军激烈的炮火，在数千名官兵伤亡的情况下，只好败退市区，放弃了阵地。

十天的血火较量，军政府和军事指挥官们都明白了一个事实：匆忙组织起来的民军，虽然拥有极高的热情和斗志，却缺乏最基本的军事训练和军事常识，而这恰恰又是战场上赢得主动的重要因素。在已

经抛弃了冷兵器完全进入热兵器的现代战争中，战斗力本身就包含了训练的内容。然而，兵临城下的清军已经使民军失去了军事训练的时间和条件。

战争的智慧和聪明，是以时间和生命为代价的。

情绪低落的军政府官员和军事指挥员们，正在为失利的战场形势苦筹前程，于28日下午五时到达武汉的黄兴，为武汉军政府带来了新的希望。这位在孙中山的同盟会中专事武装起义的领袖，一直是同盟会成立后南方各地武装起义的组织者，舍生忘死的冒险经历，使他成为革命党人心目中"千军易得"中的"难得一将"。

在战况失利的情况下，黎元洪和革命党人都视黄兴为救星，为他的到来举行了隆重的欢迎仪式。军政府特意赶制了两面一丈二尺的大旗，上书斗大的"黄"字，作为革命军的帅旗，成为黄兴居处行进的醒目标志。

当夜，黄兴就在两面大旗的导引下，视察了汉口前线。

黄兴到达武汉的前一天，即10月27日，清朝的前线人事也发生了重大变动：蛰居洹上村的袁世凯被任命为钦差大臣，湖北前线陆海军均归其调遣；北洋军将领、袁的亲信部属冯国璋和段祺瑞分别为第一军、第二军总统，悉归袁世凯节制。同时，除原拨弹药继续运往前线外，另拨"宫内帑银一百万两，由内务府拨给度支部，专作军中兵饷之用"。① 不久，负责前线指挥的荫昌，择机返回了北京。

10月29日，双方在汉口遥相对峙的军事实力大致为：

清军，已经抵达汉口的有第二、四镇计1.5万人；其第五、二十镇正在南下途中。

民军，集结于汉口的军队有第二协、第四协一部，第五协和第一协一部；另有马队、炮队、工程队和敢死队等，共计不到6000人。

战场上的又一轮较量，将以更加残酷的方式展开。

---

① 《辛亥革命》（五），第336页。

10月30日晨，经过紧张的筹划布置，新任的军事总指挥黄兴发布进攻命令：以第二协参谋徐国瑞率部为前卫，各部跟进。身先士卒的黄兴亲自断后督阵，穿行于纷飞的弹雨之中，虽然大鼓士气，曾一度予敌以重创，但未能挽回战局。

接下来连续两天的战斗打得十分艰苦，民军以阵地战为主，奋力抗拒着炮火异常猛烈的清军的反复进攻。在街市巷战中，民军一室一椽转战争夺，无休无止，不食不眠，"面目黧黑至不可辨认"。①

藏身于街市房舍中的民军，使进攻的清军付出了极大代价，清军前线指挥冯国璋立即下令"火攻"，纵火焚烧街市民房。十多处同时燃起的大火，借助西北风势，连烧三天三夜，使汉口十万家居民毁于烈焰之中，十里街道变为一片焦土。

11月2日，伤亡达六七千人的民军，被迫撤退，汉口失陷。

11月3日至11日，大约一周的时间，清军和民军各以长江和汉水为界，略事休整，为下一步的军事行动做准备。除了每天双方隔江互打的零星炮火表明仍处于战争状态外，几乎再没有什么具体的战斗接触。

第一战出师不利的黄兴，败退武昌后立即与黎元洪商量召集了紧急军事会议。黄兴总结了军事失败的主要原因为：

——新兵多，秩序不整，颇难指挥；军官素质太低，均不上前指挥。

——官兵多为本地人，夜间潜回家中过夜者多，以至战斗员减少。

——部队战斗日久，伤亡过重，官兵过度疲劳，得不到必要的休整。

——部队缺机关枪和管退炮，火力不敌清军。

——清北洋军是久练之兵，具有战斗素质；民军可恃者，仅民气

---

① 《武昌起义档案资料选编》上卷，第91页。

颇盛而已。①

黄兴认为，就目前实力而言，如无外省援军，汉口实难收复，汉阳、武昌固守也很艰难，因此，下一步军事行动须等湖南（早已响应武昌起义，宣告独立）援军到鄂后才能展开。

对于黄兴的军事形势分析，军政府的领导集团并无异议，但在黄兴个人的名义和地位问题上，却形成了极大的分歧。人事问题的处置，远比军事问题更加复杂。

针对湖北、湖南都督均非革命党人的现实，同盟会成员大多提出拟让黄兴出任两湖大都督，主掌湖北、湖南军政，以便形成对于黎元洪等势力的限制。但此项提议立即受到吴兆麟深谋远虑的抵制。吴说：

> 大敌当前，局势危急，万不可发表，以启内部纷争。黎元洪虽非同志，但在湖北军界资望深重。而且大家共举其为都督，也并非黎之本愿。既然已经举为都督，且外人均依其名义，认民军为交战团体，各省也来电推崇，一旦将其推倒，中外必生疑团，视我辈有争权利之嫌。

> 黄廑午（黄兴号）为革命巨子，海内外皆知，如趁此在湖北立功，将来达到革命目的，再由同志公举为全国首领，区区都督虚名，又何足计较？……况且黄廑午抵鄂时，已由黎都督发表为总司令，是黄已在黎下，忽以大都督名义节制黎都督，岂不立起内争？

> 倘黎以此辞职，各省及外人群来质问，我辈如何答复？军书旁午之际，致令主帅辞职，授敌以隙，自取败亡，为害甚大。我辈当以洪杨之败为戒……②

---

① 见曹亚伯：《武昌革命真史》中册，上海书店 1987 年版，第 209—210 页；李廉方：《辛亥武昌首义记》，第 161 页。

② 参见曹亚伯：《武昌革命真史》中册，第 211—212 页；贺觉非、冯天瑜：《辛亥武昌首义史》，第 295 页。

对于吴兆麟提出的"六不可"反对意见,杨王鹏等人也据理反驳,由此形成争持不下的两种意见。由宋教仁调和双方意见后,最后形成的一致意见是仍由黄兴出任总司令,并以一定的形式固定下来。但在总司令职权和任命的问题上,又发生了分歧:党人希望与黎元洪分权,总司令不经黎委任;吴兆麟等人以统一事权为由,力主由黎委任。争来争去的结果是,黄兴的总司令仍由黎元洪加以委任。

11月3日,阅马场高筑将坛,仿行汉刘邦、韩信拜将故事,举行拜将仪式:由湖北军政府都督黎元洪授黄兴以战时总司令委任状和印信、令箭。黄兴则宣誓:"为国尽瘁,义不容辞,军人以服从命令为天职"。

阅马场拜将仪式后,黄兴立即组成总司令部,并尽快移驻昭忠祠,着手进一步的作战准备。

到11月8日,前来增援的湖南第一协和第二协全部抵达武汉,并已集结部署完毕。至此,总司令黄兴所辖兵力大致为:鄂军一协两标、四协两标、五协两标、二协四标及工程、辎重各一营,炮队一团;湘军一协、二协各部,共有兵力两万余人。

而此时,屯集在武汉及其外围的清军计有第四镇、第二镇和第六镇各一混成协,共3万多人;集中在汉口刘家庙一线的清军有1万多人;上关、黑山对岸均构筑了地堡;沿江设置了炮位;冯国璋的司令部设于汉口大智门。

在多种力量制约下艰难出场的战时总司令黄兴,根本没有条件和实力,把分歧颇深的各种力量协调到对付清军的战争合力上。他不仅要听命于军政府都督黎元洪,而且也要受到与他的总司令部属于平行机构的孙武的军务部和吴兆麟的参谋部的牵制。援鄂而来的湘军虽然增加了民军的实力,但由此带来的主客军之间的矛盾冲突,也同时成为总司令极为头疼的难题。

战争与纷争同时而来。

在接下来的攻守战略问题上,军政府内部也各执一端。总司令黄

兴主张，敌人的主力已移向蔡甸方面，汉口兵力较弱，应出其不意，实行反攻汉口的战略；吴兆麟、孙武则认为，部队新兵太多，炮队缺乏，不利于进攻，应坚守汉阳，而且兵力不应集中于汉阳一地，应在汉阳之北60里处的蔡甸布防，因为这里是清军从侧面进攻汉阳的必经之路（接下来清军的战略行动，也在事实上证明了吴兆麟等人判断的正确性）。

战略上的意见分歧本属战争决策中的常见现象，正是在各种不同意见的比较分辨和取舍中，才有可能最终形成大体一致的战略认识，从而从思想和行为上构成统一协调的战术行动。黄兴没能等到战略分歧的统一，便按自己的意图作出了决策：

——实行战略反攻，夺取汉口。

——作战计划是，兵分两路：一路由汉阳渡汉水担任主攻，渡河后分三路出击，集中力量歼灭玉带门之敌；另一路由武昌青山渡江攻汉口刘家庙一线之敌，担任牵制任务。

与此同时，清军也拟订了偷袭汉阳的战略行动：一路从11月13日开始，由孝感、新沟经蔡甸攻袭汉阳，先行运动，以汉阳十里铺为预定会合地点；另一路由汉口舵落口潜渡汉阳，于11月16日开始运动，与孝感先行部队定期完成会合。

11月16日午后五时半，民军各部已经按预定计划进入阵地，并以战斗序列展开，做好了总攻的准备。当夜，风雨交加的天气有利于民军的突袭行动，但毫无常识和纪律的新兵们，却自动举起火把照明，在语声喧嚣中实施军事进攻（幸亏防守的清军也躲入民房取暖，才不至于遭受重大损失）。

次日上午，以训练有素的湘军为主的右翼部队进攻迅速，很快与敌接火，并迫使清军退至韩家墩一带。但以鄂军为主的左翼部队却进展迟缓，没有战斗经验的新兵们在清军机枪扫射下，慌乱后退，致使全线动摇。虽然黄兴临阵亲斩数名退兵，仍不能遏止溃退。失去左翼呼应的右翼部队很快陷于孤军深入之境，只好在敌方不知虚实之际，奉命撤回。

战略反击失败后，退守汉阳的民军完全处于被动防御地位。

在武汉三镇中，汉阳地势最高，龟山的炮火可以控制整个武汉，因此，汉阳得失就成为双方战略决胜的关键，而龟山则又成为夺取汉阳的关键。在战前动员中，清军前敌指挥冯国璋，把龟山作为战略攻取的主要目标：

> 今日之战，则重在汉阳。汉阳之大别（即龟山）诸山，俯瞰武汉，如釜底一丸，下掷则全城瓦碎，不待攻而自破矣。①

19 日，清军第一路抵达蔡甸；20 日，第二路占领舵落口。至此，清军两路均按计划完成了从侧面进攻汉阳的战略运动。

从 21 日起，整个阳夏之战中最为激烈和最为艰苦的汉阳之战就开始了。

第一轮战斗在三眼桥和美娘山两地同时展开。接连 4 天的阵地攻守战，革命军付出了极大牺牲，终以火力、战术和军事素养的劣势而败退，失去了黄金口、美娘山、仙女山、锅底山和扁担山等重要阵地——时为 24 日下午。

25 日，心急如火的黄兴和军政府组织了二次反攻，300 名壮士组成的前锋队伍在敌人强大的火力中进攻三道桥。清军以火车架设机枪形成严密的火网，300 名壮士誓死不退，全部牺牲在阵地上。

汉阳危急！

——《大汉报》主笔胡石庵冒着炮火上了火线。

——军政府机关人员纷纷组织起来，率领学生军上了前线。

——参谋甘绩熙带病上阵，披挂着"临时督阵指挥官"七个大字的白色布带，率 108 名壮士，夜袭磨子山。

……

26 日，在革命军与清军乙支队在磨子山、扁担山鏖战的同时，

---

① 《辛亥革命》（五），第 234 页。

清军第二路甲支队突破了三眼桥防线，并迅速夺取了汤家山；第四镇也渡过襄河，占领黑山。面对清军的多路进攻，民军全线溃退。

27日晨，清军兵分三路，向龟山和汉阳发起攻击；上午龟山失守，下午汉阳失陷。

自11月16日至11月27日的汉阳之战中，民军共阵亡军官137人，伤85人；士兵阵亡2693人，伤400余人，共计伤亡3300余人。

作为战时总司令的黄兴，在全线溃败时悲不能禁，发自内心地对天愤叹："汉阳失守，吾何颜见人，唯一死耳！"① 由于身边同志的劝阻，黄兴虽然未能以死殉职，但却无法再在湖北军政府中留任了。

当晚，愤愧交加的黄兴乘轮离鄂。

首义成功的武昌，失去汉口、汉阳的屏蔽后，完全置于清军的威逼之下。尽管革命军的旗帜仍然飘扬在蛇山之上和都督府之前，但军政府内部的政治危机却日见加深。

12月1日正午，都督府中弹起火后，作为军政府最高首脑的黎元洪仓皇逃出武昌，躲进90里之外的葛店小镇。准备携60万两银子登舰逃命的黎都督，还同时给英、俄领事和袁世凯发信，表明了自己随时等待招抚的态度。

但是，袁世凯却不准备进攻了。

黎元洪逃走的当天，英国领事派盘恩由军政府顾问孙发绪陪同，带来了停战的建议：拟从12月2日上午八时起至12月5日上午八时止，停战3日；在停战期内双方一律按兵不动；双方均由各国领事监视。②

离城出逃的黎元洪，对革命军心灰意冷之时，也没有忘记权力的象征物——都督之印，他牢牢把它带在自己身上。

---

① 湖北革命实录馆档案：《何亚新小传》，湖北省博物馆藏，（三）207号。
② 杨玉如：《辛亥革命先著记》，科学出版社1958年版，第191页。

于是，接到停战条件的吴兆麟和孙武等人，只好照样又刻了一个都督印记盖在协定上。

从此，革命军与清政府（实质上是与袁世凯），由战场上的较量转入了更为复杂的政治较量阶段。

十八 民国肇新基

决定一个王朝或政权生死存亡的关键因素，似乎既不在于军事力量的强弱，也不在于一时一地战场上的胜负。尽管北洋军在一个半月的阳夏之战中夺得了汉口、汉阳两镇，尽管首义成功的武昌革命党人已经处于退守武昌的军事劣势，但天下分崩离析之势，却使北洋军在武汉地区的军事胜利失去了"胜利"的意义。

在武昌首义后不到两个月时间之内，内地18省中便有14省举义独立，成立了脱离清王朝响应革命的"军政府"；全国25万新军中，有三分之一（即8万）新军参加了反清的武装起义。历史发展的进程已经确切地表明，即使北洋军最终占领武汉三镇，也无法从根本上支撑起已经坍落的王朝天下。

这是王朝尚未预料的结局。

就在进入1911年清王朝"黑色的"10月之初，朝廷还做着一个专制王朝"万世天下"的美梦，发布了"编定国乐制定国歌"的谕令。10月4日，由禁卫军军官傅侗和海军部参谋官严复创作的《巩金瓯》，被确定为王朝的"国歌"。"国歌"的歌词为：

> 巩金瓯，承天帱，民物欣凫藻。
>
> 喜同胞，清时幸遭，真熙皞，帝国苍穹保；
>
> 天高高，海滔滔。

作为一代王朝其实也是整个专制国家历史上的第一首国歌，以它与时代格格不入的古音十足的韵味，奏出的却是一代王朝临终前的哀曲。距它正式出世还不到一周，武昌蛇山上的十八星旗帜，就把"巩金瓯"的梦想击得灰飞烟灭。

大势已去的清王朝，悲苦无奈中静听着传自各地的"独立""光复"的炮声。

10 月 22 日晨，湖南新军四十九标士兵因预定 22 日起义计划的泄密，遂决定提前起义。以吹哨为号迅速集合起来的士兵们，首先打开弹药库，取得了应急的枪械弹药，然后按照湖南革命党领袖焦达峰、陈作新拟定的起义动员令，分三路占领军装局、谘议局和巡抚衙门。

一路顺利的起义军几乎没有受到任何像样的抵抗，随着巡防营的全部倒戈，不到上午十时，就先后占领了指定的目标。做好充分进攻准备的革命军汇集队伍，还未到达巡抚衙门，就远远看到一面高挂的白旗上书写着"大汉"二字，表示了巡抚余诚格大人的"归降"之意（随后，巡抚余诚格化装潜逃到上海）。

当天，长沙全城易帜。

除了三声发动起义的信号枪外，湖南省城长沙的起义几乎是在枪声不闻中就获得了成功。

在 10 月份最后 10 天里，北洋军收复汉口一地的捷报，完全淹没在不断传向朝廷的天下易帜的消息中：

——10 月 22 日，陕西独立。由布政使护理巡抚的钱能训出逃，西安将军文瑞投井死，副都统承燕、克蒙额自杀。

——10 月 24 日，江西九江独立，并成立九江军政分府。

——10 月 29 日，山西独立。巡抚陆钟琦、协统谭正德被击毙；阎锡山为都督。

——10 月 30 日，云南独立。云贵总督李经羲被送出云南，统制钟麟、兵备处总办王振畿被处死；蔡锷被举为都督。

——10 月 31 日，南昌独立。江西巡抚冯汝骙吞鸦片而死，成为辛亥革命中汉族疆吏中为清廷"殉节"的第一人。

……

　　束手无策的清王朝，面对天下离心离德的大势，于 10 月 30 日发下一个"罪己诏"，把"天子"之尊的地位和身份放在一边，向天下臣民昭明心迹，以网罗天下人心。诏曰：

　　　　朕继承大统，于今三载，兢兢业业，期与士庶，同登上理，而用人无方，施政寡术。政府多用亲贵，则显戾宪章，路事朦于圣壬，则动违舆论；促行新治，而官绅或藉为网利之图，更改旧制，而权豪或只为自便之计。民财之取已多，而未办一利民之事；司法之诏屡下，而实无一守法之人……川乱首发，鄂乱继之，今则陕、湘警报迭闻，广、赣变端又见，区夏腾沸，人心摇动；九庙神灵，不安歆飨，无限蒸庶，涂炭可虞，此皆朕一人之咎也……①

　　皇帝面向全国臣民发誓，他要永远忠实服从不久就要召开的国会的意愿；他发誓不让任何皇室成员进入内阁；他同意对所有政治犯甚至那些反对皇上的革命者实行大赦；宪法由议会制订并将被无条件接受。

　　在皇帝"自责"以谢天下的同时，朝廷同时采取的措施是：

　　　　一、诏开除党禁。宣示天下，"所有戊戌以来，因政变获咎，与先后因犯政治革命嫌疑，惧罪逃匿，以及此次乱事被胁，自拔来归者，悉皆赦其既往"。②

　　　　二、诏取消皇族内阁。"皇族内阁，与立宪政体，不能相容"，朝廷现"取消内阁暂行章程，实行内阁完全制度，不以亲贵充当国务大臣"。③

　　　　三、特任袁世凯为内阁总理大臣，着即来京组织新内阁。

　　但是，晚了！在愤怒的枪杆子逼迫下的许诺，已经失去了令人信服的起码条件。为王朝政治改革曾经倾注过全部热情和希望的严复，

---

① 《清末实录》，《清代野史》第五辑，四川人民出版社 1987 年版，第 10 页。
② 印鸾章：《清鉴》下册，第 981 页。
③ 印鸾章：《清鉴》下册，第 981 页。

在"罪己诏"发布后给英国《泰晤士报》驻京记者莫理循的信中评论说：

> 如果一个月前做到这三条之中任何一条的话，会在清帝国发生什么样的效果啊！历史现象往往重演。这和十八世纪末路易十六的所作所为如出一辙。所有这些都太迟了，没有明显效果。①

随着"罪己诏"而来的11月，使王朝仅存的一点希望也变成了泡影。

11月3日，作为"东方第一大都"的上海举行起义。当日，由商团、青年学生和市民们组成的群众队伍在陈其美、李燮和等人组织下首先占领巡警总局、光复闸北地区，然后集中力量向江南制造局发起进攻。经过一夜断断续续的战斗，至次日凌晨二时许，革命军完全夺取了制造局。

下午，吴淞各军反正。

宣告独立的上海，在降下清王朝龙旗的同时，开始飘扬着象征起义胜利的五色旗。

11月4日晚，起义成功的上海民军，派出50人的队伍到达苏州策动新军起义。5日清晨，新军、民军入城，悄无声息地占领了各主要机关，并要求巡抚程德全宣布独立。

一向胆小怕事的程德全，在官场上以言谨行慎的性格牢牢守定了已经到手的权势和地位，轻易不会在没有十分把握的情况下，发表任何个人的意见。但是，此刻的程巡抚却显得心有定谋，以少见的轻松神态表示："值此无可如何之际，此举未始不赞成。"②

程巡抚面对历史事变时的平静态度，似乎让革命党人倍感惊异。

翻检史料，能够说明这一历史现象的史实是：与程巡抚平日关系甚洽的士绅和革命分子，特别是程本人几个在同盟会中的亲戚，武昌

---

① ［澳］骆惠敏编：《清末民初政情内幕（1895—1912）》上，知识出版社1986年版，第784页。

② 《辛亥革命》（七），第6页。

起义前后都向程做了不少的"思想"工作，游说劝解之中，程的心底已经有了潜在的思想准备。

其次是，不久前程德全保举苏州候补道应德闳升置藩司，受到朝廷严旨申斥，说程昧于官制升阶，着降三级留任；程德全虽不便也不敢向朝廷发什么脾气，但窝在心里的火气却使他对朝廷耿耿于怀。

再则，笃信佛教的程德全又是"下乘"教的忠实信徒，不久前根据"牙牌神教"为大清王朝命运占卜的结果是将要"一败涂地"。[①]

爽快"反正"了的程巡抚，为了表示"革命"应该具有的除旧布新意义，还十分庄重地派人用竹竿将大堂上的檐片挑去几片，落地作响声中，宣告了江苏"革命"的成功。

督促"革命"的民军向程德全送上了江苏都督的大印，一个大清王朝的巡抚就变成了中华民国江苏军政府的都督。当日，书有"兴汉安民"的白地红字的旗帜，高挂在都督府前。

在辛亥年最后的日月里，就在频频下落的龙旗和高高升起的义旗中，一个延续近三百年的清王朝的天下，很快变成了中华民国的天下：

11 月 4 日，浙江光复。

11 月 7 日，广西独立。

11 月 8 日，安徽独立。

11 月 9 日，福建光复。

……

象征首义胜利的旗帜是十八星旗。

十八星旗的旗式为：红地黑心，轮角，九个角上的九颗黄星与轮中九颗黄星以角相系，它的喻意是黄帝子孙、十八省人民以铁血主义的精神，完成反满、光复汉室江山的重任（武昌起义后，曾有人缝制

---

① 　吴和士：《苏宁光复杂录》，《辛亥江苏光复》，（江苏文史资料第 40 辑），《江苏文史资料》编辑部 1991 年版，第 62 页。

十九星旗，意为中国本部是十八省，现在还要打算收回台湾省，所以改为十九星）①——它是共进会的旗帜。

1907 年 8 月在日本东京成立的分身于同盟会的共进会，是联络中国传统秘密会社——会党——的机构。当它以组织的力量在湖北、湖南运动新军活动中取得成功时，由共进会军务部长孙武制定的十八星旗，就成了两湖地区革命党人实践自身理想的标志。

然而，除鄂、湘、赣等地的十八星旗外，高悬于独立光复后各省军政府门前的旗帜，却在五光十色中体现出各自的特色：

——粤、桂、闽、滇革命军政府以青天白日旗帜为标志。青天白日旗是孙中山 1895 年领导兴中会起义时采用的旗帜；同盟会成立后，青天白日旗仍然是多次武装起义中象征革命的旗帜。从 1907 年的潮州起义开始，到 1910 年倪映典发动的广州新军起义，又加入红色的青天白日满地红的旗帜，一直成为引导同盟会革命党人奋进不息的理念：

　　红者血之色，言必流血而自由可求也，青者天空之色，即公正之义，言公正即平等也，白者清洁之色，言人心清洁乃能博爱也。②

在对比鲜明的色彩上面，赋予源自西洋人的精神理想——自由、平等、博爱——的青天白日满地红的旗式，是孙中山那样常年生活在异国里、也长久体味着异域文明的一些人的最高追求。对于绝大多数生于斯长于斯的国人而言，它所象征的内容往往在抽象中失去了可以感知的具体切实的内容，而很难成为所有革命党人一致认同的目标。

——飘扬于沪、江、浙、皖及其他各省的胜利之旗，是源出于光复会的五色旗。以"光复汉族，还我山河，以身许国，功成身退"十六字为宗旨的光复会，以象征汉、满、蒙、回、藏各主要民族的

① 《辛亥革命回忆录》（七），第 45 页。
② 冯自由：《革命逸史》初集，中华书局 1981 年版，第 21 页。

红、黄、蓝、白、黑五色，作为自己的旗帜，表示出他们旨在追求民族团结共和的目标。

——由陈炯明在惠州举义揭橥出的"井"字旗，则是以中国古老历史上存在过的"井田制"为喻意，表达出中国社会对于平均土地的某种渴望。

……

事实上，在许多"反正""光复"地区挂出的旗帜，却没有这么多复杂的内容和整齐的规制，不过是在一块白布的中央书上"兴汉""汉"或"中"字，或者干脆就是扯一块白布作为"顺风旗"挂出，就算完成了"革命"大业。

当然，在色彩和式样各异的旗帜上，却表达出一个共同的最基本的意向："革命排满。"甭说与传统反清结社——会党——在组织上密切关联的共进会、光复会高扬的宗旨就是"光复汉室""志在排满"，就是以孙中山"三民主义"纲领为宗旨组织起来的同盟会，也同样在具体阐述中把"排满"作为它为之奋斗的首要目标：

一、驱除鞑虏。今之满洲，本塞外东胡……灭我中国……我汉人为亡国之民者，二百六十年于斯……

二、恢复中华。中国者，中国人之中国，中国之政治，中国人任之。驱除鞑虏之后，光复我民族的国家，敢有为石敬瑭、吴三桂之所为者，天下共除之。①

……

"排满"，作为一个极富时代性和号召力的口号，以它具有"以民族主义感动上流社会，以复仇主义感动下流社会"②的"无理由之宗教"的作用的特征，遂成为所有不满于现存政治的人们共同高擎的旗帜。

---

① 邹鲁：《中国同盟会》，《辛亥革命》（二），第14页。

② 梁启超：《答和事人》，《新民丛报》第42、43期合订本。

旗帜只是一个象征。

象征胜利的同时，令人眼花缭乱的各式和各色旗帜背后，就拥有了更加令人困惑迷惘的内容。

让过旗帜，让我们走进都督府，去看看一时并立而起的大小都督们的故事。它包含了太多的过于复杂也过于残酷的社会内容。

湖南。10月22日独立后，各界代表在谘议局召集会议，商讨都督人选问题。发动起义的革命党人焦达峰、陈作新虽然被推举为正、副都督，但却受到了来自立宪党力量的挑战：他们试图公举谭延闿为都督。

出任都督的焦达峰却没有更多谋人的心计，主动提议由省内立宪党巨魁谭延闿担任了他的民政部长。光绪进士出身、曾任翰林院编修的谭延闿，却对"民国"的概念茫然无知，以至于闹出了中华民国开国史上的政治笑话。

独立后的湖南军政府，要以民政部名义发布一张布告，由秘书所拟文稿署衔为"中华民国军政府湖南民政部"。谭民政部长在审稿画行时却认为"中华民国"是秘书的误书，遂大笔一勾，改成"中华国民"，交总务司刻印，张贴全城。发现此严重失误的成邦杰立即向谭说明："'中华民国'错成'中华国民'，太笑话！"[1]自负甚高的谭延闿却回敬说："你才是笑话！"

最后，由革命党人文斐向谭解释说："'民国'是对'帝国'而言，就是说把'帝国'反正过来，成立'民国'。"[2]至此，谭才明白了"中华民国"的基本含义。

但是，不理解"民国"与"国民"概念的谭延闿，却充分理解权力的价值。就在10月23日，军政府组成的第二天，擅长政治谋划的立宪党人以"模仿英国立宪之精神"为由，迫使军政府同意成立一个

---

[1]　《湖南文史资料选辑》第1集，第112—113页。

[2]　《湖南文史资料选辑》第1集，第112—113页。

地方最高立法机构参议院，由谭延闿出任议长。此时的谭延闿却对"民主制度"大发一番议论：

> 革命告成，我们要建立的是民主制度。民主制度应设议会，一则表示新邦的民主作风；二则可以聚集各方贤达，集思广益。

对此，革命党人文经纬提出了自己的担忧：

> 议会是应该设立，但现在就设，未免为时过早……处在草创时期，此刻设置议会，可能对于革命政府的动作，发生牵掣。①

但是，文经纬的提议却没能引起革命党人足够的注意。在立宪党人深谋远虑的策划下，谭延闿的建议变成了现实。

基本上由原清朝时代谘议局议员组成的参议院，却比清王朝时期的谘议局事权大了许多。参议院规则规定：

一、参议院规划民军全局、行政用人一切事宜。

二、都督之命令，必经本院决定，加盖戳印，请都督盖印，由本院发交各部执行；未经参议院盖印的，各机关得拒绝执行。

三、参议院的决议，都督不同意时，可以送还请求复议，经复议后已盖院印文件，都督不能再持异议，应即执行。

10月26日，同盟会中部负责人谭人凤回湘后，看到革命军政府都督的事权完全被立宪党人的参议院所控制，立即采取强行措施，取消了参议院和由立宪党人掌握的军政部。被迫辞职的谭延闿，怏怏而退，一语未发。但无声的退却中，却暗伏下一场权力争夺的腥风血雨。

10月31日，军政府忽接报告说，北门外和丰洋火局发生挤兑风潮。单骑前往视察的副都督陈作新刚行至文昌阁，就被预伏此处的兵士乱刀砍死。随后，变兵冲进督署，用马刀把挺立府前的25岁的军政府都督焦达峰杀死。

当天，长沙街头张贴的布告和不久发行于汉口、上海等地的报纸均称：焦达峰系匪首姜守旦冒充，应予处决。

---

① 《湖南文史资料选辑》第1集，第114页。

亲自发动这次兵变的梅馨，是原清军混成协管带，后为军政府一个标统的军官。事变的主谋者和事变密谋策划的详细过程，在参与者们有意的歪曲和掩盖下永远埋没在历史岁月的深层。

历史常常陷于无奈：尽管按照常理和社会生活的规则，完全可以说明事变的过程和影响事变的各种因素之间的联系，但注重实证的学科特征却使它无法仅凭情理去明断历史。

当晚，政变得手的梅馨亲迎谭延闿出任湖南军政府的都督。谭在免不了的一番"谦让"推辞后，还是欣然接印治事了。

新出任都督的谭延闿正式宣称："变乱"纯由"乱兵"所为。接下来对于社会也是对于他的都督权力的"合法性"表演是：谭都督亲至焦、陈灵柩前祭奠，下令公署一律下半旗致哀，并为焦、陈建祠铸像。①

在独立后的江苏，我们会看到有关都督权力的另一番景象。

在同盟会的陈其美出任上海都督和程德全出任苏省都督后，一心想做上海都督、身为光复会领导者的李燮和，怀着不满情绪就任了吴淞军政分府总司令。就任后的李燮和却公然声称：

> 吴淞只承认苏州军政府为江苏全省的军政府，"所有上海地方民政、外交等事，均归苏州军政府办理"。②

拒绝承认上海都督府的合法存在。

分立并存的苏督和沪督，也成为立宪党人谋夺权力的口实，由唐文治、刘树森、雷奋一批地方名流正式上书陈其美，提出："上海亦苏省之一部分，若行政亦经分立，殊与全省统一有碍。"明白权力实际意义的陈其美，也明白苏省士绅名流"划策"的真正用意，他于不动声色中坚守着自己的都督之任。

苏州独立不久，在接连不断的独立和光复的欢呼声中，都督与军

① 参见李新主编：《中华民国史》第一编全一卷（下），中华书局 1982 年版，第 327 页。

② 《中华民国驻吴淞军政分府李宣言》，《民立报》1911 年 11 月 17 日。

政长一类标志"革命"的政权，纷纷在推倒清朝地方政权的基础上迅速成立：

11 月 6 日，松江独立，成立了由同盟会会员纽永建出任军政长的军政分府。

11 月 7 日，驻镇江的五营新军在同盟会会员林述庆领导下发动起义，并于当天下午成立军政府，由林述庆担任镇江都督。

不久，由林述庆派往扬州的徐宝山在平息当地游民暴动后，自称扬州都督。

11 月 12 日，清江独立，成立以蒋雁行为都督的军政府。

11 月 13 日，独立后的各路民军组成了江浙联军，成立了以第九镇统制徐绍祯为总司令的联军司令部，兵分四路进攻重镇南京。12 月 2 日攻陷南京后，镇军司令林述庆以首功自称江宁都督，与联军总司令徐绍祯同住在两江总督府内。担任门卫的林述庆的部下，在林出入府门时列队奏号以都督之礼迎送，而在徐总司令出入时，则无此恭敬之礼。[①] 林、徐各部愤愤不平之中，几乎发生火并。

……

与光复后的江西"百日三都督"相比，江苏一省 13 个都督的政局，必然向革命党人提出了远比独立、光复行动本身艰难和复杂了许多的课题。

一个全国性的革命政权的成立，成为各省和各地大小都督们的共有的迫切要求。

11 月 9 日，在武汉民军和清朝北洋军下一轮军事较量的间隙，湖北都督黎元洪就以武昌"起义首功"的地位向全国独立省份发出了筹组全国临时政府的通电，要求速派代表赴鄂与会，并公布了临时中央政府的构想：

---

① 孙筹成：《回忆江苏光复》，《辛亥江苏光复》，（江苏文史资料第 40 辑），《江苏文史资料》编辑部 1991 年版，第 43 页。

大局粗定，非组织临时政府，内政外交均无主体，极为可危。前电请速派妥员，会议组织，谅达尊鉴……敝省拟中央临时政府暂分七部：一、内务；二、外交；三、教育；四、财政；五、交通；六、军政；七、司法。其首长之条件，以声望素著，中外咸知，并能出而任务者为必要……时势迫急，希即会议举定……①

比武汉方面的动作仅仅晚两天，11 月 11 日，上海、江苏、浙江都督提议在上海召集全国代表会议，仿效美国独立战争时召开"十州会议"的做法，筹组政权。次日，即电邀各省代表来沪会议，名为"各省都督府代表联合会"，并致电黎元洪和战时总司令黄兴，陈述了在沪开会的理由。

依照上海和武汉的两个声音，来自各省的代表便分成两部分分别集中在上海和武汉，形成了筹组临时中央政府的两个中心。由于武昌首义不可替代的地位，上海方面只得同意在武昌会议，但退让的同时却预留下保留上海中心的伏笔：各省留一名代表在上海，以联络声气。②

11 月 30 日，以白须老人谭人凤为临时议长的代表会议举行第一次会议。

12 月初，由于重镇南京光复对于长江中下游地区形势的决定性影响，也由于汉阳失陷造成武汉地区的紧张局势，上海集团立即提出代表会议移往南京召开，并决定以南京为临时政府所在地。处于危势中的武汉集团已无可争辩。

12 月 12 日，各省代表齐集南京，以原江苏谘议局为会址继续开会。

十多天的代表会议，从上海到武汉，又从武汉到南京，在利益和权力的分割中艰难地进行着。会议讨论的重要议程有：

---

① 《黎副总统政书》卷一，第 6 页。
② 《辛亥各省代表会议日志》，《辛亥革命回忆录》（六），第 243 页。

一、《临时政府组织大纲》等重要文件的拟定和表决。

二、议决"如袁世凯反正，当公举为临时大总统"。

三、选举大元帅；并决定总统未举定以前，其职权由大元帅暂任之。[①]

但是，"大元帅"的产生却引起了两大集团激烈的争执。

此前，由留沪代表推选黄兴为临时大元帅、黎元洪为临时副元帅的方案，受到了黎元洪和武汉方面的强烈反对，江浙方面的军人也不同意黄兴出任大元帅。在复杂的政治力量的较量和恶劣的政治气氛中，黄兴也无意就任，遂于12月17日发表通电，坚辞大元帅一职。

经过一番劝进和故作扭捏的政治表演，黎元洪虽然接受了大元帅之任，却不肯离开他已有所经营的武昌，前往南京主持大计，遂置代表们的函电交驰于不顾，委任黄兴为副元帅，并请代行其职。

在多种力量的较量和制约下，临时革命政权处于难产之中。

12月25日，上海。

外滩十六铺金利源码头，挤满了兴奋激动的人群。各国领事和外国记者也咸集于此，等候着一位伟人的到来。

身着黑色西服的孙中山，在沪军都督所派"建威"兵轮的引领下，站在香港轮船的上层，脱帽高举右臂，向欢迎的人群频频颔首致意。刚一登岸，孙中山立即被众多的中外记者所包围。

记者们当头提出的问题是："您这次带多少钱来?"（在孙未到上海时，轰传于报界的新闻是孙携巨款回国，以助革命）孙笑而回答："予不名一钱也，所带回者革命精神耳! 革命之目的不达，无和议之可言也。"[②]

1911年岁末之际，回国的孙中山打破了南京代表会议权力之争的僵局。《民立报》等新闻喉舌和各社会团体，纷纷致电南京各省

---

① 《辛亥各省代表会议日志》，《辛亥革命回忆录》（六），第205页。

② 《孙中山选集》上卷，第185页。

代表：

> 请选举孙中山先生为总统，以救国民。兆众一志，全体
> 欢迎。①

12 月 29 日，公历 1911 年行将结束的前两天，南京各省代表会
议（17 省，45 人，华侨代表 2 人列席）在举国一致的呼吁下，举行
了中国历史上第一次国家元首——临时大总统——的选举。

开票结果，在头天晚间选出的 3 个候选人（孙中山、黎元洪、黄
兴）中，孙中山以 16 票的绝对多数当选为中华民国临时大总统（黎
无票，黄 1 票）。

历时两月之久的权力之争，遂告一段落。

尚在上海的孙中山得知当选消息后，立即复电南京各省代表和致
电各省都督，表达了一个新时代历史伟人面对最高权力的态度：

> 光复中华，皆我军民之力，文子身归国，毫发无功，竟承选
> 举，何以克当？惟念北方未靖，民国初基，宏济艰难，凡我国
> 民，具有责任。诸公不计功能，加文重大之服务，文敢不黾勉从
> 国民之后，当克日赴宁就职，先此敬复……今日代表选举，乃认
> 文为公仆，自顾材力，诚无以当……②

1911 年 10 月 11 日（农历八月二十日），武昌起义的第二天，正
是秋果散香的收获季节。云白天蓝，风和日丽。

在河南洹上村，袁世凯有着格外好的心情，这不仅因为各国公
使已多次向摄政王提出，"愿意看到朝廷起用袁世凯"，也不仅因为
"保路风潮"后，他派出去的坐探频频发回的消息使他看到了政治上
的转机，还因为这天正值他 52 岁的寿辰，前来祝寿贺礼的心腹亲信
们比往日多了许多：赵秉钧、张锡銮、倪嗣冲、袁乃宽、王锡彤等
"咸集洹上"。动荡政局中，权力人物的聚结，常常意味着新的权力

---

① 《民立报》1911 年 12 月 28 日。

② 《民立报》1911 年 1 月 1 日。

中心的形成。久涉宦海的袁世凯，能更灵敏地感知到这种微妙的政治信息。

养寿园内，丰盛的酒宴已经摆开，前来贺寿的戏班子也已锣开幕启，正当主客之间恭祝致礼之际，下属急切报上了武昌起义的消息。面对"客坐相顾失色"的慌乱，袁世凯果断下令终止喜宴寿庆，正色严肃地说："此乱非洪杨可比，不可等闲视之。"重掌权力的机遇，在他的52岁生日之时，期然而至。

3天后，阮忠枢就拿着内阁总理大臣奕劻的亲笔信来到洹上村，劝袁立即出任湖广总督；几乎同时抵达的袁的亲信幕僚杨度却是另一种意见，不同意袁立即应命。

其实，部下的两种不同意见，也是表面镇定而内心不宁的袁世凯苦思冥想的问题。几天来，对于是否立即应命出山的问题，袁世凯也是举棋不定。一天，王锡彤与主子袁世凯就此展开了一番议论：

王问："公之出山为救国也，清廷亲贵用事，贿赂公行，即无鄂祸，国能救乎？"

袁答："不能，天之所废，谁能兴之！"

王："然则，公何以受命？"

袁："托孤受命，鞠躬尽瘁。"

王："专制之国不容有大臣功高震主，家族且不保，前朝此例甚多。同是汉族已不能免，况非一族。"

袁却勃然变色："余不能作革命党，余且不愿子孙作革命党。"[①]

慷慨尽可慷慨，激昂也很激昂，但在部下面前表示为清王朝"鞠躬尽瘁"的袁世凯，对朝廷既没有马上应命，也不坚辞所任，却稳稳当当上了一个奏折，把两年前朝廷罢免他的"理由"又端了出来，声称自己：

> ……旧患足疾，迄今尚未大愈……近自交秋骤寒，又发痰喘

---

① 王锡彤：《抑斋文集》卷四，民国二十二年线装本，第16—17页。

作烧旧症，益以头眩心悸，思虑恍惚……一俟稍可支持，即当力疾就道，藉答高厚鸿慈于万一。①

不动声色的袁世凯，谋划的是大动作。

端出架子的袁世凯，对处于战争状态中的湖广总督之位并没有太大的兴趣，他心中所谋的出山第一步，就应该是达到几年前渴望的总理大臣的位置。情急无奈的朝廷只好派出袁的至交、身为内阁协理大臣的徐世昌到洹上村探明袁的心迹。

徐、袁会晤后，由徐带给朝廷的袁出山的条件是：

一、明年即开国会；

二、组织责任内阁；

三、宽容参与此次事变诸人；

四、解除党禁；

五、授予指挥水陆各军及关于军队编制的全权；

六、须予以十分充足的军费。②

在武汉前线北洋将士不肯从命的情况下，极不情愿的朝廷还是满足了袁世凯的全部要求。

10 月 31 日，接任"钦差大臣太子太保节制赴授水陆各军督办剿抚事宜湖广总督"的袁世凯刚从彰德抵达信阳，第二天，朝廷就宣告解散"皇族内阁"，授袁世凯为内阁总理大臣，并促袁北上组织新一届内阁。

11 月 13 日到达北京的袁世凯，仅用了三天时间就组成了自己的新内阁，于 16 日公布了内阁成员的名单：

外务大臣梁敦彦，副大臣胡惟德；

民政大臣赵秉钧；

陆军大臣王士珍，副大臣田文烈；

---

① 《辛亥革命》（八），第 307 页。

② 李宗一：《袁世凯传》，中华书局 1980 年版，第 175 页。

度支大臣严修；

海军大臣萨镇冰；

司法大臣沈家本；

学部副大臣杨度；

邮传大臣唐绍仪；

……

组阁后的袁世凯先把武汉战事放在一边，开始着手确保自己北京权力核心的措施：第一步，罢黜身任军咨府大臣（即参谋总长）的皇族亲贵载涛和毓朗，由荫昌和徐世昌接任，并由隆裕皇太后申明"家法"，亲贵不得预闻政事；第二步，逼监国摄政王载沣交出印信，退回藩邸；第三步，调冯国璋入京，接任禁卫军总统，并将禁卫军调出城外，由段芝贵另编拱卫军驻扎城内。

无奈中放手让出权力的朝廷，静等着袁世凯扑灭武汉民军的捷报。然而，袁世凯却不打了。

北洋军在冯国璋指挥下，攻克汉口、汉阳，并据龟山之势威逼武昌。身为前线指挥的冯国璋正在着手进攻武昌的战前准备，突然接到袁世凯以内阁总理大臣身份发来的停战议和电报：

> 我军既未渡江，英领现出调停，按公理未可拒绝，兹代拟战时停战条款……息战之约，须有驻汉英总领事官画押为中证人，庶免彼此违背条件，以重公法。请转饬黄道开（江海关监督——引者注）与英领商办。①

刚刚因为汉阳之战被朝廷赐予二等男爵的冯国璋，没能理解的是，为何正在士气旺盛连获大胜的关头，突然停战议和。作为军人的冯国璋，还在做着攻战胜利的梦想，于 11 月 30 日仍然炮击武昌，没有任何主动放弃进攻的意图。对于缺少政治眼光的冯国璋的做法，袁世凯深感不满，遂在 3 小时内连发七道电报，严令其立即停止进攻武

---

① 《北洋军阀史料选辑》上，第 161 页。

昌的行为。①

　　袁世凯当然不像冯国璋那样，使自己的眼光被武汉一地战局所限制。

　　武汉一处的胜利，既不足以阻止全国崩溃的大势，也不能确保北洋军军事上的优势。袁世凯深知，纵然武汉收复，也将使屯集于此的北洋军相当于六个师的兵力很快陷于各独立省区革命军的战略包围之中，从而形成孤军深入之窘境。

　　而且，汉口得手之时，清朝海军又宣告反正；汉阳收复不久，南京重镇又失。袁世凯区区北洋六镇，既被武汉战事牵掣大部，又因保障他的权力安稳在京、津一带分布一部，几乎再也没有可以动用的机动兵力来应付遍地开花的革命起义了。

　　重要的是，从权力中心逼退摄政王载沣和满族亲贵后，大清王朝本身不但失去了对袁世凯的任何制约作用，反而朝廷变成了任凭袁世凯摆弄的政治玩偶。在革命与清廷的对峙中，如何向双方都凸显出自己的政治价值，这不是战争或仅仅借助于战争所能达到的目的。

　　他深信：在多种权力和力量相互制约的复杂关系中，比在单纯的军事对抗中，能获取到比清王朝内阁总理大臣更有价值的权力。

　　12月2日开始的第一次停战三日期满后，袁世凯的内阁决定自12月6日起继续停战15日。12月4日，清朝外交部电告武汉前线指挥官冯国璋：

　　　　倾与英使续议停战条款：一、停战三日期满，续停十五日；一、北军不遣兵向南，南军亦不遣兵向北；一、总理大臣派北方居留省代表前往与南军各代表讨论大局；一、唐绍仪充任总理大臣之代表，与黎元洪或其代表人讨论大局。以上所言南军，秦晋及北方土匪（即对陕西、山西和北方的革命党人和起义民军的蔑

---

① 贺觉非、冯天瑜：《辛亥武昌首义史》，第424页。

称——引者注）均不在内。①

随着武汉战场上激烈战火的停息，谈判桌上虚虚实实的和议就展开了另一轮政治较量。

12月9日，由全权大臣总代表唐绍仪（严修、杨士琦、汪精卫、魏宸组、杨度参赞和在京每省一人为代表）率领庞大的北方和议代表团，奉命南下。同时，南方民军也相应组成以外交总长伍廷芳为议和总代表（温宗尧、王宠惠、汪兆铭、纽永建为参议，以及11省军政府代表）的南方代表团。

12月中旬以后，1911年的岁暮之际。由袁世凯积极策动的南北议和，就成为全国各种政治力量和中外舆论关注的焦点。从12月18日南北双方代表在上海英租界南京路议事厅举行首次会议开始，至1911年年底，双方代表共举行了五次会谈。会谈的内容除了军队停战的具体措施外，更多的争论似乎集中于中国的政体上：实行君主立宪还是民主共和。

然而，君主与民主的政体争论，其实也只是一个公诸舆论的话题，袁世凯的真正意图则在于首先获取国家的最高权力（无论构成权力的政体形式如何）。因而，正式的代表谈判之外，他的秘密活动更体现了他追求的真正目标。

12月中旬，袁世凯在正式代表团组成后，又组织了两路人马分头出击：一路由第二军总参议官靳云鹏北上，向北洋各将领游说：

> 联合各军，要求共和……并议推宫保（袁世凯）为临时大总统。②

一路由廖宇春（保定陆军小学堂总办）为北方军队代表潜赴上海，与黄兴所派代表顾忠深（江浙联军参谋长）秘密谈判，并于20日达成协议五条：

---

① 《辛亥革命》（八），第198页。
② 廖少游：《新中国武装解决和平记》，《辛亥革命资料类编》（近代史资料专刊），中国社会科学出版社1981年版，第376—377页。

一、确定共和政体；

二、优待清皇室；

三、先推覆清政府者为大总统；

四、南北满汉出力将士各享其应得之优待；

五、同时组织临时议会恢复各地之秩序。①

为了取得所谓民意的支持，袁世凯也想到了东南巨绅、立宪党领袖张謇的作用，除了频频的书信致意和表达"和平了结"的愿望外，也适当透露出"以共和国大总统为条件"迫使清廷退位的意愿。

很快，由张謇出面牵线在老官僚赵凤昌家举行了黄兴与唐绍仪的密晤，并最终达成了推举袁世凯为民国总统的共识。暗地里的政治交易成交后，张謇立即电告袁世凯说："甲日满退，乙日拥公，东南诸方一切通过。"②

无论公开的南北和议结果如何，袁世凯的秘密活动已经在各方政治力量中取得了预期的成功。

1911年终于走到了它的尽头。

1911年12月30日，上海。

下午四时半，刚刚当选为中华民国临时大总统的孙中山先生和拟任民国政府陆军总长的黄兴共同主持了一个茶话会。中外来宾和同盟会的张继等共约50人出席了会议。茶话会没有更多的内容，热烈的气氛和少有的欢快，表明它是一个小范围内欢送孙中山正式就任总统前的礼仪性聚会。

1912年元旦，上午10时，孙中山在南京各省代表会临时议长汤尔和、副议长王宠惠和孙的军事顾问荷马李等数十人陪同下，登上了沪宁铁路上的专用花车，前往南京宣誓任职。上海车站，被前来送行的同盟会要人、社会各团体、上海各军队代表烘托出热烈非凡的

---

① 李宗一：《袁世凯传》，中华书局1980年版，第186页。

② 李宗一：《袁世凯传》，中华书局1980年版，第187页。

景象。

礼炮齐鸣致敬，人群欢声震天，火车徐徐启行。当日午后五时，花车抵达南京下关。身穿土黄色呢质军服、手持平常军帽的孙中山，虽没有佩戴肩章金带，却也神采奕奕。随着军乐奏起，各军步队举枪致礼，驻宁各国领事和教士们纷纷脱帽扬巾。南京各炮台、停泊在长江江面上的军舰以二十一响礼炮致礼。

在细雨霏霏的夜晚，沿街店户屋宇，悬灯挂彩，极为壮观。

在各省代表和驻宁外国领事们的迎接下，孙中山的专车于下午六时十五分来到临时大总统府（旧两江总督衙门，太平天国时的天王府）。

是晚十时，隆重的临时大总统就职典礼开始。黄兴左立，徐绍桢右立，各军团长、各部司署科长以上，一律着礼服或西服，排列两阶。先请大总统就位后，各部人员行三鞠躬礼，各炮台再鸣炮二十一发。随后，在军乐四起，代表们欢呼万岁声中，孙中山宣布就任，发表了《临时大总统宣言书》《告全国同胞书》，并宣读就职誓词：

> 颠覆满洲专制政府，巩固中华民国，图谋民生幸福，此国民之公意，文实遵之，以忠于国，为众服务。至专制政府既倒，国内无变乱，民国卓立于世界，为列邦公认，斯时文当解临时大总统之职。谨以此誓于国民。①

孙中山宣誓后，代表团团长景耀月授予大总统印（印文为"中华民国临时大总统印"），并代表各省代表会议致颂词：

> 惟中华民国建国元年元月元日，民国第一期大总统孙文莅任，燕、辽、冀、豫、湘、鄂、秦、晋、苏、浙、皖、赣、闽、粤、蜀、滇、桂公民代表等迎逆祝颂而致词曰：

> 惟汉曾孙失败政，东胡内侵，淫虏猾复，帝制自为者，垂三百年。皇汉慈孙呻吟深热，慕法兰西美利坚人平等之制，用是

---

① 中国第二历史档案馆藏：《国史馆档案》（34），（2）34。

群谋众策，仰视俯划，思所以倾覆虐政，恢复人权……今三分天下克复有二，用是建立民国，期成政府，拣选民主，推置总统。金意能尊重共和，宣达民意，惟公贤！廓清专制，巩卫自由，惟公贤！

……用是不吝付四百兆国民之太阿，寄二亿里山河之天命，国民委托于公者，亦已重哉……谨致大总统玺绶，俾公发号施令，崇为符信，钦念哉！①

民国成立的二十一响礼炮，已经宣告了清王朝终结的命运。

袁世凯当然不愿看到孙中山就任民国临时大总统的事实，但他同时也感到，孙中山的就职不会从根本上影响他谋取天下的大计。因为在孙中山正式就任前，袁世凯就收到了孙中山特意发给他的电文：

北京袁总理鉴：文前日抵沪，诸同志皆以组织临时政府之责相属。问其理由，盖以东南诸省久缺统一之机关，行动非常困难，故以组织临时政府为生存之必要条件。文既审艰虞，义不容辞，只得暂时担任。公方以旋转乾坤自任，即知亿兆属望，而目前之地位尚不能不引嫌自避；故文虽暂时承乏，而虚位以待之心，终可大白于将来。望早定大计，以慰四万万人之渴望。孙文。②

据说，在孙中山短暂的任期内，一天，一位年过八十的盐商萧某，专程从扬州赶到南京总统府，求见孙中山。传达员问他有何公事，答称"没有什么公事，只想看看民主气象"。问他有什么意见书提出，他说也没有。传达员拒不引见，他却执意要见。

闻听此讯的孙中山，当即派人把萧某搀扶进去。孙见萧至，含笑起立，正准备握手，他却放下手杖，跪倒在地行起三跪九叩的旧礼来。孙中山连忙将他扶起，告诉他："总统在职一天，就是国民的公

① 《革命史谭》，《近代稗海》第一辑，第529—530页。
② 《民立报》1911年12月31日。

仆，是为全国人民服务的"。

萧某不解地问道："总统若是离职后呢？"

孙答："总统离职以后，又回到人民的队伍里，和老百姓一样。"

最后，孙中山派车将这位老人送走。萧老汉兴奋地说："今天我总算见到民主了。"①

然而，总统府或者说孙中山个人倡行的民主作风，虽然以极具典型的意义，向老百姓宣告了一个专制王朝的结束，但它对于普天之下大大小小的权力拥有者而言，又在多大程度上实现了权力的民主化呢？

武昌起义后，遍天下的革命军政府都督，不是拥有军人身份的旧武将，就是新崛起的直接掌管枪杆子的新军官，或者就是与军人密切相关的旧官僚。政权的建立和拥有政权的人们，几乎都是刺刀下的产物。

拥有民主理想和不屈的追求品格的孙中山，即使获取了民国大总统的职位，也无法从根本上改变大大小小的都督们权力的性质。

真正意义上的民主权利的获得，比单纯获取一个政权要艰难许多。

在 1911 年的最后几日里，从大江南北城市乡村不断涌动的人群中，我们可以看到的社会景象是斑驳迷离的：

——各基层社会里，层出不穷的是大大小小的各式社会团体。如过江之鲫的社团成为一种社会时髦，上海一地就有 80 多个，广州竟达 110 多个。原本的土豪劣绅、贪官地痞们，都从新的社团里找到了新的生存形式，"摇身一变而为爱国志士。靠此结交官场，抵挡民众的反对。且利用社团做工具，希望在县、省、国议会选举的时候，可以夺取政权。"②

① 郭汉章：《南京临时大总统府三月见闻录》，《辛亥革命回忆录》（六），第 294 页。
② 《革命史谭》，《近代稗海》第一辑，第 620 页。

身兼数个社团会长、社长、董事、干事、主任的"专业"社团分子们，还及时发明了"请众鼓掌"的提示牌，在要员演讲的关键时刻，掌握火候的宣布员将提示牌一举，就会招来如雷般的掌声。

——办社团和加入社团的人们，胸前都挂着十个八个的各色社团标志——襟章（有绸缎、洋布制作的，也有铜银制作的）；在"红黄蓝白紫绿各色都有"的襟章上，有的还绣上两面旗帜，五彩缤纷，随风飞扬。有些团体机关"用会员纳费的等级，来定襟章颜色与制作的精粗"。①

某地，某天，曾有"一个70多岁的老太婆，拖着一个5岁的孩童，挂满了襟章去开会"。

——作为个人"反正""革命"标志的辫子，被剪掉了。临时剪掉辫子的人们，四周光光的头上，中间露出一二寸长的辫根，如秋日乱草。一些秀才、举人们不肯剪发而偷偷把辫子披起，戴帽遮掩，或者从箱底翻出儒巾，"将辫发盘在头顶，戴上儒巾，脑后无垂发，掩藏完密，张扬过市，面有得色"。②

流传一时的童谣说："看看都是道士，谁是真道士，谁是假道士，谁也不得知，真是鬼迷张天师。"

——一些拥有身份和家族光荣历史的人们，则把已是先朝的冠帽袍褂、诰命和御赐"福寿"字等秘密保留起来，试图在保存遗物的同时，把逝去的历史留存在精神的世界里。

……

普通民众的生活，在巨大的历史震撼过后，以各自不同的方式和情感，具体而细微地感知和传应着历史深层的变动。与社会权力结构层相比，民众生活的变化同样也局限于表层，虽然与权力体系的表层变化不属于同一个内容。

---

① 《革命史谭》，《近代稗海》第一辑，第622页。
② 陈逸芗：《故乡兴化见闻》，《辛亥革命回忆录》（八），第112页。

是的，又一个年代将要结束了。

但普通民众中又有多少人能够确切感知到，伴随着一个朝代结束的这个年代真正的意义呢？

深门禁廷的皇宫里充满了无奈的和无望中的渴望。

作为大清王朝最后一位真正掌握最高权力的摄政王载沣，被自己的政敌袁世凯逼到了绝路上。已经失去了实际权力的载沣，不愿意看到大清皇帝退位的诏书在自己摄政的名义下颁发于世，他知趣地抽身退出政坛，于12月16日，奉皇太后懿旨，监国摄政王载沣以醇亲王归藩，不预政事。

正在起草中的皇帝退位诏书，或宣告皇帝退位的时间，已不取决于皇帝而取决于袁世凯的政治需求。

1911年12月31日。

一年里的最后一日，全国政治力量关注的南北议和的第五次会议也结束了，会议决定了有关召开"国民会议"讨论政体的四款决议（由于民国临时大总统已经产生，这一决议已失去了实际意义）。

——不久，一直关注中国政局的伦敦《泰晤士报》发表了一篇政治评论，说：

> 历史上很少见到如此惊人的革命，或许可以说，从来没有过一次规模相等的、在各阶段中流血这样少的革命。
>
> 革命的最后阶段是否已经达到目的，这是未来的秘密。一些最了解中国情况的人不能不怀疑，在一个拥有四亿人口的国家里，自从最遥远的历史早期以来，皇帝就像神一样统治着他们；在这样的国家里，是否能够突然用一个同东方概念和传统格格不入的共和国政府形式，来代替君主政体……①

还不满6岁的宣统皇帝溥仪，是那个被英国人迫签《南京条约》

---

① 谢缵泰：《中华民国革命秘史》，《孙中山与辛亥革命史料专辑》，广东人民出版社1981年版，第327—328页。

的道光皇帝的曾孙。以他小小的年纪和深宫里的生活方式，他既没有成年王爷们丢失权力时的恓惶，也没有王朝灭亡时的绝望。他每天仍按一定的时间打发一定的生活。

每天早早起来，小皇帝先去隆裕皇太后处请安，问声："歇得好？"或"进得好？"皇太后则冷冷地嘘寒问暖几句，几分钟后，得到一句"皇帝玩去吧！"后，溥仪就自由般地回到养心殿。

在养心殿读完"四书五经"《资治通鉴》《大清开国方略》《圣武记》《东华录》等必修的功课内容后，小皇帝便和太监们在庭院里玩起了养蚯蚓、捏泥人的游戏。

唯一使小皇帝感到变化的是，由世续和徐世昌开始担任他的太傅太保（即教导皇帝的老师）。当然，长大后的溥仪才能明白，身为帝师的世续、徐世昌，除了学问的因素之外，主要是因为他们的名字本身的吉利——朝廷期望清王朝的宣统一世，既"续"又"昌"。

傍晚，落日的余晖烧出了山峦少有的绚烂。冬日里的枯树在风的流逝中摇曳出沙沙的声响。飘浮的白云缓缓地游动。

自然的运动在安恬中透着永恒的力量，在和谐中展示出不可逆转的趋向。昏暮时分的京城在寒冬的岁末中，有一种冷冽沉重的静。

结语 幻灭王朝梦

> 武汉倡义，天下景从；泉达火燃，莫之能御……溯自起事，以至成功，仅百二十六日耳，事机之速，求之革命史中，亦所仅见。①

这场惊人的历史事变尚未落幕，杜亚泉就在《东方杂志》著文惊叹于这场革命"事机之速"的历史之谜。历史的悲凉在于，面对行将寿终的王朝，官员们以自己的实际行为诠释了平日里满口"忠诚"的内涵："藩臬以下官或遁或匿，地无一守者，匪党坐而得之。"②

一个矗立二百六十多年的王朝竟然在如此短促的时间里轰然塌落！

在历史的因果关联中，人们不难查寻到许多相关的史实和现象，它们可以一一对应于王朝走向衰败而终至灭亡的全过程。其实，早在历史事变的进程之中，许多心忧王朝和志在天下的学人就有着试图求解历史之谜的各种努力：

——此前二十年，在京城同朝为官的嘉定徐致祥（官至侍郎），与翰林院侍读恽毓鼎曾谈到王朝的命运，徐不无忧虑地说：

> 王室其遂微矣！

恽问何出此言，徐一一指陈道：

> 近属亲贵，察其器识，无一足当军国之重者，是以知皇灵之

---

① 高劳：《革命成功记》，《东方杂志》第八卷（1910 年 10 月）第十号。杜亚泉，笔名高劳。

② 《恽毓鼎澄斋日记》，浙江古籍出版社 2004 年版，第 552 页。

不永也。①

——与徐侍郎见解不同，恽毓鼎将清王朝急速败亡的原因归咎于"新政"之推行：新政繁复，层层催促，上以此图救时之策，下以此谋营利之途，究复民命何关，民生何存，竟浑然不为关切。

近来新政如学堂、巡警之类，度支部责令就地筹款，不准作正开销。各项皆出于民，悉索殆尽。此项加价，俱给股票，匀摊各州县，交自治会绅长收存。②

——作为社会舆论之窗口的《东方杂志》面对社会失序的窘况，探究其源称：天下民变何其多？一为抗捐，一为闹教。

然此二事者，皆我国历史之所无，古人一切政书，亦无有一言及者。而此一二十年间始持以牧令至严之考绩，一切旧政除办差外，其功罪均莫能与此二者相较焉。而至求二者之由来，则均非民由之，而皆自上开之捐者。上之人无方略，无武备，不询之民而轻启大衅……一盏灯、一斤肉、一瓶酒，无不有税，墨吏、劣绅从而把持之……为生人所日用，而亦使之不可得，民始而怨矣……③

——近数十年，外交无人才而处处失败，内治无人才而事事敷衍。外无应对之举，内无抚民之策；所谓"辛丑之后，国家情愿使百姓吃亏，而长外人之志，势必驱举国之民心一变而入洋籍……总之，赔款摊派无已时，即百姓仇洋无已时，百姓失养无已时，即百姓滋乱无已时……"④

——至于朝政腐败，贿赂公行的问题，早已世人皆知。"贪风日炽，庚子以后，有以督抚大员、学政清望而亦公受贿赂，赃私狼

---

① 《清光绪帝外传》，《清代野史》第四辑，巴蜀书社 1987 年版，第 22 页。

② 《恽毓鼎澄斋日记》，浙江古籍出版社 2004 年版，第 403 页。

③ 《论近日民变之多》，《东方杂志》第十一期，1904 年 11 月，社说，第 271 页。

④ 《论河南闹教》，《时事采新汇选》第一卷第一册，北京图书馆出版社 2003 年版，第 277 页。

藉"①；清末改制，天下权利所归，尽入亲贵囊中，"今日中国政府，盖满洲政府也，试进而论之，今日满洲政府实宗室亲贵之政府也。"②

……

当然还有很多很多。如果需要列举，几乎所有朝代衰亡的征象和缘由，都已然在清王朝最后十年的历史中交错呈现，几乎上述所有的问题都可以成为王朝快速走向衰亡的原因。当然，历史的因果关系，不会如此简单！

对于王朝而言，历史厄运的阴影总是伴随着庚子鼠年而至，60年前的鸦片战争与60年后的庚子事变，究竟隐含着多少历史的必然和运势命数？时人有以"气数论"预判了王朝的命运：

> 和局定，两宫回，变法之旨屡颁，而中外大小臣工仍复酣嬉自若，粉饰太平，无复有危亡之虑者，其故何哉……因气数二字。③

但王朝却以"新政"变革和一系列制度性深层变革，加持着自身的"气数"。就变革的速度和内容而言，晚清十年之变远远超出了清王朝二百五十多年历史叠加的总和，当时的时评并非溢美之词：

> 其改革之速率，一日千里，殆缩短其数千年之程途，而一蹴于此十年间……国民教育、代议制度、邮电铁路、电气机械、从此永静不动之中国，将一变而为鱼龙漫衍之中国。二十世纪新历史上，崭然露头角者，舍中国其谁属。④

历史的吊诡在于，正是急速而起的"新政"改革、官制改革，成为推助王朝航船最终触礁沉没的力量：

> 国家办一新政，则必添无数之官，筹无数之款，小人贪鄙嗜

---

① 《论行新政宜求实际》，录《中外日报》，同上第三卷，第193页。
② 《论亲贵宜为国家长久计》，光绪三十三年丁未五月十六日，《时事采新汇选》四，第20册，第10422页。
③ 《论中国兴亡不关气数》，《时事采新汇选》第二卷第一册，1902年二月初八日，第163页。
④ 《黄报缘起》，《东方杂志》1911年第八卷第五号，第9—10页。

利，谁不乐之？筹款之法，曰亩捐，曰房捐，曰药税，曰契税，曰烟酒税，曰印花税……无孔不入，何一不中毒于民。[①]

借助于"新政"改革的钦命权威，朝野上下、体制内外的官员和绅董上下其手，共同分肥，竟将朝廷"刷新政治"的改革大局，直弄成"皆得援引私人，而居要地，相习以为固然，此汉唐以来未有之变局"，以至于"内外官吏皆惴惴不能自保……尽存五日京兆之心……盖不待新政实行，而乱机凑泊"。[②]

"当其初起之时，谁也不注意。以后越走越远，回视作始之时，几同隔世！"[③] 清王朝以"新政"拉开了 20 世纪的帷幕，开局即呈异象：庚子事变虽平，排外之风未息；民变惊起、匪患相连；天下糜烂，无复净土。[④] 面对庚子之后的民变、士变，以及由制度变革引动的"官变"，是附着于"天道"的人心之变！

"茫茫家国无穷恨，可奈空庭落木何。"一个眼看着王朝走向灭亡的忠诚的士大夫，最终也悟出了决定政权命运的根本之所在：

> 新政厉行，呼吁无从，但增悲愤。论天道，论人心，均应遭此祸。

其实，无论多么复杂的政治变局，无论多少类型的权力组合，决定一个政权存亡的根本原因只有一个：人心！

"人也，实天也。"[⑤] 世界潮流所趋，政体适时变革，即因人心之趋向而定。天下者，天下人之天下也！举一国大多数之人而皆望治，则治；举一国之人而皆思乱，则乱，此万古不易之常轨矣。"得天下

---

① 《复朱大令书》，胡思敬：《退庐全集·笺牍奏疏》，《近代中国史料丛刊》第四十五辑，（台湾）文海出版社印行，第 455 页。

② 胡思敬：《退庐全集·诗文集》，《近代中国史料丛刊》第四十五辑，（台湾）文海出版社印行，第 11 页。

③ 曹伯言整理：《胡适日记全编》第 4 册 1927 年 1 月 25 日，安徽教育出版社 2001 年版，第 495—496 页。

④ 《恽毓鼎澄斋日记》，浙江古籍出版社 2004 年版，第 546 页。

⑤ 许指严：《复辟半月记》，载《近代史料笔记丛刊》，中华书局 2007 年版，第 1 页。

者，得其民也，得其民心也。人心已去，纵大力者不能挽回万一"。①

　　江山秋变色，宵旰警频传。

　　应识抒哀诏，能回悔祸天。

　　——恽毓鼎的"悔祸"诗，只是一个恋旧老臣对渐行渐远王朝梦境的悲情心结而已……

　　天之所废，谁能兴之……由专制入共和，其势若决江河，沛然难御……故武汉义旗一举，不匝月而响应者十余省。强兵悍帅迟虑却顾，率倾向于共和，达清帝让位之目的而后止，可不谓之天哉！②

---

① 《蓝天蔚致赵尔巽函》，中国第一历史档案馆编：《清代档案史料丛编》第八辑，中华书局 1982 年版，第 25 页。

② 许指严：《复辟半月记》，载《近代史料笔记丛刊》，中华书局 2007 年版，第 1 页。

附录　清王朝最后一年大事记

1月1日，江苏苏州马车夫实行抗捐，一律罢工。

1月2日，邮传部奏准于宣统三年正月初一日（1911年1月30日），各省官办电报一律由部接收。

1月3日，英兵2000人，由缅甸密支那出发，翻越野人山，进占云南片马。

1月12日，四川、湖北宜昌间民众拆毁川汉铁路局，焚毁教堂。

1月13日，清政府以东三省鼠疫流行，命在山海关一带设局严防，毋任传染内地。

1月16日，民政部奏报第二次全国人户总数清单。

1月18日，革命党人黄兴抵达香港。月底与赵声等人成立统筹部，黄、赵被举为正、副部长，策划广州起义。

1月20日，上海《国粹学报》停刊，共出82期。

1月25日，清廷颁布《大清新刑律》。

1月26日，学部奏报第二次教育统计图表，学堂42444处，学生1284965人；并奏准改订《筹办教育事宜》，改订中学"文实"两课程及《劝学所章程》。

1月29日，清廷颁布《报律》。

1月30日，湖北革命团体文学社在武昌黄鹤楼成立，举蒋翊武为社长，詹大悲为文书部部长，刘尧澂为评议部部长。

2月4日，孙逸仙署名之同盟会传单在俄国《星报》（彼得堡布尔什维克发行）刊出，号召人民铲除清朝专制制度。

2月24日，江苏华亭县（今松江县）千蒲镇、新桥镇商人举行罢市，发起抗捐运动，并捣毁新桥自治局。

3月1日，江苏南汇、川沙两县农民反对筹办自治等"新政"，捣毁绅董房屋，焚毁学堂。

3月2日，民政部奏陈《户籍法》8章184条。

3月9日，李经羲奏陈英国强占片马一案，请饬部坚持声明办法，并交海牙保和会公断。

3月15日，湖北革命团体文学社在武昌举行代表会议，蒋翊武主持并报告会务，推王宪章为副会长，章裕昆负责运输马队，并议决该社章程。

3月22日，清廷以大学士世续为资政院总裁。

3月31日，同盟会本部派谭人凤赴湘联络同志，谋响应广州起义，是日在长沙开秘密会议，刘文锦报告革命宗旨，计划运动军队发动起义。

4月8日，同盟会会员温生才刺杀清署理广州将军孚琦而被捕。

4月9日，外务部奏准游美肄业馆改名清华学堂。

4月19日，清廷派出使德国大臣梁诚出席海牙万国禁烟会议。

4月27日，同盟会发动广州起义。

4月29日，全国教育联合会在上海隆重开幕，商讨国家教育状况。

5月2日，革命党人潘达微收得广州死难烈士遗骸七十二具，丛葬于红花岗（后改名黄花岗），史称七十二烈士。

5月3日，湖北共进会在武昌胭脂巷召开紧急会议，居正、刘公、孙武、焦达峰、杨时杰出席；孙武提出两湖首先起义，各省响应，受到与会者一致赞同。

5月5日，清廷从给事中石长信奏折，调整国家铁路政策：将全国重要之区定为干线，悉归国有；其余支路，准由各省绅商集股办理。

5月8日，清廷裁撤原内阁、军机处、会议政务处，设立内阁，颁布《内阁官制》19条;同日,清廷"皇族内阁"组成。

5月9日,清廷颁布铁路干线国有化政策。干线归国有,支线仍准商办。

5月12日,各省谘议局国会请愿代表团在北京开会讨论国事,要求清廷改组内阁,收回亲贵充任总理大臣之成命,否则,各省谘议局将联合宣告各邻邦,凡清廷对外借款,概不承认。

5月18日,各省谘议局国会请愿代表团代表再次集会讨论国事,决定质问政府,并主张全国举办民团自保身家。同一天,《时事新报》发刊。

5月19日,清廷以铁路国有,湘省群议汹汹,命该省巡抚杨文鼎严禁刊单传布,聚众演说,倘若扰害治安,准照乱党办法,格杀勿论。

5月31日,学部奏准设立中央教育会,制定章程14条。

6月4日,各省谘议局联合会讨论组织政党,将帝国统一会改为宪友会,是日在北京湖广会馆开正式成立会,举雷奋、熊佛苏、孙洪伊三人为常务干事,决定总部设北京,各省设支部,拟定章程29条,政纲6条,以"尊重君主立宪政体""督促责任内阁"相号召。

6月10日,谘议局联合会呈请,亲贵不宜充内阁总理,请实行内阁官制章程,另简大员组织(留中)。

6月14日,文学社与共进会在武昌开第二次联合会议,达成联合初步协议。

6月20日,清廷派张謇为中央教育会会长。

7月3日,清廷颁布《改订资政院院章》,凡65条。

7月20日,改礼部为典礼院,以协办大学士李殿林为掌院学士。

6月23日,颁布内阁属官、官制、法制院官制。

6月30日,各省谘议局联合会发表宣言,通告全国,指出铁路国有化政策失信于国人,反对"皇族内阁"。

8月1日,"《大江报》案"发生。

8月初，四川同盟会会员龙鸣剑、王天杰等联络哥老会，成立保路同志军，发动反清起义。

8月9日，江亢虎在上海组织"社会主义研究会"，继又办《社会星》杂志，标榜以"研究广义的社会主义"为宗旨。

8月15日，民政部奏准整饬地方自治办法。

8月19日，内阁奏准改《政治官报》为《内阁官报》，以为公布法律命令机关。

8月24日，《内阁官报》出版。

9月1日，川汉铁路公司特别股东大会通过抗粮抗捐四项决议：一、不纳正粮；二、不纳捐输；三、不卖田地房产；四、不认国债。

9月2日，清廷派督办粤汉川汉铁路大臣端方迅速前往四川，认真查办铁路事宜。

9月3日，广东保路会在香港开成立大会，通过章程28条，并派代表刘少云等三人赴京请愿，遣人赴南洋联络华侨。

9月4日，全四川股东保路同志会发出宣言，宣布"今自初九日（9月1日）起，实行不纳捐税，已纳者不解，既解者不交，万众誓死，事在必行"。

9月5日，川汉铁路股东特别会召开大会，讨论应付端方带兵入川查办之办法。会上同盟会会员朱国深等散发《川人自保之商榷书》，号召在自保名义下，举行武装起义。

9月7日，署四川总督赵尔丰诱捕四川谘议局议长蒲殿俊、副议长罗纶，股东会会长颜楷、副会长张澜，铁路公司主席董事彭芬等9人，成都数千人手捧光绪帝牌位涌入督署和平请愿，要求释放蒲、罗等人，赵尔丰下令开枪，32人死难，酿成"成都血案"。

9月9日，四川保路同志会代表刘声元至北京地安门上书摄政王载沣，请收回成命，并治当事大臣以应得之罪。

9月11日，同盟会会员、哥老会首领秦载赓督大队攻成都，战斗失利，退至仁寿县借田铺设东路民团总机关，未几，各属来会者众逾 20 万。

9 月 13 日，民政部大臣桂春奏报，四川保路同志会代表刘声元已被拿获，即日押解回籍，并饬外城巡警总厅严禁聚众开会演说等事。

9 月 14 日，文学社与共进会在武昌开第三次联合会议，刘公主席，议决派居正、杨玉如 2 人赴沪邀黄兴和同盟会中部总会宋教仁、谭人凤到汉主持大计。

9 月 17 日，四川旅沪保路协会开特别大会，到会千余人，议决举代表面谒岑春煊，请勿带兵入川。

9 月 19 日，岑春煊内阁代奏治标治本之策。请明降谕旨，暂行酌量保释被押诸绅，为治标不可缓；邮传部收回国有各路商股均照十成现款给还，并由朝廷下"罪己诏"，为治本不可缓。"标本兼治，迎刃而解。"

9 月 20 日，清廷谕令赵尔丰严饬各军，分路剿办四川同志军。

9 月 24 日，文学社与共进会在武昌开第四次联合大会，讨论起义计划，到 60 余人，孙武为临时主席。会议通过军政府组成人员（总理为刘公）名单，确定 10 月 6 日（中秋节）为起义日期，决定组织临时总司令部，推蒋翊武为革命军临时总司令。

9 月 25 日，同盟会会员吴玉章、王天杰、蒲洵等在荣县宣布独立。

9 月 28 日，湖南同盟会会员焦达峰函告武昌起义指挥部，10 月 6 日起义湖南准备不足，请展期 10 天。起义指挥部决定 10 月 16 日（八月二十五日）湘鄂两省同时发难。

9 月 30 日，黄兴致函冯自由，请转致孙中山，设法急筹大款，以谋响应四川保路运动。

10 月 4 日，黄兴急电邓泽如等，告以武汉新军发动在即，将往策应，请速筹款。

10 月 9 日，共进会孙武等人在汉口俄租界宝善里 14 号总机关部配制炸药，不慎爆炸，孙面部受伤，被送往医院，俄捕闻声前往搜

查，捕党人刘同、王炳楚等，搜走党人名册、旗帜、印信、文告等。

10月10日，武昌起义爆发。

10月11日，武昌起义军攻占总督署，武昌全城光复。

10月12日，湖北军政府发出《布告全国电》等10道通电，宣告武昌光复，请即同时响应。

10月13日，下午，湖北军政府开军事会议，黎元洪当众宣布赞成革命，"成败利钝，生死以之"。

10月14日，黎元洪派夏维松、李国镛至汉口晤各国首席领事，请其承认民军为交战团体，遭拒。

10月16日，湖北军政府通过《中华民国军政府条例》，凡6章24条；湖北军政府机关报《中华民国公报》创刊，张樾任主笔。

10月17日，黎元洪在武昌阅马场祭告天地、黄帝，行誓师礼。

10月22日，湖南光复。

10月23日，陕西光复。

10月25日，湖北军政府通过《中华民国鄂军政府改订暂行条例》，凡4章15条，规定撤销政事部，内政、外交等六局一律正名为部，并与军令、参谋、军务三部，均归都督统辖。

10月29日，山西光复。

10月30日，蔡锷等领导昆明重九起义。

10月31日，江西光复。

11月1日，清廷准奕劻内阁辞职，授袁世凯为内阁总理大臣，着即来京组织完全内阁，仍节制调遣派赴湖北陆海各军及长江水师。

11月2日，黄兴自汉阳返武昌，与黎元洪共商应敌之策，并在军政府紧急军事会议上报告军情，会议举黄兴为中华民国军政府战时民军总司令。

11月4日，上海光复。

11月5日，浙江光复。

11月5日，沪军都督府成立，举陈其美为沪军都督。

11月7日，广西光复。

11月8日，安徽光复。

11月9日，广东独立。

11月11日，福建光复。

11月13日，沪督陈其美电光复各省，请派代表赴沪议建临时政府。

11月15日，各省都督府代表在上海开第一次代表会议，定名为各省都督府代表联合会。

11月20日，各省都督府代表联合会议决承认武昌为民国中央军政府，以鄂军都督执行中央政务，并请以中央军政府名义委任各代表所推定之伍廷芳、温宗尧为民国外交总、副长。

12月2日，南京光复。

12月3日，各省都督府代表联合会议决：通过并颁布《中华民国临时政府组织大纲》，凡4章21条，施行期限以中华民国宪法成立之日为止。

12月4日，留沪各省代表举黄兴为大元帅，黎元洪为副元帅；暂定南京为临时政府所在地。

12月14日，各省都督府代表联合会在南京选举汤尔和为议长；王宠惠为副议长。并议决于二十六日（16日）选举临时大总统。

12月17日，各省都督府代表联合会以黄兴来电力辞大元帅，并推举黎元洪自代，遂改举黎元洪为大元帅，黄兴为副元帅。并议决黎大元帅暂驻武昌，由副元帅代行大元帅职权，组织临时政府。

12月25日，孙中山抵上海，黄兴、陈其美及各界人士热烈欢迎。

12月29日，各省都督府代表联合会投票选举临时大总统，到会代表17省，孙中山以16票当选。

12月31日，各省都督府代表联合会议决改用阳历，以中华民国纪元，阴历十一月十三日，称中华民国元年1月1日；基督教会将南京汇文书院和宏育书院合并组成南京金陵大学。